Creating Philanthropic Capital Markets
The Deliberate Evolution

创造慈善资本市场
审慎进化

[美] 露西·伯恩霍兹（Lucy Bernholz）◎著
苑莉莉　杨雄　李娜◎译
沙钟灵　吴东珩◎校译

中国社会科学出版社

图字：01-2018-2469号

图书在版编目（CIP）数据

创造慈善资本市场：审慎进化/（美）露西·伯恩霍兹著；苑莉莉等译.—北京：中国社会科学出版社，2023.1

（上海研究院智库译丛）

书名原文：Creating Philanthropic Capital Markets：The Deliberate Evolution by Lucy Bernholz

ISBN:978-0471448525/0471448524

Copyright © 2004 John Wiley & Sons, Inc.

ISBN 978-7-5227-1327-4

Ⅰ.①创… Ⅱ.①露…②苑… Ⅲ.①慈善事业—研究 Ⅳ.①C913.7

中国国家版本馆CIP数据核字（2023）第035714号

All Rights Reserved. This translation published under license. Authorized translation from the English language edition, Published by John Wiley & Sons. No part of this book may be reproduced in any form without the written permission of the original copyrights holder.

Copies of this book sold without a Wiley sticker on the cover are unauthorized and illegal

本书中文简体中文字版专有翻译出版权由John Wiley & Sons, Inc.公司授予中国社会科学出版社。未经许可，不得以任何手段和形式复制或抄袭本书内容。本书封底贴有Wiley防伪标签，无标签者不得销售。版权所有，侵权必究。

出 版 人	赵剑英
责任编辑	张　林
特约编辑	郑成菊
责任校对	郝阳洋
责任印制	戴　宽

出　　版	中国社会科学出版社
社　　址	北京鼓楼西大街甲158号
邮　　编	100720
网　　址	http://www.csspw.cn
发 行 部	010-84083685
门 市 部	010-84029450
经　　销	新华书店及其他书店
印　　刷	北京明恒达印务有限公司
装　　订	廊坊市广阳区广增装订厂
版　　次	2023年1月第1版
印　　次	2023年1月第1次印刷
开　　本	710×1000　1/16
印　　张	16.5
插　　页	2
字　　数	209千字
定　　价	89.00元

凡购买中国社会科学出版社图书，如有质量问题请与本社营销中心联系调换
电话：010-84083683
版权所有　侵权必究

上海研究院智库译丛
编委会

主　任：李培林
副主任：李友梅　赵克斌
编　委：张恒龙　杨位俭　殷　凤　张义春

目　　录

致谢 ·· (1)

前言 ·· (1)
　　未来构想 ·· (6)
　　缓慢的变化 ·· (10)
　　万亿美元的机会 ··· (11)
　　什么看上去更好？ ·· (16)

第一章　慈善行业 ··· (19)
　　行业界定 ·· (21)
　　慈善资本纵览 ··· (28)
　　进化的适应性与行业框架的局限性 ················ (32)
　　慈善公益的演进 ··· (33)
　　系统论 ·· (34)
　　印证规则的特例 ··· (36)
　　商业慈善时代 ··· (39)

第二章　未来的可能性 ····································· (43)
　　为什么烦心？ ··· (46)

达到目的 …………………………………………… (47)
必要配置 …………………………………………… (49)
不只是更新,而是更好 …………………………… (54)

第三章 变革的力量 ………………………………… (56)
改变整个社会的驱动力 …………………………… (58)
人口趋势 …………………………………………… (59)
新的工作结构 ……………………………………… (64)
全球化及去全球化 ………………………………… (66)
环境和社区可持续性 ……………………………… (68)
行业转型的驱动因素 ……………………………… (71)
碎片化的推动力 …………………………………… (73)
集体的孤立状态 …………………………………… (80)
组织层面变革的驱动因素 ………………………… (81)
创新导向型社区基金会 …………………………… (82)
私人基金会和行业变化 …………………………… (82)
将基金会联系在一起的纽带 ……………………… (84)
这些变化的影响和启示 …………………………… (85)
重新思考这个行业 ………………………………… (88)
慈善公益事业可以自我改变吗? ………………… (89)

第四章 慈善市场 …………………………………… (91)
慈善公益和金融服务:平行和差异 ……………… (92)
慈善市场的竞争 …………………………………… (95)
慈善产品 …………………………………………… (96)
慈善联盟 …………………………………………… (107)
联合行动的力量 …………………………………… (114)

顶层联合 ……………………………………………………… (115)
　　新兴连接 ……………………………………………………… (118)
　　发散张力 ……………………………………………………… (126)

第五章　公众对慈善公益事业的支持 ……………………… (128)
　　初始管制 ……………………………………………………… (133)
　　行业发展和公众监督 ………………………………………… (136)
　　公开运作：公众关注度日益提高 …………………………… (137)
　　行业行动的潜力 ……………………………………………… (138)
　　监管体系的压力点 …………………………………………… (141)
　　慈善行动的自由 ……………………………………………… (143)
　　慈善公益事业的公共义务 …………………………………… (144)
　　新市场和新监管方法 ………………………………………… (145)
　　代表性指标 …………………………………………………… (148)

第六章　行业进化 ……………………………………………… (150)
　　调整产品和服务以聚合资源 ………………………………… (151)
　　将知识作为行业资源 ………………………………………… (161)
　　推进混合组织战略 …………………………………………… (177)
　　产业基础设施的再设计 ……………………………………… (179)
　　潜在的杠杆支点 ……………………………………………… (182)
　　进化的方向 …………………………………………………… (191)

第七章　网络上的新节点 ……………………………………… (192)
　　组织的影响力 ………………………………………………… (196)
　　建立伙伴关系 ………………………………………………… (198)
　　资金的作用 …………………………………………………… (202)

绘制慈善周期图……………………………………（203）
混合菜单……………………………………………（206）
新的评估策略………………………………………（207）
或买或租？…………………………………………（209）
结果…………………………………………………（210）
部分的总和…………………………………………（213）
独立基金会…………………………………………（223）
改变一个，改变许多………………………………（224）

第八章　构建社会公益新体系……………………（226）
我们选择的未来……………………………………（228）
新的收入体系………………………………………（229）
行业领导力…………………………………………（231）
有序的多样化………………………………………（236）
回顾与展望…………………………………………（238）

参考文献…………………………………………………（241）

后　　记…………………………………………………（251）

致　　谢

本书基于我 12 年以上的慈善工作经验和观察基础上完成。在此，感谢我所有的同事、客户、顾问所提出的问题，他们的创新成果和他们每天所做的工作给了我很大的帮助。

我的工作包括直接与基金会、个人、慈善协会，以及其他资助者等客户进行合作，然后在实践性工作的基础上，研究在慈善业中有重大意义的问题。

我向每一位客户学习，他们的集体智慧帮我一起孕育了这本书，其中所存在的一些解释中的不足，完全是我自己的原因。

在此，我衷心感谢以下好友的友情支持和睿智的专业建议：Jack Chin, Lindy Flynn, Lori Jones, Gabriel Kasper, Stephanie Gillis, Susan Grand, Kendall Guthrie, Amy Luckey, Kaitlin McGaw, Adelaide Nalley 和 Alan Preston，他们每天都会与我分享想法，对我已有的想法提出挑战。Deborah Alvarez Rodriguez, Rachel Newton Bellow, Daniel Ben-Horin, Laura Breeden, Paul Brest, Diana Campoamor, Jim Canales, Emmett Carson, Winnie Chu, Christina Cuevas, Alexa Culwell, Katherine Fulton, Diane Frankel, David Kennedy, Elan Garonzik, Nancy Sylvia Yee 等，感谢 David L. Klein Jr 基金会的理事们通过各种重要的方法鞭策我前进，正因为此，我成为一名更好的思考者，在此表示感谢！

希望通过此书引起更多对话，提出了一种关于慈善公益事业的新思维方式，我相信它可以为美国乃至全球社会的这一重要领域做出重要贡献。本书关注美国慈善公益事业，并不是因为这是最重要的领域，而是因为这是我最了解的领域。希望此书能为已创建和正在形成的慈善机构提供信息，激励慈善产品、服务和组织开拓创新、追求卓越，为慈善网络更多元化和社区完善做出贡献，也标志着我开始用全球视域对这些问题进行反思。

若没有 Paula Fleisher 的爱心支持，本书也不会写出来。我向她致以最深切的感谢！

本书也献给我的侄女摩根、侄子马克斯、萨姆和我的妹妹简，以及她的丈夫和他们的父亲——克里斯蒂安·哈特威尔·麦尔特比。

1964 年 2 月 20 日—2001 年 9 月 11 日

前　　言

> 可以用与大多数的现象相同的基本模式来解释结果，也就是说，作为一个偶然事件，它不必将所发生的一切展现出来，但是作为一组可能性中的合理结果，这完全是有道理的……虽然并非完全反复无常，但这纯粹是作为众多情况中的一个偶然情形。[①]
>
> ——史蒂芬·杰伊·古尔德

追溯到1995年，在互联网兴起之前，比尔·盖茨的慈善公益事业和微软也尚未享誉世界之时，每个乘公交车的人都拿着一部手机。1995年的一天，李太太赶去参加当地的社区基金会会议。她原计划与项目官员谈论她的家庭最近的捐赠，这些捐赠是基金会历史上最大额的捐赠人建议基金（DAF）。但她在这个问题上仅仅花了一个小时时间，因为此前她已经花了一整天的时间在家庭慈善计划上，之后又和几个非营利组织、家庭理财规划师及家族基金会的工作人员进行了探讨。

到达社区基金会后，李太太详述了她们家庭对教育的兴趣、对

[①] 史蒂芬·杰伊·古尔德解释了他毕生对棒球事业的热爱。《马德维尔的胜利与悲剧》，纽约：诺顿出版社2003年版，第28—29页。

环境事业的支持，以及在财富管理中面临的挑战。她曾在一个生活艰难的移民家庭中长大，和丈夫创立公司之初也熬过了很多年的艰辛日子，当然公司目前经营是非常成功的，每当想起这些，她偶尔也会感慨，为现在的富有感到不可思议。她谈到了她的儿子，及对富养儿子的担忧，同时也担心是否会因家族捐赠（通过捐赠来推断他们的财富）过于公开化，而影响儿子的安全。并谈到了公司捐赠、家庭对共同基金公司提供的捐赠的兴趣，以及社区缺乏校外项目等事项。

对于女孩子在年轻的时候需要接触商业机会，汲取家族传统文化养料，以及她儿子所在的学校经常举办河道清理的活动等问题，李太太谈论了她的想法。她向项目官员有针对性地询问了如何有效维护她的家族利益，社区基金会的工作人员怎样与她的家族基金会的工作人员合作，以及项目官员是否亲自陪同她到社区组织进行实地考察。面对该项目官员杂乱无章的办公桌，李太太似笑非笑地说了一句："这地方收费高得离谱"，在项目官员正准备答复时，她就中途离开了。"我已与另一位顾问约好"，她在离开房间时宣布说，我想与风险投资伙伴及其捐赠委员会见面，"我真的认为我们应该把那个团队设立为社区基金会的一个基金，尽管共同基金公司收费要低得多"。

上述故事发生在加州中部的一个小镇。在芝加哥郊区、佐治亚州南部、德克萨斯州中部或波士顿经常发生。李太太可能是经营一家技术公司的第二代华裔，也可能是第七代非洲裔美国银行家、拉丁裔零售企业家、高加索时装设计师或汽车用品的批发商。她也可能是全美200万百万富翁家庭中，7000万婴儿潮一代中的成员（其中上百万人将从他们年迈的父母那里很快继承遗产），或者是成千上万来到美国发财的移民之一。

从1995年李太太开始管理慈善业务那天起，便与慈善产品、慈善顾问和慈善事务交织在一起，这种忙乱的景象每天都在全国各地上演。美国的慈善家们现在必须从各类慈善产品中进行选择，试图了解每种基金的各种费用及其优势，了解其社区需求，并决定自己怎样捐赠，如何与家人、同事或与他人合作捐赠等。上述戏剧般的人物是虚构的，但这些内蓄在捐赠里的压力与张力是真实存在的——这都是当今慈善公益事业面临的机遇和挑战。

李太太代表了美国慈善公益事业的未来。首先，她有财力投身于她所感兴趣的慈善公益事业，懂得在多种选择中，通过比较来购买和管理慈善资本的各种产品和服务。虽然她对如何使用自己的资金有她自己的想法，但她也希望能得到来自社区基金会、风险合作伙伴和她的专业顾问的建议。和所有其他捐赠者一样，她也缺乏用以比较不同金融产品、费用和服务成本的有效衡量方法。由于对她所关心的问题进行成功的战略研究的机会有限，以至于无法获取其他感兴趣的资助者或潜在合作伙伴的信息。如果慈善金融产品的市场能受益于其他市场的某些核心特性，如可靠的外部监测、通俗易懂的质量标准、获得比较数据和回报率，以及与其他人一起合伙投资的能力，李太太的所有决策都将得到改进。

目前慈善产品和咨询领域几乎没有上述这些核心特性。人们可以比较不同基金的成本，但除了不同的税收分支以外，评估基金会与捐赠人建议基金（DAF）价值的方法很少。该行业涉及数十万名志愿者协会会员和数千名专业人员。只有这些专业人士才有时间查找或使用其他相关基金会的资助偏好和成功运作的数据。将累积的慈善资源与公众需求有效对接的成功概率却非常小。然而设计更好的慈善资源流动系统并不能解决所有问题。将商业资本市场的一些基础知识应用于慈善公益事业，会使公共和私人资金的融合或整合变得更加容易，减少重复研究或评估开支，在更大范围内广泛应用智力资本，并帮助非营利组织更合理、直接使用财务资源。

慈善领域的参与主体主要有：个人捐赠者、高净值人士的顾问、联合基金和社区基金会高管、负责私人银行或客户管理的金融服务公司高管、慈善捐赠基金总监、财务规划师、投资经理、律师、会计师和基金会高管。大部分慈善从业人员都在思考慈善公益事业是什么？怎样更好地运作，并可持续改善？现在是大家一起面对和探讨这个问题的好机会。

在日新月异变化着的外部环境中，慈善公益事业普遍发生着迅速的变革。然而，对于慈善公益事业有一个整体规划，并预见其光明前景的慈善活动家、慈善家、监管者、学者、智库高管或非营利组织的领导人却是凤毛麟角。有很多人和公司在努力改善单个组织的运作绩效，但整个慈善行业的运作成效又该怎样提升？真正的市场机遇是什么？可能产生的竞争性结果是什么？商业与非营利组织风险投资或影响力投资之间的关系是什么？我们如何最大限度地发挥成千上万的个人慈善行为的影响力，并且发挥出私人捐赠对于我们打造共享社会的全部潜力？

慈善公益事业未来的种种可能性植根于现状和历史。这些未来将由所有参与慈善公益事业的人来共同打造，无论是大额捐赠者还是小额捐赠者，基金会或其他捐赠机构的专业人员，以及为慈善家、非营利组织提供法律、投资、会计和项目咨询的人员，或为其提供支持和资助的人，抑或是近期可能会投身慈善公益事业的个人等。这对活跃的个人和机构慈善家，以及即将进入这个行业的人来说是有影响的。事实上，新兴的慈善家——那些刚刚试水的人、那些对所提供的服务支持进行货比三家的人，以及已经做出明确选择并工作数年的人——是未来这一行业的关键资产，也是其主要挑战。本书的目的是将已建立的和正在崛起的慈善资产以实现其真正效能的方式运作，帮助个人慈善家实现他们的梦想和社会目标，并使整个慈善公益事业更容易获得和更加便捷有效地运作。

慈善公益事业涉及思想、资源和社会关注等主要领域，从根本上讲，主要聚焦于人类的努力、创造性和关注的最佳可能性，还有广为人知的市场和监管等塑造慈善公益事业的力量，将使慈善行业更有前景和活力。

这是一本关于慈善机制和慈善体系的书。我们必须在开篇和结论中提出"慈善公益事业的目标是什么？为什么要做慈善？"尽管很难找到赋予捐赠行业意义的有价值的慈善分析，但对于那些从事这项工作的人来说，也更容易做到专注于慈善公益事业内部分析。慈善公益已经融入市民生活、社区和文化传统，成为其必不可少的组成部分。慈善不能脱离公共部门和私立部门而独立生存和发展，当然如果没有慈善公益事业和社区活动，这些合作伙伴也无法完成他们的目标。正如慈善公益事业的变化会影响公共投资和对企业责任的期望一样，行业之间的三方定义、塑造和指引着慈善公益事业。我们可以深入了解慈善公益事业，也必须这样做。但我们在这样做的时候，也必须明确地认识到，慈善公益事业是文化生活、宗教活动和社区改善体系的一部分，改善慈善行为的努力有助于加强社会建设。

需要注意的是，这不是通常意义上所讨论的关于非营利部门的研究，尽管该部门和这些讨论为之提供了重要的背景。本书所关注的慈善公益事业，基本上没有对更广泛意义上的非营利部门进行讨论，因为在相关领域已经有很多好的研究成果。[1] 慈善公益事业和非营利部门有着千丝万缕的联系。对于慈善公益事业的变化来说，更重要的是大环境的变化。本书主要聚焦在捐赠领域——为支持非营利活动和市民活动提供重要资金和资源的捐赠者、机构、金融产

---

[1] 参见莱斯特·萨拉蒙主编《美国非营利组织概论》，华盛顿特区：布鲁金斯学会出版社2002年版；《非营利部门：研究手册》，纽黑文：耶鲁大学出版社1987年版；《非营利年鉴：独立部门的诸多维度》，旧金山：乔西·巴斯出版社1996年版。

品和服务。

对慈善公益事业的研究，要么被纳入非营利文献的范围之内，以至于我们无法真正地弄清其本质，要么将其理解为由特定研究机构组成的，而难以真正理解其复杂性。① 本书试图将模糊的慈善世界的特质变得更加清晰，因此可以对慈善公益事业发展历程中的问题进行辩论，从而增强慈善的引领力。

正如本书所界定的，慈善公益事业就是为了公共利益而提供私人资源的行为，包含个人慈善捐赠和基金会数十亿美元专业的战略投资等。慈善行业包括商业银行和经纪公司销售的产品，以及基金会的非营利性赠款活动。第一章详细介绍了该行业的组成部分，及其所包含的或有意忽略的内容背后的逻辑。

2004年，在竞争压力、监管调整和市场创新的激发下，慈善公益事业得到了快速发展。美国人每年花费超过2400亿美元的支出用于支持非营利活动，从为他们的教会课十一税来支付业务费用，到数百万美元的食品项目来捐赠科学大厅或建立"No Kill"宠物收容所。这些来自个人和家庭的捐赠总量是巨大的，多以金融产品的形式实现，用以化解数百个社会问题，覆盖数千个地方和数百万个组织。美国慈善公益事业的优势在于其多元性和个性化，缺陷在于面对日益扩大的贫富差距和公共收入不足而难以有效缓解，暴露了其规模的分散和价值的递减问题。

未来构想

想象一下，我们可以回顾一下20世纪后半叶的美国慈善公益

---

① 参见劳伦斯·A. 弗里德曼、马克·D. 麦加维《美国历史上的慈善、公益和文明》，纽约：剑桥大学出版社2003年版。

事业，并将其视为一套特意设计的活动。你会看到一个包含假设、过程和运作结果的行业图景①：

· 基金会在慈善公益事业的讨论中占据主导地位，尽管它们提供的慈善捐赠平均不到慈善资产的10%。

· 出于战略研究、项目评估和其他投资评估付费的原因，基金会拒绝分享这些信息，就好像分享信息会不利于潜在的资助合作伙伴和执行该项工作的非营利组织一样。

· 个人捐助者难以获得由慈善基金会付费的研究和分析结果，尽管他们可能在资助问题上有共同的兴趣。鉴于大多数五年以上的非营利组织，大部分的财政支持都是由个人和政府资助的事实，因此这种信息不对称的情况会更加突出了。

· 基金会将启动他们的全方位流程管理，以确保慈善资产开支的合法合规性，并尽量以最短的时间、较少的开支，以创造性思维来确保其组织有效实现社会使命。这将导致员工为了迎合资金的截止日期而匆忙造假，以及非营利机构花费时间在他们从未读过的报告上。这些行动将不必要地加剧资助者与社区团体之间的资源差异，而非致力于一起联合解决问题。

· 大多数基金会都会聘用学识渊博的雇员。他们会要求这些通才，在资源领域做出高度专业化的决定，例如医疗保健、生物多样性保护或伊斯兰国家妇女的合法权利等。在另一种常见模式中，基金会聘请受过高等教育的研究专家，他们将对成千上万的非营利组织进行大规模的定量研究、分析，并提出综合性建议，并且不会与其他出资者分享研究成果，因此需要每个潜在的组织资助者进行重复的研究、分析和启动尽职调查流程。

---

① 参见威廉·麦克唐纳、迈克尔·布劳恩加特《从摇篮到摇篮：重塑我们的做事方式》，纽约：北角出版社2002年版。

·基金会将集中精力为他们的资助制定一些转移或退出策略。这些策略主要基于对内部资源分配的假设,并且很少对被资助组织成功的表现形式,或实现工作的既定目标有任何要求。

·大型基金会进行广泛、昂贵的战略规划过程,在每次发生领导层变化时将重新聚焦其资助策略,有效地说明其服务的社区需求必定因其组织领导力转型而发生根本变化(或者他们以前的工作没有社区需求的基础)。

这种体系在实践中如此不合逻辑,毕竟不是精心设计的产物。与此同时,随着慈善公益事业的发展,这种设计的缺乏已经严重制约了个体慈善组织和整个慈善行业的影响力和成就。慈善公益事业是一个独特的行业,因为只有金融服务行业——在个人企业的部门间共享信息,互通战略,汇集资金资源,联合投资于人力资本,并建立有效的系统调整他们的个人行为,来实现既定目标。这是因为没有单个的个人或基金组织有财力来实现其既定的社会使命。虽然个别实体被认定为失败的案例,但整个行业每年为公益事业投入数千亿美元。[①] 如果慈善资源能够为共同的目标汇聚在一起,即使是通过小规模的方式,他们也能成为实现这些目标的重要贡献者。如果这个行业的元素被精心设计、精简、创造性地连接和聚合的,我们确实可以建立新的慈善资本市场,这将显著提升社区生活质量。

我们面前的机会是重新构想慈善公益事业的格局。本书认为,如果整个慈善体系重新设计,个人慈善者的行为、人员和机构的资源将会产生更大的影响,提供更高满意度的服务,并为建设更美好的世界做出贡献。如果我们在这一努力中取得成功,我们将能够打

[①] 这一估计数额只包括直接捐款。该行业还包括数百万小时的志愿服务时间、实物捐赠、数千个社区团体和非正式网络为社区所做的贡献,但目前这些的资源并不计入上述的数据总数。有关"非营利和志愿部门由什么构成"的问题引发了深入的讨论,请参见彼得·弗鲁姆金《非营利组织:概念和政策入门》,马萨诸塞州,剑桥市:哈佛大学出版社2002年版。

造一个比上述描述更有逻辑性、更有效和可靠的方式进行运作。也许，如果我们现在采取行动，我们可能会在2050年回顾慈善公益事业时，看到这样一个行业图景：

·提供资源和管理慈善资产的金融产品的多样性和复杂性进一步强化了慈善规划这一趋势。与此同时，这些资产的管理者会投资并依靠共同的、可靠的指标来界定问题，评估进展并衡量成效。

·慈善公益事业植根于多样化的文化传统，包含着丰富多彩的慈善活动。社区里的慈善组织日益蓬勃发展起来，慈善资源可以很容易地识别、告知和集聚，无论是在私人基金会、捐赠人建议基金（DAF），或是基于宗教信仰的信托。

·为慈善研究和知识提供资助，并将相关成果分享给对之感兴趣的人。基金会大力投资慈善行业研究结果的使用和应用。这个知识库的贡献和使用是从广泛意义上对基金会和慈善家进行排名，而不仅仅是依据他们的捐赠数量或其投资组合的规模。

·将公共问题解决作为领域的切入点，邀请所有的利益相关方来帮忙提出资源分配的建议。社区成员和受影响居民等慈善家的参与计划的设计和实施，作为慈善行业标准的一部分。

·如可以获得慈善决策技术、技能的公共信托，相关专家和经验丰富的决策者可以帮助指导一些个人和机构的慈善资源的分配，而不是一次性的决策。此外，还有一个国际清算公司，在获取公众和私人的投资方面有些成功的慈善策略，为慈善家和公共部门研究和开发的基础设施提供服务。

·通过追求共同目标的方式来集聚慈善资产。慈善公益事业中最大的挑战和成功的标志是能通过专业化方式吸引别人的钱用于化解问题，并汇聚共同资源来实现改变。

·监管结构的运作，由有经验的慈善家与州和联邦层面的监督机构合作开展工作。监管的目的是道德上鼓励捐赠，支持通过知识和研究来引导慈善公益事业的商业化运作。独立监管小组的兴起，定期使用公开可用的数据来推动监管的积极变革。

这个构想看起来很遥远，但目前已经有一些雏形了。大部分努力都是为了集聚资源，探讨知识、经验和方法的多样性，致力于分享知识，研究、开发、改善社会和社区健康的重要指标。围绕所有的社会问题，几乎所有的州都有公共和私人联盟，基于共同的兴趣、身份或地理位置组织的资助者形成网络化发展趋势。这些都是有效推动私人资本市场为实现公益目的，以服务于慈善公益事业发展的重要步骤。

慈善公益事业处于自塑发展形态的独特阶段。有影响力的个人和组织可以共同合作，展示他们赠款的新投资方式，用新方法引导捐赠监管结构的变化，以及用新方式确定他们的目标、活动、产出和成就。书中提到的很多想法在实践中已经或多或少开始采用，现在是重新界定这一行业作为一个整体的好机会。

慈善公益事业是特殊的，与大多数制度一样，以一种出人意料的方式发生变化。在某些情况下，系统的杠杆点是反直觉的。系统的某些元素是由利润驱动发展起来的，而另一些驱动元素则是高度个性化的。慈善公益事业可以得到改善，本书为实现这一改善提供了一个清晰的框架。然而需要警惕的是，慈善变迁和精心推动的改进都是容易忽略的，有时是以意想不到的方式发生的。我们知道我们可以做得更好，而且我们应该去努力尝试。迫切需要解决的是潜在的意外后果，因为其中蕴含了很多我们需要学习的东西。

缓慢的变化

慈善基金会仍然是相对稳固的组织，尽管周围的世界已经发生了巨大的变化。虽然资助型组织变化缓慢，但在20世纪90年代，慈善组织的参与主体在规模和结构的多样性方面都出现了爆炸性增长。基金会只是复杂捐赠行业中的少量参与者，其中还包括金融服务公司、投资银行、私人咨询服务以及一些可行的，基于互联网的系统和工具。这个系统的复杂性和多样性为个人和全行业带来了新机遇。

建立一个更加规范化、更有效的慈善资本市场，以此来为公共利益做出更显著的贡献，需要哪些新的愿景和机制？组织化的慈善公益事业如何应对日益全球化、多样化的新变化，和世界经济领域的分歧所带来的社会和经济挑战？我们如何能够基于慈善公益事业的特质、问题和经验而努力持续改善？

为了回答这些问题，我们研究了个体组织、协会和慈善基础设施现在的运作方式，及其如何更有效地发挥作用。本书借鉴了此前关于慈善公益事业组织化变革的研究成果，并将慈善公益事业中一些持续的、不同的努力汇集在一起，以便有意识地推动这个行业的发展。这项工作的重要贡献是提出了一个完整的概念框架，可以在这个体系内思考慈善公益事业的推动力量、发展机会和未来发展趋势。

慈善公益事业是一个行业，也是一个由人为的、个性化驱动的不同的组织、个人和政策组成的系统。认识到这一点，适合慈善公益事业的框架必须从纯粹的商业分析中进行一些修改，这是通过认识慈善公益事业的自然演变特征和推动这一演变的力量来完成的。通过进化论和系统理论等重要概念和时间框架来调整行业分析，我们可以找出精心设计的有效方法提升部门效率。

万亿美元的机会

我们为什么要关注慈善公益事业的变革？很简单，美国的慈善公益事业拥有数千亿美元的资产，甚至可能多达数万亿美元。所资助领域涉及人文艺术到动物保护。慈善公益事业是一种永恒的人性特征，是美国税法、公共政策框架和社会期望中的内在产物。简言之，美国慈善公益事业的成功有赖于从宗教活动到教育成就、医疗保健和商业领域中公共和私人的财务、人力和智力资源。如果顺其自然，慈善公益事业可能会继续发展，并成为社会的一股积极力量。但我们不能认为行业中市场和监管的主要力量完全是自发的。指导和引领行业的发展，借助现有慈善资源的集合力量，建立一个更有纪律的、指导性的系统来综合运用财务、人力和智力资源以实现社会利益，这是一个很好的监管机会，而不能任由其自然发展。

慈善公益事业是一个成长中的行业。年度报告显示：每年有数千亿美元的慈善活动，并在20世纪90年代接近2万亿美元。同时，这也是一个缺乏可信、实用和广泛相关档案文献的行业。提出一个系统性更强，更有凝聚力和动员力的慈善行业的可行愿景将在很多领域产生影响力。首先，慈善公益事业及其众多参与者、新兴的慈善实体组织将会发现这一行业的内涵价值（或有人不认可这一观点）。这个框架对那些新近从事慈善公益事业的人来说特别有意义，将对非营利机构、非政府组织，以及一些私人慈善支持者所在的政策和服务领域产生影响。其他国家新兴市民体系的领导者将会发现，本书是了解美国已建立，但尚未发展起来的慈善情况的有益参考。各级公共政策制定者以及对慈善公益事业感兴趣的媒体机构应该将全行业视角作为与单个组织互动或具体问题报道的有益参照点。

本书借鉴了我之前关于未来趋势、基金会慈善公益事业，以及知识在慈善行动中作为资产的作用的相关研究成果。在新结构设计、行动建议和寻求慈善机会方面进一步推动了相关工作。通过介绍令人兴奋的行业资源的新发展，提出以集体市场研究和分析为重点的企业发展建议。本书综合了行业结构的变化、机构的多样化、知识共享和网络的日益发展，提出了在更合理的社会福利体系中认识慈善公益事业的潜力和必要性。

第一章"慈善行业"，将慈善公益事业的概念框架描述为一个多元化和分层分化的行业，涵盖了从基金会到金融服务公司，再到个人的各种公司、服务机构和供应商。这个分析框架很重要，主要原因如下：（1）只有认识到自己在行业内的地位，才能使个体慈善组织有能力改变自己的定位。（2）慈善公益事业的行业属性与其目前的人文和社会使命有些不一致。因慈善行业越来越受到市场压力和监管限制的双重影响，所以需要采取新的策略来倡导、沟通并维持其在税收优惠和问责制方面的宝贵和不稳定的地位。

行业框架使我们能够更容易看到各种慈善机构的相似之处，以及监管和市场对慈善捐赠工作的深远影响。该框架没有考虑到作用于慈善公益事业的第三种力量，即其作为保护者和公益提供者的核心特征。通过关注行业因素的研究，可以呼吁大家了解行业框架，及其重要性。

第二章提供了如何推动慈善公益事业作为一个更有效的社会福利体系运作的几个例子。通过从可能的愿景开始，我打算引导读者思考他们可能推动变化的潜力。慈善公益事业的变革力量可以被使用和引导，使慈善部门更具包容性、更强大和更有效。但需要采取行动来引导这种变革，而更好的系统的制度愿景是推动这一行动的第一步。

慈善公益事业是其时代的产物。从税收法规和公示规范等特定影响到更广泛的趋势，如人口变化和新技术的发展，慈善公益事业在不断发展，并在不同层次的距离和影响下适应和回应变化的驱动力。

第三章介绍了当前行业变革的最强推动力，包括人口变化、财富和收入差距的预测、监管压力、新科技、新公司结构以及日益增强的个体流动性。本章将这些驱动因素纳入三个同心圆（组织、行业和社会），来阐明影响和控制的程度，以助于理解这些不同的力量是如何共同影响着慈善公益事业的发展的。

第四章介绍了市场和市场特征对慈善公益事业的作用，特别关注慈善公益事业的竞争性和联盟的出现。这两种市场力量都对慈善者的行为、价值观和目标产生了显著影响。尽管这些行为和特征在美国慈善公益事业中有着深刻的历史根源，但其他一些行为和特征则更为新近、更细致入微。本章指出，慈善公益事业现在只是一种提供资产管理和咨询服务两种类型产品的行业，并介绍了其对未来的影响。考虑到这些产品当前商业模式的局限性以及协作和网络化角色，我认为它们是实现系统优化的关键步骤。

第五章描述了慈善公益事业是受管制的行业。行业模式的潜力在本章中尤为明显。在回顾慈善机构与其监管机构之间长期的亲密关系时，我们看到"家族神话"盛行、慈善家直接行动的力量与现实结果，以及行业必须为监管的多层次审查和行动做好准备。本章提出，慈善机构在与监管机构和立法者就行业公共政策进行合作方面发挥更积极的作用。这源于慈善公益事业应该在市民社会发挥作用的共识观念。这种积极的监管方式并非源于对政府行业联盟的承诺，而是源于对慈善公益事业更加被动的立场所带来的对有限好处的分析。一个新的实体，如一家国际慈善研究和开发企业被认为是一种与慈善研究和新知识角色相一致的结构化支持实体。这种企业有助于进一步汇集和整合不同的慈善资源，这是慈善公益事业新资本市场的关键要素。

第六章描述了当前有目标地推动慈善公益事业发展的机会。重点在整个行业。慈善公益事业可以作为一个整体力量发挥最大的影响力。本章着眼于对新的慈善基础设施的需求、混合型组织日益发挥出重要的作用和慈善活动监管市场领导力的需求。本章密切关注一批新慈善协会的发展情况，并探讨如何扩大这些联盟慈善投资的影响力。为一批新的行业企业提供模型，这些企业将发现、组织、打包和分发相关市场和行业研究，分享相关知识，为慈善组织和董事会成员的专业化发展做出贡献，并为组织化的慈善资源进入一个可行的资本市场奠定基础。

第七章将对新兴行业的愿景降低到改组后慈善机构的实际水平。这个行业至关重要，在这个行业网络里的各个节点都是可以改变和改进的管理站点。回顾第二章的"未来的可能性"，第七章考察了这些变革在组织化和机构化层面的影响，研究了知识的作用、新员工结构、产品线和社区基金会的收入源流，顾问角色的变化和松散服务提供商的崛起等具体的新发展情况。

第八章着眼于重新组合慈善公益事业的机会，以便于慈善资本能够最大化地发挥作用。本章绘制了一个慈善模型，使分散的个体和结构化的机构以更审慎、有计划和相互依存的方式共同工作。这些想法以私人资本市场和商业企业间各种融资渠道的关系为蓝本，假设慈善实体和个人可以某种方式被调动和彼此联系，使得独立实体能够在最有价值的领域采取行动，并为非营利行动拓展出更可识别的私人支持系统。

慈善公益事业的改善和发展需要时间，这将会陆续发生。整个体系也可能永远不会得到改善，其中监管行动、预算赤字和市场力量不加以控制，很可能会进一步削弱整体系统的潜在影响。在这个时候，行业的分裂力量远远强于聚合力量。本书旨在对慈善参与者发出号召，他们的个人行为在一个更广大的系统里发生，一个能够塑造他们的成功和满意度的系统，一个他们可以反过来帮助改善的系统。

什么看上去更好？

目前慈善体系最大的局限是缺乏共同的、一致的愿景。本书及其关于当前变革力量的观点，以及推动这些力量朝着更好方向发展的机会是基于构建更好的慈善体系的愿景，主要具有多样化、集聚、整合、适时和承诺五种属性，是本书其他研究的基础。他们建立在当今慈善公益事业最好的现有品质之上，但将重点放在新的地方，并寻求加强一些甚至可能认为是缺陷的品质。

多样化

从不同的金融产品到文化、地理和个人多样性等慈善选择是慈善公益事业的强大力量。就像在自然生态系统中一样，这种多样性可以促进"弹性突变体"的发展，当其中一些部分枯萎时，也有一些应对新情况的适应性产生，使充满活力的系统得以延续，从而产生持续的创新力和影响力。慈善公益事业的多元化将吸引更多的个人参与，通过广泛多样的、有潜力的策略以服务于最广泛的社区。

集聚

慈善资源非常有限，对财富的代际转移和财富创造速度的过度关注，容易让我们将慈善资产想象为永无止境的。事实上慈善资产是有限的，并分布在数以百万的个人那里。为了产生相应的影响力，必须汇聚这些私人资源。集聚慈善资源的战略取决于如何调整慈善整体内小群体的利益。基金会在合作中取得了许多重大进展，这需要进一步鼓励和扩展。然而，最佳机遇是将基金会的智识和研究资源纳入由个人、捐赠者建议基金、小型基金会等分散资源所汇聚的慈善资产池中。汇集这些独立的慈善资本的方式，可以从来源上寻找具有共同利益的人，可以参考其他相关研究，一起协同合作是构建慈善资源新系统生效的关键。鉴于资金池是将分散的资源汇聚为整体资源的本质，应围绕着问题、身份或地理位置来集聚足够多的资源以实现共同目标。与此同时，担心聚合策略会威胁慈善公益事业本质中个人主义的多样性，这是没有根据的。因为规模聚合造成伤害的概率很小，总体上仍需要将资源整合在一起。

整合

整合是指调整和汇聚私人资源。然而即便如此，慈善经济（"善经济"）也不足以进行重大投资。一个更强大的慈善体系将会把私人资金与公共战略结合起来，以帮助慈善家知道在哪些领域、如何参与公共资源调整，以及何时提出与之不同的建议，这是独立倡议组和研究小组的职责范围，可以为整个行业提供信息。

对于那些致力于推进现有公共战略中优先事项的慈善投资，聚合工作涉及确定公共资源投资适当的规模、时间和质量。对旨在改变公共系统的慈善战略而言，整合工作可能只关注私人资源，但仍需从一开始就对公共系统进行准确评估。社会变革的聚合战略将少数公共职位和收入来源相结合，以实现更大范围的结构改革或演进。

适时性

慈善捐赠必须及时，具有适时性。如果目标是推出一种新方式，那么捐赠又快又灵活，且需与确定的来源保持一致，以便确保其可持续发展。如果目标是复制推广，那么慈善投资必须在组织或战略的生命周期中略迟推进。适时性时间的调整，取决于上述收入体系中的集聚部分还是整合部分，这将帮助慈善家根据真实的信息做出何时"进入"以及何时"离开"的决定，而不是依赖于非理性的习惯。

承诺

　　慈善公益事业面临的最大挑战之一，是要在特定的时间内产生资助效应。令人惊异的是，慈善公益事业在为其捐赠基金制定投资策略方面，已经取得了巨大进步，这些策略产生的回报旨在实现永续经营。与此同时，这些永续性捐赠往往只有几年的使用期。慈善实体需要新的标准和做法，为更长久的承诺提供激励。

　　上述五个属性代表了一种分析慈善公益事业的新方法。为了体现这些特质，慈善经济（善经济）中的每一个机构和个人都很快意识到其工作完全依赖于他人的工作，他们是系统的一部分、网络中的节点和合作伙伴。这种语言在慈善机构中几乎成了口头禅，却没有成为一种实用的规范。当我们今天意识到慈善公益事业正在发生变化时，将会理解管理资产和咨询产品平衡的重要性，共享知识在建立更好的系统中所发挥的关键作用，以及为实现慈善目标而聚合资源的需求，这是一个新的慈善资本市场的基本特征。

　　在整本书中，我强调了这些属性和当今慈善公益事业网络化的现实重要性。主要目标是为目前的慈善实体阐明其工作的真实运作系统，并鼓励他们在行业体系内重新审视并重建自己的组织，并取得成功。慈善机构的特殊性和独立性特质可以在这个网络化系统内蓬勃发展，但前提是每个机构都能意识到运作的动力。整个慈善行业是相互依赖的整体，将会因其组成部分认识到其新角色而产生更大的影响。反过来，这些组成部分（个人和机构）将获得更大的满足感，并为社区和全球生活做出更有意义的贡献，因为他们将自己的工作构建成更大行业整体的一部分而获得了成功。

第一章

慈善行业

> 若不是为了达成最终的目的，劳力的汗会为了他所期望的目的而干涸。[1]
>
> ——威廉·莎士比亚

慈善公益的根本基础：通过共享私人资源以实现公益。所涵盖的活动从投入时间从事志愿服务，到对社会责任指数基金[2]捐赠的资源进行战略性投资，以及同时投入时间和金钱的相关慈善活动，均涉及"投入一些……"以"产出"更好的结果。这可通过一个简单的、不可思议的方程式表达出来：

慈善投入 + 现有条件 = 对他人更好的结果

这样精心的简化表述对于帮助我们找到慈善行业的基本要素非常重要。整个方程式中，包括最终的总和——"更好的结果"——既反映了该行业的公益目的，也反映了慈善公益事业在多大程度上是其环境（"现有条件"）的一部分。慈善行动不是关于给予者的

---

[1] 威廉·莎士比亚《辛白林》的第三幕场景六中培拉律斯的台词。
[2] 译者注：指数基金是一种按照证券价格指数编制原理构建投资组合进行证券投资的一种基金，只要根据每一种证券在指数中所占的比例购买相应比例的证券即可。

利益或结果，而是为了谋求他人利益而采取的行动。这一公益目的将慈善公益事业与其他行业区分开来，并且极大地影响了该行业关键组成部分之间的互动方式。

行业框架特别适用于方程式中"慈善投入"的变量。虽然两种最基本的投入形式是时间和金钱，但透过行业的滤镜可以让我们看到，这些投入不断变化着的形式、功能、参与者、活动范围和规模。行业或产业被定义为生产同类或高度可替代性产品或服务的企业的集合。所有提供免税捐赠的金融工具都属于慈善行业的范畴，从慈善捐赠基金到独立基金会、私人银行、企业捐赠项目和社会捐助网络。从税收和遗产规划的角度来看，每种工具都有独特的一面，但都是以捐赠金钱为目的的公司或产品。如果将慈善公益事业作为一个行业来理解，极有助于我们更好地了解其独有的能力与难以企及的目标。

将行业框架应用于慈善公益事业并不是一种未来主义的认定技巧，只是在承认已经发生的变化而已。慈善公益已经逐渐形成一个行业（各组成部分如下详述）。塑造着这个行业的市场和监管力量影响深远（将在第三章和第四章中讨论），不会仅仅因为许多业内人士对我用来描述他们的语言感到不舒服而消失，也不会因为一些非营利部门应该是什么样的理想主义形象而消失。

指出慈善公益的行业性质既是接受市场和监管的真实压力，又是定位该行业，使其重新掌控未来的行为。长期以来，非营利组织和慈善界内部一直在争论如何称呼这项工作，有些人喜欢称为"非营利"，另一些人则喜欢称为"公益"。20世纪60年代，我们迎来了"独立部门"（independent sector）的称谓。通过这个部门，我们将这项工作与政府或企业区分开来。① 相反，这一分析表明慈善公益事业和非营利组织依赖于公众和商业领域，特别是当导向性问题涉及未来方向时。

本章概述了行业框架行之有效的方面及其局限性，以进化论和系统理论的部分陈述为论据，丰富了本书的概念框架。

行业界定

商业文献中充斥着关于行业特征、增长与衰退的分析、建议和初级指南。行业通过行业协会来定义自己，政府划定一些界限，而投资者则确定其他界限，个体企业往往活跃在多个行业中。哈佛大学迈克尔·波特（Michael Porter）对于行业方面的界定值得关注，有助于我们了解慈善公益的标准特征和压力。② 行业的六大核心要素如下所列，并在下一节中做更详细的描述：

- 投资资本
- 公司、市场和客户
- 产品和服务
- 竞争和联盟
- 法规和公共政策
- 媒体关注和公众意识

将慈善公益事业看作是一个行业，为我们提供了一个概念框架，可以将这些不同的部分整合在一起。通过将慈善公益事业看作一个行业，我们可以跟踪研究资本的增长、监管、产品差异化和市场的影响。我们需要超越人们通常设想的那种纯商业概念的行业，

---

① 快速了解该行业的命名，参见彼得·弗鲁姆金《非营利组织：概念和政策入门》，马萨诸塞州，剑桥市：哈佛大学出版社2002年版。

② 迈克尔·波特：《竞争战略》，纽约：自由出版社1980年版。

以理解慈善公益事业的人文和社会因素对整体形态和规模所起的作用。由于缺乏共同的底线，慈善行动并不像石油、生物技术或电信行业那样是线性化、可预测的或可量化的。

上述六个行业特征清晰地界定了慈善公益的多样化要素。

投资资本

慈善公益正在经历着可用资本的爆炸式增长。在过去几十年中，专门用于慈善行动的金融资源增加了数倍，2001 年捐赠超过了 2400 亿美元、资产超过了 4760 亿美元，达到最高点。[1] 这一增长是慈善公益事业发生如此巨大变化的主要原因。管理或为这些金融资源提供咨询的机会吸引了一些新型公司进入市场，并引起了监管机构的注意，令媒体兴奋不已，这为市场参与创造了一个准入平台，对财富的要求远低于以往可行的水平。

随着越来越多人的财富达到了一定水平，对于慈善公益事业的管理就成为一种选择，因为他们正在寻找各种各样的慈善项目进行捐赠。可以选择在商业或非营利组织中设立一个捐赠人建议基金（DAF），也可能会与同伴一起创建一个捐赠圈，也可能只是增加他们总体预算中慈善捐赠的比例，并不选择投资于某一特定的慈善产品。或者他们可以同时创建家族基金会，并在公司的捐赠项目中变得更积极主动。正如我们将看到的，很多人会同时选择其中几种捐赠项目。捐赠选择的日益增多，其中一些看起来像产品（捐赠人建议基金），其中一些看起来更像公司（私人基金会），使更广泛的行业参与成为可能，并鼓励产品或公司之间进行新一轮的竞争。

这种慈善公益参与度的增长很有意思，值得注意的是，越来越

---

[1] 2002 年的《美国慈善捐赠报告》（Giving USA）的报告显示，2001 年美国慈善捐赠达到 2120 亿美元，其中包括个人、基金会、公司和遗产捐赠。2002 年《美国慈善捐赠报告》，华盛顿特区：AAFRC 慈善信托，2002 年。

多的人购买慈善产品，而且他们的实际捐赠价值也在增加，但在过去的30年里，个人对慈善公益捐赠的财富比例却保持得相当稳定（介于个人收入的1.7%—2.1%）。① 如果仅仅从市场的角度来看，这种狭窄的捐赠范围是令人惊讶的。积极参与慈善公益事业的企业类型发生了剧烈变化，他们寻求触及和拓展的客户与市场也发生了剧烈的变化，从这些变化中就可以看出，发展慈善市场并不缺乏努力。

商业公司也提供一些慈善相关产品，这一参与极大地影响了竞争市场在慈善决策中的作用。和大多数竞争激烈的市场一样，慈善公益也有多元的参与者：个人、金融服务公司、私人、社区和企业基金会、捐赠圈、专业顾问（会计师、律师和投资专业人员），以及房地产规划和专业劝募员。各种公司和产品同时努力使自己与众不同，同时也结成联盟。它们都提供了许多类似的产品，并作为一个单一的行业受到多层监管。

企业、市场和客户

慈善行业的公司包括所有提供慈善捐赠机会或对慈善捐赠提供咨询的公司。20年前主要指基金会、社区基金会、社区捐赠、提供既定捐赠服务和计划捐赠机会的非营利组织、专业劝募员、银行和信托机构。到2002年，该行业的公司包括上述名单中所列金融服务公司、共有基金公司、独立捐赠人建议基金、独立咨询公司、专业咨询服务公司，以及提供互联网技术来管理或协助融资的电子商务公司。

市场日益活跃和多样化。这些公司的传统客户大多是高净值人

---

① 2002年的《美国慈善捐赠报告》（Giving USA）的报告显示，2001年美国慈善捐赠达到2120亿美元，其中包括个人、基金会、公司和遗产捐赠。2002年《美国慈善捐赠报告》，华盛顿特区：AAFRC慈善信托，2002年。

士。市场活动增加的一个结果是，越来越多的净资产较低的客户成为目标客户，扩大了市场的覆盖面。随着行业内企业类型不断多样化，新的合作伙伴关系和联盟出现，旧类别的基金会、商业公司和捐赠人建议基金的效用逐渐下降。当我们展望未来时，一个关于公司的新矩阵出现了。它更多地围绕所提供的服务和产品设计，而不是由出售这些服务和产品的主办机构来设计（参见图1.1）。

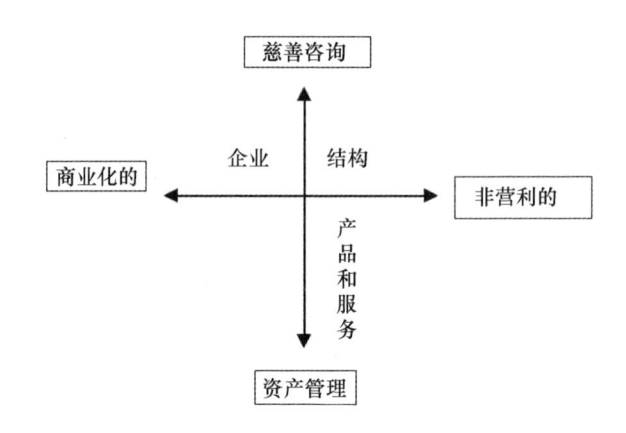

图1.1　慈善公司的关键特征（2003）

所有慈善服务提供商都可以按照图1.1的连续统计表进行分类。在任何特定时间点，大多数公司在表格中所处的位置是该行业中需要跟踪研究的一个关键趋势。50年前，可以肯定地说，绝大多数机构的慈善公益事业都是主要通过非营利组织（如基金会、社区基金会）来管理的。商业银行只在很小程度上通过信托部门参与这项工作。这些机构提供了咨询服务和资产管理的混合服务，并根据资产管理费用定价。

今天，这种混合服务已经发生了巨大的变化。商业关系更为常见，要么通过商业银行（捐赠人建议基金）直接销售产品，要么通过银行与基金会之间的合作。许多出售咨询服务的公司，虽然没有任何资产管理业务，但也能在市场上看到。当我们考虑慈善公司的广泛性时，就更容易关注市场上可用的产品和服务的组合，也更少受到传统分类的束缚。

产品和服务

慈善行业出售的两类主要产品：一是捐赠资金的免税结构，二是咨询和研究。现有的资产管理结构包括向非营利组织、慈善信托、私人基金会、捐赠人建议基金、支持型组织，以及向社区基金会或捐赠基金做出的半限制或非限制性捐赠等，一般直接捐赠现金或股票。可供出售的还有几种不同的年金、信托和财产管理工具。

在咨询和研究方面，提供的服务包括投资管理咨询、教育机会、向监管机构汇报、资产管理、有关慈善捐赠架构的咨询服务，就关注事项进行独立研究和分析，家族财富管理、理事会培训、同行学习机会和管理咨询。这些服务有时会加上资产管理产品一起捆绑销售，但通常是独立销售的。

竞争和联盟

对这个行业最持久的误解之一是：慈善公益基本上是非营利性的，因此也就不存在竞争。由于商业公司进入市场为慈善捐赠提供选择，使得竞争的作用变得更加明显。个体慈善家有多种选择来管理他们的捐赠。从捐赠者的角度来看，这些选择是相互竞争的。捐赠者可以在各种产品和服务之间进行更多的比较选择。越来越多的捐赠者频繁地选择多种方案，并期望从每个方案中获得不同的益处。[①]

尽管社区基金会和金融服务公司在管理慈善个人资产方面存在

[①] 露西·伯恩霍兹：《慈善采购比较研究》，华盛顿特区：基金会理事会，2001年。

竞争，但基金会和其他捐赠机构之间也越来越愿意结成联盟。一些金融服务公司与大量社区基金会合作①，私人基金会通常与社区捐赠基金会合作。私人、企业和社区基金会组成的联盟正在全国各地培育多个捐赠团体。在某些情况下，私人基金会甚至向商业公司的捐助人建议基金（以及社区基金会）寻求帮助，以满足他们的支出需求。②

这些联盟有几个驱动因素。其中最重要的是，整个行业都认识到，资产管理和咨询是独立的服务，可以从独立的供应商那里获得，它们具有不同的定价结构。这鼓励了消费者和供应商对其进行混合和匹配。同样起作用的是，人们还认识到，没有一个慈善实体能凭其拥有的资产独自实现自身目标。这种意识增加了合作的机会，因为慈善家发现自己会同时选择几种工具，然后设法使它们一同协作。

法规和公共政策

慈善公益是一个受监管的行业。联邦、州和市政府的税收法规规范税收减免和慈善捐赠。国务卿、总检察长、国家税务局和州企业部门负责监督基金会和非营利组织。个人捐赠须遵守有关税收减免的规定。机构捐赠要附加法规要求的公开报告，并影响免税组织在政治宣传和游说方面所能发挥的作用。

参与慈善产品市场竞争的不同公司在税收政策和监管方面的利益诉求各不相同。这就导致了其在有关行业监管的公共政策方面存在相互冲突的活动。例如，社区基金会和私人基金会对私人基金会

---

① 2003年3月，全美启动了美林社区基金会合作伙伴关系（Merrill Lynch Community Foundation Partnership），这是一个基础广泛的联盟，其远大的目标是到2004年年中管理10亿美元资产，并为之提供咨询服务。该领域在社区基金会和小型银行或投资公司之间还有一些当地和区域联盟。

② 威廉·A.尚布拉：《评估战》，慈善公益，2003年5—6月。

征收消费税意见不一。社区基金会和商业金融服务公司在对捐赠人建议基金进行管理和监督方面也采取了不同的立场。截然不同的偏好导致了多个子行业向监管机构提出申诉,并限制了业界一致对外发声的能力。一般而言,该行业往往反对公共政策,而非主动与监管机构合作。

在 2002 年出版的《财富与民主》一书中,凯文·菲利普斯试图从历史的视角探讨金钱与政治之间的关系史。在审视美国 300 多年的政府经济政策时,他指出:"公共政策偶尔会向中下阶层倾斜……但大多数情况下,在美国和其他地方,为了实现金融和商业阶层的利益,这些大街小巷的每个角落都已经被勘探过了。"① 对有助于积累财富的政策偏好,导致 20 世纪末期的"贫富差距",这种差距与 1929 年大萧条之前的情况类似。1977—1997 年,美国 5% 最富有人口的收入在总收入中占比从 44.2% 上升到 50.4%(即 5% 的人赚了一半多的钱)。与此同时,5% 最贫穷人口的收入比例从 5.7% 下降到 5.2%。②

媒体关注和公众意识

公众对慈善公益事业的认识正在逐步提高。20 世纪 90 年代后期的经济繁荣,促使很多大众报纸和杂志开始刊载介绍高净值人士和他们的慈善公益事业。此外,基金会和个人捐赠者在与公众沟通他们的慈善工作时也变得更加积极主动。为了争取捐赠者,商业服务公司和社区基金会开展了广泛的广告宣传活动。结果,新闻中曾曝光的慈善机构和非营利机构的大型丑闻最近又重新出现了。2001

---

① 凯文·菲利普斯:《财富与民主:美国富人的政治史》,纽约:百老汇书局 2002 年版,第 214 页。
② 凯文·菲利普斯:《财富与民主:美国富人的政治史》,纽约:百老汇书局 2002 年版,第 129 页。

年9月11日的悲剧发生之后，人们对慈善捐赠和非营利决策的关注，使得慈善话题在两年多的时间里一直都是新闻头条。

公众慈善意识增强的部分原因是，伴随捐赠人建议基金增长而日益增多的捐赠广告。从公共交通站点的广告牌到杂志广告，再到国家公共广播电台的节目支持，基金会越来越多地让人知道他们的存在和宣传他们的活动。[①] 这与提供慈善服务的商业银行所做的广告密切相关。这些广告倾向于展示银行或金融服务公司为满足所有个人财富管理需求而提供的"一站式"服务能力，包括房地产和信托计划以及慈善咨询。

公众意识的提高和媒体的高度关注，为思考21世纪的慈善行业提供了重要的背景。这种关注可能在很多方面发挥作用。更广泛的慈善意识可能使更多资金注入慈善公益事业，否则难以发生。与此同时，慈善公益事业丑闻将在更多的观众面前上演，监管方面的变化将引起更多的公众关注。

慈善行业的概念框架是达到目的的一种手段，而不是目的本身。在第三章中，当我们探讨变革的主要动因时，该框架使我们能够在当前环境中精确定位自己，放眼未来，然后确定基金会可以采取的切实行动，从而向更强大的非营利组织和慈善企业迈进。

慈善资本纵览

理解慈善行业的核心是认识到所有慈善捐赠都来自个人，并由个人进行组织。一些拥有巨大财富的人从未建立任何慈善组织，且在没有向任何个人或专业人士询问指导或意见的情况下，每年从支

[①] 旧金山基金会在旧金山的市火车站开展了为期数月的广告牌宣传活动。社区基金会经常在当地和地区的报纸杂志上刊登广告；参见明尼阿波利斯基金会和加州社区基金会的示例。

票账户中捐出数百万美元的款项。其他捐赠者选择与尽可能多的同行建立关系，并且可以通过参与捐赠圈、社区基金会的捐赠人建议基金，担任企业捐赠委员会成员，以及在其家族基金会担任董事，来管理规模小得多的年度慈善预算。一个人的捐赠价值只与个人可能使用的慈善产品的数量或类型有松散的关系。

认识到每种慈善产品都附属于个人，这有助于我们理解竞争在该行业所发挥影响的程度和时机。下面里卡多·杰的例子显示了不同产品对客户决策的敏感度。里卡多现年55岁。父亲是移民，创立了一家非常成功的包装食品公司。在老里卡多去世之前，建立了一个家族基金会，并任命他的三个孩子和几个商业伙伴为董事会成员。里卡多作为基金会董事会成员，在他获得法律学位的母校积极开展活动；同时作为当地动物收容所理事会成员，积极参与公司的捐赠委员会工作；并在他的投资银行、当地社区基金会，以及他所在教会赞助的一个国际社区基金会都设了捐赠人建议基金。他也在考虑如何激励并影响他的成年子女从事慈善公益事业。

就他的慈善资产而言，里卡多的例子体现了全方位的选择。他每年都会给他的母校和动物收容所捐款，尽管他捐出的数额每年波动都特别大。由他监督的家族基金会的捐赠要稳定得多——因为预算是在上一年度确定的，而且工作人员经过深思熟虑，努力维持一定的捐赠水平。捐赠人建议的基金在规模上也有起有落——有些年，里卡多建议通过这些基金进行大量捐赠，以致几乎耗尽了他们的资金，他将自己的捐赠集中设立了这些基金，而不是使资金分散化。新的家族基金会理念代表了里卡多最可能进行的新慈善行为。他正在决定是否设立一个新的实体，将现有基金会的资源直接拨给一个由他的子女监督的新基金中，将他自己的资产拨给现有基金会，并将他的子女带到该理事会中，为孩子们建立捐赠人建议基金，或者将给他们的财务资源留在他的遗嘱中，让他们选择如何处置。

依个人的看法，现在用于管理慈善资产的工具是独立的、互不相关的金融产品，包括慈善信托、年金、基金会、捐赠人建议基金，捐赠圈和对非营利组织的直接捐赠。然而，这些产品中的每一种都是由某种试图管理捐赠人慈善资本的组织销售或提供的。在上面的例子中，每个慈善实体——从家庭基金会到动物收容所，从社区基金会到里卡多的个人投资经理——都想要里卡多选择他们的产品来管理自己的资源。从这个意义上讲，它们都是存在互相竞争的产品，尽管这些"产品"从独立组织（如基金会），到法定下设条款（如里卡多遗嘱中的遗产规划选项）等各有差异。

看待这个问题的一种方法是根据产品的普遍度来对产品选项进行排列。波士顿大学社会福利研究所最近的研究以及 IRS 数据和其他调查结果可以汇总成如下慈善产品的"概况"。2002 年在美国有：[①]

- 600 万份慈善遗赠
- 150000 个慈善信托
- 70000 多个捐赠人建议基金（120 亿美元）
- 62000 多个基金会（4700 亿美元以上）
- 160 万个可以直接捐赠的非营利组织
- 慈善捐赠年金和保留终生不动产捐赠（未计数）

最可靠的行业指标是那些组成这一复杂环境中最引人注目的部分。由此我们知道，美国有 62000 个基金会，其中 55000 多个独立基金会，600 个社区基金会，2100 个公司基金会，还有 3900 个运作型基金会。这些机构在 2002 年管理的资产超过 4760 亿美元，获

---

① 约翰·J. 哈文斯、保罗·G. 舍尔维什、玛丽·A. 奥赫利：《2003 年计划性捐赠工具调查》，波士顿：波士顿学院社会福利研究所，2003 年 6 月。

得的捐赠超过 300 亿美元。① 研究还表明，几乎一半的捐赠者实际上同时采用了两种或更多种产品。

这些数字令人印象深刻，展示了该行业的一幅不完整的图景。2002 年所有慈善捐赠总额超过 2400 亿美元，其中 76% 来自个人捐赠。让追踪慈善资本的努力变得更为复杂的是，我们知道，遗赠占所有捐赠的 7.5% 左右，也就是说，2002 年有超过 180 亿美元的遗赠。② 我们知道，在整个行业中，有一部分是通过全国 70000 多个捐赠人建议基金管理的。值得注意的是，现在捐助人建议基金比基金会要多，但对这些基金的资产或捐赠金额，都没有准确的数字。③

同样，我们也不能将个人捐赠等同于小额捐赠，将机构捐赠等同于大额捐赠。正如全球商业网络的凯瑟琳·富尔顿（Katherine Fulton）和安德鲁·布劳（Andrew Blau）所指出的那样，一份包括个人和机构在内的前 100 名综合性捐赠者的名单里，包括了 78 个基金会和 22 位个人捐赠者。也就是说，这些个人在那一年比全国 1/5 最活跃的基金会捐得还要多。④ 个人和机构慈善之间的界限正在变得模糊。

慈善捐赠领域充斥着各种各样的选择，并非所有的选择都很容易识别，其中很多都很不起眼。一些参与者已经存在了几十年，并且是永久的捐赠，还有一些参与者成立不到一年，将根据捐助者的兴趣进行年度支出和补充。由于产品和公司在争夺捐赠资产，一些参与者——特别是商业实体和社区基金会——对竞争压力极为敏感。对于其他的捐赠基金，比如捐赠基金会，捐助者最初的购买决

---

① 《基金会增长和捐赠估算》，2002 年预览，纽约：基金会中心，2003 年。
② 2002 年《美国慈善捐赠报告》，华盛顿特区：AAFRC 慈善信托，2003 年。
③ 玛尼·D. 拉罗斯、布拉德·沃尔弗顿：《调研发现：捐赠人建议基金的贡献率在下降》，华盛顿特区：《慈善纪事》，2003 年 5 月 15 日。
④ 凯瑟琳·富尔顿、安德鲁·布劳：《21 世纪慈善公益的发展趋势》，工作文件，加州艾默里维尔：全球商业网络，2003 年 6 月，第 4 页。

定是其他竞争选项得以脱颖而出的主要原因。慈善资产管理的各种产品都面临着竞争市场的压力，但并非所有产品都能平等或同时体验到市场竞争压力。表1.1显示了最常见的产品在不同竞争压力下的排列。

表1.1　　　　不同慈善金融产品对竞争的敏感度

产品对竞争的敏感度	高	・独立基金会 ・社区基金会基金 ・金融服务公司账户 ・直接捐赠给非营利组织	・社区基金会 ・金融服务公司账户 ・直接捐赠给非营利组织
	低		独立基金会
	产品购买时间表	初次购买	既定

寻求为其慈善资本购买资产管理工具的捐赠者必须从这些公司和产品中做出选择——在这个决策阶段，捐赠基金只是众多产品选择中的一种。通常情况下，捐赠者会选择几种方案，包括建立一个独立基金会。最终，该基金会可能成为更多（甚至全部）捐赠者资产的所在地，也可能相对较小，与捐赠者建立的其他基金、资产工具或捐赠方式并行运作。这时，它开始变得看起来不那么像是市场上的一种产品，而会更像一家公司，尤其是如果它是美国为数不多聘请员工的基金会之一的话。慈善公益事业的竞争影响力并不均衡，对一些实体的影响要比对另一些大得多。

进化的适应性与行业框架的局限性

　　　　动物通过调整自己适应环境而生存，而人通过调整环境使之适应自己而生存。①

——安兰德

对竞争的不平衡反应只是行业框架不适合慈善公益的一个例子。有些人把慈善公益事业比作生态系统，而另一些则更倾向于实践领域或部门。在某些情况下，这种区别纯粹是语义上的。有些人只是不想被一般行业普遍带有的市场色彩所浸染。我更喜欢用来自行业框架的内容，并在必要时借鉴其他框架。

还有两个重要的框架：进化论和系统论，这将有助于强化我们理解慈善公益如何运作的阐释力。我将重点介绍这两种框架的一些关键概念，有助于我们理解慈善公益如何发挥作用，及其未来的发展趋势。

慈善公益的演进

从达尔文到古尔德，通过人类学、遗传学、基因组学和动物学，我们对动植物物种随着时间推移所发生自然变化的理解在不断变化。最近绘制的人类基因组图谱开辟了一个新的世界，且对一些旧观点提出了质疑。这使得曾经被忽视的理论和证据重新焕发光彩。②

首先，任何事物都不是一成不变的观念——我们对进化的理解亦如此，这也是进化研究的首要贡献。其次，提出变化需要时间的观念。最后，研究表明我们更喜欢一个美好的、渐进变化的线性故事，其中包含了对整体环境压力的清晰的适应路径，这样的解释太

---

① 艾因·兰德：《新智识》，纽约：兰登书屋1961年版。
② 关于科学知识如何出现、向前迈进、可信度受损、重生的一个有趣例证，参见伊夫林·福克斯·凯勒《感受有机体：巴巴拉·麦克林托克的生活和工作》，旧金山：弗里曼，1983年。

过于简洁了。其实变化和演变是混乱的，他们会零星地发生。[①] 某些有机体和组织的改变只是为了应对新的生态位机会（商机），而不符合一些预先确定的总体计划。对一些人而言的机会，对另外一些人往往是致命的打击。平衡很重要，种类的多样性（如物种、生物体、组织）通常被认为对个体和整体的健康至关重要。

在不偏离主题对进化论现状作详尽探讨的前提下，这些方面的工作确实可以立即适用于理解慈善公益：

- 有机体（组织）适应其环境
- 变化缓慢、杂乱、不均衡
- 某些人的机会对其他人可能是毁灭性的
- 多样化的物种（组织）对个人和整体环境的健康至关重要

系统论

这个关于整体及其部分的问题就是系统论发挥作用的地方。尽管系统论是一个复杂且不断变化的研究领域，但它本质上是一种研究生物体（或组织）之间的相互作用的方法，而不是研究单个实体。这些理论经过从数学到哲学的多个学科的发展和改进适应，现在通常被看作思考计算机、社区、政策或其他现象的固有的跨学科方式。这个学科的重要创始人之一，生物学家路德维希·冯·贝塔郎菲（Ludwig von Bertelannfy）强调："真实系统对它们所处的环境是开放的，并与之相互作用，并且他们可以通过涌现得新的性质属性，从而持续进化。"[②]

系统论帮助我们了解，单个组织如何被共同的环境力量以不同

[①] 斯蒂芬·杰·伊古尔德称这种零星的变化为"不时打断的平衡"。
[②] 克里夫·A. 乔斯林为控制原理项目撰稿，http://pespmc1.vub.ac.be/SYSTHEOR.html，截至2003年3月26日。

的方式所塑造。这种方法的价值在于它强调整体和部分的相互依存关系。让我们看到改变慈善行业的生态如何可以帮助单个组织，以及组织层面的变化如何得以影响行业进展。随着对系统论的分析和研究不断被广泛应用到生物系统、环境系统、组织系统、经济系统、政治系统和城市系统等领域，一些核心思想已经成为标准。其中一个关键的想法就是有一些杠杆点，在这些支点上，一个人可以通过小小的改变，却能产生巨大的影响。[1]

杠杆点的概念几乎已经成为慈善机构的普遍观念。拨款通常带有这样隐含或明确的期望，即就算资金数额很少，如果安置得当，这些资助则可以在整个组织、问题或现有系统中引发变革。资助资金旨在充分利用其他资金，并激发出远超过各项资金自身规模的变革。如何通过评估一个系统来识别这些杠杆点，如何衡量一个基金会在取得这种影响方面的成功度，以及最重要的是，如何为慈善系统找到杠杆点，这些是更难的问题。

可持续发展研究所的唐尼拉·米铎丝（Donella Meadows）在她关于如何发现杠杆点的分析时指出，在这项工作中有两个非常常见的错误。一是杠杆点被确定并被一致认同，但是却对其采取了错误的行动，即以错误的方式实现预期目标。二是确定了错误的杠杆点。她认为，杠杆点是反直觉的。[2]

如果我们拥有良好的技术或方法来识别杠杆点，这就不会成为如此大的障碍。不幸的是，当对已知系统的数据进行回顾性应用

---

[1] 唐尼拉·米铎丝：《杠杆点：介入系统的地方》，佛蒙特州哈特兰：可持续发展研究所，1999 年，www.sustainer.org；参见史蒂文·约翰逊《涌现：蚂蚁、大脑、城市和软件的互联生活》，纽约：斯克里布纳 2001 年版；阿尔伯特·拉兹洛·巴拉巴西：《链接：网络新科学》，纽约：珀尔修斯出版社 2002 年版。

[2] 米铎丝引用麻省理工学院的一位知名学者和系统分析师 JW Forrester 的工作成果。他的开创性工作包括《城市动态》，波特兰，俄勒冈州：生产力出版社 1969 年版；《世界动态》，波特兰，俄勒冈州：生产力出版社 1971 年版。

时，引入杠杆点的科学才最为可靠。在分析新出现的数据或将其应用于新的系统以定位杠杆点的时候，它就不那么有用了。换言之，系统理论和我们所掌握的杠杆点概念在解释发生了什么，和为什么发生，而不是预测会发生什么时，才是最佳的。

从系统理论，我们也可以得出几个概念，来更好地理解慈善公益。其中包括：

- 实体之间的联系和相互作用在理解系统时很重要
- 杠杆点是指在整个系统中，小的变化可以产生大的连锁效应的地方
- 杠杆点很难预测，而且往往是反直觉的

印证规则的特例

从进化论和系统论中吸取了这些教训后，让我们回到行业模型。也许行业框架最令人信服的优势在于它为我们提供了几种比较模型，每种模型都揭示了慈善公益的发展。在整本书中，我将慈善公益与教育、医疗保健、唱片业、电影制片厂和金融服务进行比较，每个行业部门都提供了重要的历史经验和教训，有助于我们了解慈善公益的未来。

我承认，这个行业框架并不完全符合慈善公益事业。竞争的作用、行业增长率以及缺乏通用的底线标准这三方面的特点使慈善行业模型很难与之相符。同样重要的是，慈善公益的人文因素、对社会福利的贡献，及其与商业和政府部门的关系，将慈善公益与纯粹的商业领域区分开来。有些人提醒我说，把慈善公益作为一个行业来关注，会招致监管和立法方面的审查，结果使其缺乏特殊待遇。我同意这一点，尽管我认为因果关系被错置了。慈善公益已经受到越来越多的审查，行业标准也正在被采用。那些认为，因慈善公益

事业对我们国家社会结构的贡献而值得特别考虑的业内人士，最好找到相关记录和阐释这些贡献的方法，而不是去埋怨对其所做的行业分析。

让我们快速地浏览一下行业模型的三个例外——竞争、增长率和底线标准。首先，尽管许多慈善基金提供商都是由营利动机驱动的，但大多数并非如此。商业参与者进入该领域的短期影响，也增加了非商业实体之间的竞争。相同的客户，即捐赠者，现在面临两种选择：一种是商业性的，另一种是非商业性的（还有几种混合的选择）。竞争方面的影响首先会对社区基金会产生冲击，现在已经扩展到其他非营利性慈善机构，这些机构必须不断向捐赠者说明自己需要资金的理由。

有许多迹象表明，对捐赠者的竞争日益激烈。如广告的增长、对展示投资成果或回报的兴趣增加（至少是口头上的）、过去专注于价格竞争的实体机构开发出有特色的增值服务，以及顾问和资产管理人之间建立起新的联盟和混合体。区别于纯粹的商业实体，慈善公益事业未表现出竞争形式，在于这种形式很少得到承认。慈善刊物不会吹嘘市场份额，单个实体也很少会公开他们为吸引竞争对手的捐赠者或说服捐赠者使用他们的服务所做的努力。

其次，慈善行业不像其他行业那样增长和收缩。餐馆、鞋店、书店和干洗店根据它们的营利能力来运作，但大多数基金会绝不会因倒闭而退出行业。有些基金会可能会裁员，可能会暂停资助，也可能会搬到更便宜的办公室，但经济衰退的影响只会缩小基金会的规模，很少会使其破产。事实上，最有可能退出慈善行业的基金会是那些特意设计这样做的基金会，一般被称为"烧钱"（spend-down）基金会。

当然，捐赠基金会是少数的慈善行动者。商业和非商业参与者的混合体可能受到多种因素的影响，这些因素影响着企业的增长或衰退，或进入壁垒。商业公司明确地将产品的盈利能力纳入其决策范围。他们的慈善服务、私人银行、房地产和信托管理以及捐赠基金都有可能因变得无利可图而不再提供。然而，大部分这些产品的动机是维系长期的客户关系，因此盈利能力对这些公司来说也不是一个明确的界限。

经济繁荣时期对慈善公益发展的影响很大。20世纪90年代末，个人收入的激增，催生了更多基金会的创建和捐赠人建议基金的设立。但是，经济的萧条并没有导致这些机构以相同的速度倒闭。繁荣期催生的新的慈善活动，萧条期则减缓增长速度。当前的监管结构和市场力量都渐渐推进慈善行业的发展。用商业术语来说，这些因素将被作为新产品的"进入壁垒"（在慈善行业很低）和公司的"退出率"（慈善行业几乎可忽略不计）来分析。

最后，缺乏行业标准使慈善公益有别于其他行业。这在一定程度上是因为不同的参与者使用不同的度量标准产生的：商业参与者追踪营利能力和维系长期客户，而非营利组织较少关注利润，可按成本价出售服务，且其更多地关注社会影响力。因此，该行业并不是一致关注市场份额或利润率。

然而行业标准的问题不仅仅是指标，而是更深层次的问题。由于慈善公益具有独立性和个人主义特性，很少有相关的组织机构来制定道德或财务审慎行为准则。现存的准则主要是以自身为参照的，缺乏任何强制执行力。关于基金会加入现有行业协会（因此必须达到其标准）的百分比，最佳估计约为现有基金会的10%。[①] 积极调查慈善活动方面，政府监管机构人员严重不足，他们必须依靠

---

① 露西·伯恩霍兹：《集体智慧：21世纪区域协会》，华盛顿特区：捐赠者区域协会论坛，2001年。

举报人或丑闻来执行基本的受托标准。对于报告绩效衡量指标和制定慈善资产管理实践标准的努力已初露端倪,但鉴于慈善行业过百年的运作历史,这些都只是极其基本的标准。[1]

尽管行业框架并不完美,但却以比单纯猜测更有力的方式来帮助我们思考未来可预见的变化对慈善公益事业的影响。还使得我们能将企业、产品、服务、客户、竞争和监管的迅速变化和不同的因素纳入一个整体进行思考。

从行业视角看,我们对慈善公益事业的理解必须不仅仅局限于金融服务的一个简单子集。更确切地说,如此明显、稳定的捐赠率及其对资源的需求(供给与需求)的独立性,进一步凸显了慈善公益非常重要的非商业特征。慈善公益事业是人类的活动,受到诸如道德规范和税收等级等各种压力的影响。慈善公益既可以是本地的和全球性的,也可以是正式的和高度个人化的,可以被包装成商品,由人类服务来界定,也可以由宗教和社区指导,并受监管指导和影响。

商业慈善时代

就其作为一个行业的发展而言,慈善公益与医疗保健和教育类似。这两种服务曾经都主要由国家或私人慈善机构提供,但到了20世纪,这些服务在美国迅速私有化。美国的医疗保健业现在是一个价值数十亿美元的产业,是一个公共服务、私人商业企业和公共福利诊所的复杂组合。教育,是宪法规定的国家责任,自从国家成立以来,就一直通过公办和私营实体相结合来提供。绝大多数情况

---

[1] 《有效性指标》,波士顿:有效慈善中心,2002年;慈善公益的举措,世界经济论坛,明日全球领导者,2003年1月,www.salesforcefoundation.org;杰森·斯科特:《建立慈善市场:障碍和机遇》,www.allavida.org。

下，无论是公共还是私人赞助，教育都是作为非营利性服务提供的。近几十年来，从学前教育到研究生教育，商业投资等在各级教育中迅速崛起。

这些领域的发展轨迹不仅仅是私有化的轨迹，而且也是商业化的轨迹。在医疗保健和教育领域，商业实体对慈善组织和政府提供者的影响是不容忽视的。慈善公益也是如此。曾几何时，慈善公益事业是一种个人或社区的非正式活动。20 世纪初，现代基金会的出现开启了慈善公益事业的机构化时代。如今在 21 世纪，捐赠人建议基金的兴起，以及营利性公司和服务的发展标志着商业慈善时代的开始。市场、政府和非营利机构之间的最佳关系，没有一个通用的方程式——真正的挑战在于如何将三者有机结合，共同发挥作用。[1] 随着参与者（商业、非营利组织和公众）之间的平衡发生转变，公益部门为慈善行动提供了一个令人兴奋的新环境。[2]

随着时间的推移，那些由商业、私人非营利组织和公共部门公司强劲组合的行业如何发展？哪些特征首先渗透或融入进其他特征中，哪些特征会在面临竞争、价格下跌、新市场或高收入客户中逐渐消失？在很多情况下，政府已借助于市场工具来执行公共政策，比如出售污染信用额和拍卖广播频率[3]，从这些例子中有许多值得借鉴和反思的地方。

考虑到地方政府面临的压力，权力下放继续将各种服务的责任从各州和联邦政府转移到城市，因此，各城市正在尝试一些新的管

---

[1] 约翰·麦克米兰：《重塑市场：市场的自然历史》，纽约：W. W. 诺顿，2002 年，第 160—161 页。

[2] "公共利益"这个词越来越广泛地被那些不愿以非营利组织定义自己的组织所使用。这个词在 20 世纪 90 年代早期在英国出现，当时英格兰首席慈善事务部长罗宾·格思里使用了这个词。参见汤姆·劳埃德《慈善事业：新慈善家》，伦敦：约翰·默里有限公司 1993 年版，第 201 页。

[3] 约翰·麦克米兰：《重塑市场》，纽约：W. W. 诺顿，2002 年，第 182 页。

理技术和服务模式，以平衡现有资金和社区的需求。越来越多的城市鼓励居民"通过回收利用和社区监督项目等方式共同提供公共服务"来实现收支平衡。① 与此同时，非营利组织与政府签订的合同在某些领域已经成为最大收入来源，从根本上讲，服务的提供从公共部门转向了非营利部门，并采用商业系统进行购买。②

我们也经历了数十年的关于商业实践如何改善非营利组织运作的争论。当然，市场依赖于监管结构和公共基础设施。随着慈善公益从家庭手工业继续向一个由公共和私人、商业和公益企业组成的复杂体系发展，我们能期待产生怎样的结果呢？

慈善行业既包括"餐桌家族基金会"（kitchen table family foundation），也包括价值数十亿美元，拥有数百名专业人员的组织。两者都属同一业务，就像当地书店和亚马逊网站是同行一样。读者也可以自由去他们的公共图书馆拿起最新的小说畅销书。这三家供应商：电子商务巨头亚马逊、街角书店和图书馆都在这个系统中占了一席之地。图书出版业还依赖出版商、编辑、作者、杂志评论家、分销商和系列讲座。当我们考虑不断变化的慈善市场时，我们会发现自己不仅要关注单个公司，还要关注支持他们的基础设施、面向慈善公益事业销售的二级和三级供应商，以及将他们分离并联结在一起的所有生态位市场和网络。

慈善公益是一个独特的行业，富有社会使命感和以人为本的特点有别于其他行业。尽管财务资源只是整个慈善等式和其对公共利益最终追求的要素之一，但围绕这些资产分配和管理发生的变化，最能通过行业视角看出来。通过对系统前端的输入部分进行深入分

---

① 《21世纪的城市：变革的力量》，《系列：国家政府日志》，2001年夏季，第74卷第3期，第25页。

② 汤姆·劳埃德：《慈善事业：新慈善家》，伦敦：约翰·默里有限公司1993年版，第188—192页。

析，将有助于从整体上改进系统。其他行业的经验将对未来的设想具有指导意义。慈善公益事业的金融产品和服务类似于其他行业，都受到市场压力和监管结构的双重制约。

正是这些产品和服务——慈善资产管理的金融管理工具和咨询服务是新慈善资本市场的核心。正如商业实体可以选择他们寻求的金融支持类型一样，非营利组织和民间组织也应该能够利用各种各样的资本产品。

捐赠者的资产是这些产品和服务的引擎。他们需要有明确的、可比较的选择，成功的衡量标准，以及评估慈善资产分配质量的概念性和实用性的方法。如果不精心设计提供财务资源的体系，我们就无法推动慈善公益事业向前发展。

第 二 章

未来的可能性

畅想一下

可以想象一下,当你拿起一份报纸,读到"结核病在全球范围内被消灭"的标题。继续阅读下去时,你了解到成千上万条生命因此获救,在那些曾经饱受疾病蹂躏的国家,正如预期的那样,教育将继续发展,经济将继续增长,美国城市急诊室护理费用也会下降。消灭这种疾病的最后一步,即广泛采用传统热带草药提取的低成本药物,已然达成。这项工作已经持续了几十年,并且通过世界卫生组织和世界银行在《全球遏制结核病行动计划》下的联合工作,于2005年实现了治愈85%确诊病例的短期目标。

文章继续解释了从85%到100%根除疾病的两个关键步骤。第一步是建立一个全球性的监管架构,为600亿美元的全球传统疗法市场提供监管。一个由世界各地非政府组织结成的联盟,在私人资金的大力支持下,领导了监管工作。第二步的关键举措是成功地整合传统和现代医疗方法的治疗方案和结果数据,从而确定最成功、最低成本的治疗策略。这种数据交换涉及公共卫生系统、私人临床医生,以及一系列从捐赠、到合约到授权许可交易等的各种融资结构。这两项最终行动都得到了国际私人慈善资源联盟的财力和通信支持，该联盟致力于使人们获得安全又便宜的现代和传统药物。①

上面这个例子旨在把我们的注意力集中在可能实现的事情上。想象一下，一个能够真正利用金融投资实现有意义的目标的慈善系统，个人慈善家可以为他们关心的问题和组织做出贡献。他们相信，他们的捐赠正在被合理的使用，并与其他资源一起有效地实现特定的目标。再想象一下，关于慈善活动、投资机会以及成功与失败案例的研究已被广泛用于决策制定，现在系统中流淌着数十亿美元的小额慈善捐款细流，可以如人们需要和期望的那样聚合成几个巨大的慈善资金流。可以再想象一下，慈善行为和决策的高度人性化特征成为这项工作的一个决定性特质，并且被有效地推广为鼓励和增进个人慷慨捐赠的手段。

这是一个进化后的慈善行业的图景。这个行业将在利用自身现有多样性优势的同时，又提供足够的结构、支持和反馈，以更好地为决策提供信息、记录成果，并将资源导向最有希望的杠杆点。建立这样的体系将涉及目前如何定义该行业的每个参与者：慈善机构和个人、监管机构、供应商、非营利组织和公共机构。还将涉及改善整体的共同愿景，以及认识到系统的演变将是缓慢而零星的，且这种变化可能来自意想不到的地方。当前参与者的贡献将非常重要，尚未参与或已存在的参与者所产生的不可预测的影响也同样重要。

以上例子中的标题与 21 世纪最初几年出现在美国报纸上的

---

① 这个例子是虚构的。关于疾病范围和市场规模的数据来自艾丽卡·莱因哈特，《停止并开始扭转疟疾……和其他主要疾病的发病率》，《联合国纪事》，2002 年 12 月至 2003 年 2 月，第 39 卷第 4 期，第 42—44 页。

标题大相径庭。要看到这样的公告，我们还有很长的路要走。在这个特定的时刻，这样的好消息似乎很遥远。恰恰相反，当前是慈善公益事业中相当动荡的时刻。2003年在短短两个月的时间里，全国范围内的头条新闻却明显突出了慈善公益不那么正面的特点：

"非营利组织承认花了慈善机构的钱：捐赠管理的会计问题已至少存在了2年。"《旧金山纪事报》，2003年6月5日。

"一些基金会在理事会成员身上大肆花费。"《巴尔的摩太阳报》，2003年5月13日。

"法官裁定，慈善机构或将被指控欺诈。"《纽约时报》，2003年5月6日。

"国税局无法监测非营利组织。"《圣荷西信使报》，2003年4月27日。

这一时期的媒体关注治理失误、管理薪酬过高和慈善欺诈行为，以及强调捐赠者捐赠的首次重大新经济商业丑闻，并呼吁对在纽约、加州以及由联邦贸易委员会开展的慈善活动进行更严密的法律审查。与此同时，关于基金会运作的美国国会山听证会也在进行。这些事件的发生紧随2001年9月恐怖袭击后的捐赠浪潮之后，这可能是全美最大和最快的一次慈善反应。这些事件的纷纷曝光，既不是巧合也不是阴谋，但这段时期很可能成为行业运作的分水岭。我们不仅需要满怀希望的相信形势会好转——无论是更多的慈善捐款、更有效的捐赠，还是更多样化、更易获得的慈善公益活动——我们也可以通过回顾历史来坚信这一希望。上一次对税法的重大修订以及公众对慈善公益事业的深刻认识发生在1969年，慈善行业当前的很多特征都可追溯至那个恰当的时间点。

为什么烦心？

构建新东西需要打破现状，因此，显然将会出现诋毁者。现有的基金会、慈善家和商业供应商可能看不到任何直接的优势，来应对这一挑战。鉴于这种态度，我们可以预见，这些变化将首先发生在行业的某些节点上，并且可能是为了追求短期目标实施的（例如利润、客户维系），而不是为了实现新的行业结构的长期愿景。与此同时，目前的参与者有明确的和令人信服的理由参与界定和影响行业变化方向的工作：

·变化是肯定的。目前的行业参与者可能认为，他们不受大部分外部压力的影响。在某种程度上，他们中的一些的确能。例如，已建立的捐赠基金会不太可能会倒闭，或感受到来自其他金融产品的巨大竞争压力。在一个充斥着各种选择的慈善市场中，从数量上看，基金会在捐赠人建议的基金面前已经黯然失色，从逻辑上讲，在管理的资产方面也可能落后。慈善市场的所有其他参与者都比私人基金会更容易感受到竞争压力，因此正在积极尝试变革和差异化。慈善实践、利益和结构不会仅仅因为人们希望它保持现状而真的一成不变。基金会面临的监管提案侧重于要求增加支出、加强问责制和减少小型独立实体的数量。如果遗产税没有重新实施，联邦税法的变化可能预示着最早在2010年就会结束新基金会的创建。正如汤姆·劳埃德（Tom Lloyd）在20世纪90年代初所写的关于慈善公益事业与英国商业部门之间不断变化的互动关系那样，"公司是公司，慈善机构是慈善机构，两者永远不会相遇的时代一去不复返了"①。

---

① 汤姆·劳埃德：《慈善事业：新慈善家》，伦敦：约翰·默里有限公司1993年版，第4页。

·市场力量将开始从新兴产业的竞争策略（如价格竞争、一线产品差异化）向成熟产业的竞争策略（如差异化增值服务）转移。市场力量将开始推动成果衡量、有效性指标、研究和整合的发展。典型行业通过服务于他们的机构数量的增加来显示其成熟度。这一增长表明，该行业或专业变得更加复杂，通常透明度更低，需要更多的内部管理资源。[1]

·若不加以引导，当前该行业的力量会更将其推向碎片化而非整合化。资源进一步的分散降低了任何个体参与者实现其目标的可能性，限制了行业的整体影响力，并增大了监管威胁，因为慈善公益事业并非整个行业都能显示出其享受公共免税之后的回报。由于该行业不再是纯粹的非营利组织，问题就出现了：这个实体是应该获得税收优惠还是其产生的公共利益？[2]

·社区需求和机会将继续要求更有效地运用金融、人力、技术和智力资源。如果慈善实体未能显示其对社区、州、国家和全球问题的累积性贡献，支持继续享有和扩大慈善特权的监管基础设施将受到社区团体以及寻求资源的监管机构和立法者的压力。

达到目的

根除重大疾病和改造慈善公益事业等成就在我们有生之年是有可能实现的。新慈善体系的目标应该是切实加快私人资源的有效利用，以实现公益。这既可以说是对当前系统的彻底改进，也可以说只是现行结构的加强版。这种转变是微妙的，但意义重大。

---

[1] 汤姆·劳埃德：《慈善事业：新慈善家》，伦敦：约翰·默里有限公司1993年版，第116页。

[2] 汤姆·劳埃德：《慈善事业：新慈善家》。伦敦：约翰·默里有限公司1993年版，第177—178页。

加速资源有效利用的目标将我们的注意力从个人慈善参与者转移到他们之间的联系上。换句话说，这要求衡量整个慈善行业而不只是单个实体的效率。它需要关注系统中不同的参与者之间运行（或者应该运行）的交互、连接和反馈循环。

为了实现这些变化，我们需要在系统的两个关键层面上工作：组织层面和行业层面。基金会内部的组织变革是时断时续的。直到最近，在组织变革方面的共同努力才真正开始——例如试图制定共同绩效指标。[①] 另外两个组织层面变革的关键来源是市场和监管结构。例如，商业捐赠人建议基金的出现是市场驱动的现象。慈善机构定期报告捐赠情况和金融活动是对监管的回应。

在行业层面开展工作，就是要重新考虑和加强目前联结慈善组织的系统。这些联结随着慈善机构的增长而成倍增加——几乎完全是通过志愿的会员协会表现出来的。从20世纪40年代后期基金会理事会的成立，到最近在区域协会建立的午餐网络，这些团体已经在全国各地和国际上都出现了。他们中的一些已经设立了办公室、员工团队、独立身份和永久性角色。其中许多是非正式的、小型的和灵活的机构。

令人惊讶的是，我们对这些通常被视为慈善基础设施的联结性组织知之甚少。连一个完整的统计数据也难以获得，尽管目前最可靠的估计是有350—400个美国资助机构协会。[②] 这可能意味着在最佳情况下，协会与基金会的比例为1∶150，但我们有充分的理由相信，这400个左右的协会实际上只代表了不超过10%的基金会。[③] 因此，对一些机构来说这种联结是多余的，而另一些机构则完全不

---

① 《有效性指标》，波士顿：有效慈善（effective philanthropy）中心，2002年。

② 露西·伯恩霍兹：《集体智慧：21世纪区域协会》，华盛顿特区：2001年资助者区域协会论坛。

③ 露西·伯恩霍兹：《集体智慧：21世纪区域协会》，华盛顿特区：2001年资助者区域协会论坛。

存在这种联结。

这些基础设施组织做些什么？他们应该怎么做？该行业的哪些部分得到了很好的支持，哪些部分尚未得到充分支持？用美国土木工程师基金会（American Foundation for Civil Engineers）的话来说，基础设施的字面意思是经过一些刻意选择并在多个层面上，与公共和私人生活相交叉的结果。① 相比之下，慈善基础设施是在默认情况下自发出现，而不是通过设计产生的，只延伸到该行业很短的一段距离，与公共系统的连接也不是特别好。用通向"电网以外"住宅的几条未经铺砌的私人道路来比喻，比用诸如州际公路系统来比喻要更为贴切。

必要配置

如果我们打算让慈善公益事业成为有助于社会健康和社会问题解决的更强有力、更重要的参与者，那么最有效的关注点应该放在那些广泛影响大部分个体参与者的行业元素。简言之，行业过于分散和刻意孤立，无法通过从组织到组织的方式对其产生重大影响。正如我们已经开始讨论的那样，有三条相对直接的路线可以通往数以万计的慈善机构：市场、监管和基础设施。我们首先关注基础设施，因为它最容易设计，而且它反过来又能够影响市场和监管。②

---

① 展览手册《我、自己和基础设施：美国的私人生活和公共工程》，美国土木工程师协会，One 市场的广场，旧金山，加州，2003 年 2 月 28 日至 4 月 11 日。
② 市场和监管结构对慈善公益事业的影响往往使业内的个体参与者难以应付。若任其发展，我相信这两股力量会迫使个体慈善机构和基础设施发生改变。

畅想一下

想象一下，在以下市场购买汽车：到处都是销售代表，有些做了大量的广告，而有些什么也没做。除汽车外，还有一些商店出售自行车、公交卡和机票，并承诺提供一站式低成本的服务来满足您所有的交通需求。此外，在这个市场上，没有关于汽车的独立评论，没有汽车爱好者的杂志，没有列出油耗、维修费用和经销商成本的车窗贴纸，也没有《消费者报告》或《蓝皮书》之类的东西。在这样的市场中，每个购车者都需要挨家挨户测试每款车型，讨价还价，并希望商家对可靠性和安全性所做的承诺是真的。或者他们甚至可能决定建立一种新的交通方式。

尽管这种情况听起来很荒谬且混乱，但这却是对今天的慈善行业的一个很形象的比喻。每年个人和机构捐赠数十亿美元，但却没有用来比较捐赠人建议基金与私人基金会的行业标准。慈善产品的提供者从大型大学到小型教堂，从私人银行到社区捐赠，从非营利组织到商业金融服务公司。一些公司做了大量的广告，但其他人却什么也不做。没有关于最佳和最差回报的年度新闻报道，也没有提供蓝皮书类支出分析或长期绩效分析的独立门户网站，唯一公开可获得的趋势数据来自不到20%的行业参与者的自我报告式的调查。

个人捐助者是盲目的。对慈善趋势、社会部门收入来源、比较成本和回报缺乏独立可信的分析将使一些潜在的捐赠者无法进入慈善市场。全行业信息共享的有限使用限制了现有研究的成效，妨碍了宣传慈善影响的努力，并阻碍了潜在投资者。一些人被骗，其他人则被要求对明知失败的领域进行投资。

缺乏基础设施会限制行业赢得成效、可靠性或可信度的能力。提供行业信息的基础设施和独立参与者对行业的活力、可信度和可见度至关重要。一个行业为自身建立的基础设施是抵御监管挑战的堡垒。它们还会在市场变化时提供支持和机会。

更好地理解行业基础设施的组成和角色，有助于了解诸如金融服务等成熟行业。由券商、银行、共同基金运营商、基金经理、投资公司等组成的金融服务行业依赖彭博、道琼斯、穆迪和标准普尔等外围供应商提供独立数据、监控和研究（见表 2.1）。金融服务公司免费提供各种商业领域基本的"财务摘要清单"。各种银行和证券协会代表其成员参与公共政策的制定，证券交易委员会（SEC）监管机构制定和监控专业标准，诸如 FirstCall 的独立分析师提供的研究。

这些慈善公益事业的参与者在哪里？一些组织已有数十年的历史，如基金会理事会、基金会中心、国家应急慈善中心和独立部门。这些成立已久的组织（以及数百个类似的组织）都是自愿的会员组织。他们依靠会员支持，并满足这些会员在出版物、会议、国家立法代表和行业统计跟踪方面的共同需求。这些类型的组织，因其会员的资格结构，无法成为该行业独立的、关键的信息来源，也不能引领新来者。

这种独立性现在才以创业公司的形式出现，专注于对行业提供一些独立的分析。从指南星（GuideStar）到慈善家合作伙伴（Philanthropix Partners）等这些组织都处于起步阶段，表现出一些独立性和关注度。例如，指南星（GuideStar）由基金会提供大量资金，专注于使有关非营利组织的公共信息更易于获取。慈善家合作伙伴（Philanthropix Partners）、慈善导航员（Charity Navigator）和其他公司正在试图开发非营利评级系统。独立的评级市场的出现，与捐赠者对他们捐赠的关注度日益增加密不可分，无论是在捐赠前还是捐赠后。

表 2.1　　行业基础设施比较：金融服务和慈善公益事业（2003）

工业要素	金融服务	慈善公益事业	差距
企业	嘉信理财、高盛、摩根大通	社区基金会、非营利组织、金融服务公司、个人	
研究机构、数据来源	国家经济研究局、劳动部、彭博社	基金会中心、AAFR、印第安纳州大学、指南星（GuideStar）	比较趋势数据很难找到；研究不针对个人
行业协会/政府关系	美国银行家协会、证券业协会、企业政治行动委员会	基金会理事会、独立部门、小型基金会协会	国家级宣传团体
监管机构	证监会（SEC）、财政部	美国国税局（IRS）、州总检察长	国家级行业组织
媒体/新闻	华尔街日报、巴伦周刊、贸易杂志	基金会新闻和评论、慈善纪事	无定期独立，分析的或关键的媒体
专业培训路径	MBA课程	—	无专业培训
认证/监督	经纪人许可执照	—	不存在认证。由美国国税局（IRS）监督公司
独立分析师、信息经纪人	胡佛（Hoovers）、Datamonitor①FirstCall	—	一些基金会研究这个行业；没有公开的独立分析

---

①　译者注：Datamonitor 是一家国际知名的信息服务公司，为全球 5000 多家一流公司提供市场分析及商务信息，跨越汽车业、金融业、医药业、消费品市场、能源业以及科技界等不同领域。

续表

工业要素	金融服务	慈善公益事业	差距
评级机构/指标	晨星、道琼斯、标准普尔、穆迪	BBB、指南星、慈善导航员、慈善合作伙伴	没有行业标准指标，诸如社区基金会等的下属部门有一些运营标准

这一趋势可以在关于起诉非营利组织的法律地位的变化（和其他事情）中看出。正如《纽约时报》最近指出的那样，"传统上，只有总检察长才有权在法庭上追究慈善机构的责任，但在非营利组织的数量出现爆炸式增长的同时，各州进一步削减了原本就不宽裕的慈善监督预算"[1]。过去几年里我们已经看到，捐赠者起诉非营利组织、捐助者起诉社区基金会、社区基金会起诉投资银行、信托基金起诉大学、居民起诉私人基金会。[2] 如果这种法律地位继续提升，我们可以预见从基金会的投资政策到资助拨款决策等各方面的法律挑战。想象一下，如果公众为2002年基金投资经理失去的慈善资产寻求赔偿，可能会引发怎样的诉讼？

新的基础设施的建设不仅是为了应对已觉察到的（或真实存在的）威胁，也是为了抓住机遇。吸引商业公司参与慈善公益事业是影响和管理大量资金的机会，而同样的机会也将促使更多企业家努力成为晨星（Morningstar）、高德纳集团（Gartner Group）或巴伦周刊（Barron's）这样的企业。在2003年世界经济论坛（World Eco-

---

[1] 这是由于对非营利组织的诉讼数量增加，这直接挑战了他们对捐赠者捐赠的处理。所涉及的非营利组织类型从社区基金会到大学不等，捐赠者包括在世的个人和遗赠的受托人，从纽约到德克萨斯都有这类诉讼。参见斯蒂芬妮·斯特罗姆《捐赠者监督慈善机构的作用》，《纽约时报》2003年3月29日，第A8版。

[2] 斯蒂芬妮·斯特罗姆：《捐赠者监督慈善机构的作用》；保罗·德姆科：《给小人物的建议》，城市页面，2003年5月28日，第A1版。

nomic Forum）的一项研究中，一些新的慈善绩效评估工作的分析人士指出，慈善公益事业中需要这些独立的、具有企业家精神的参与者，即从半商业到完全商业化的企业家，因为他们处于独特的位置，能够提供独立的、批判性的分析。①

为了将慈善公益事业从其家庭产业阶段提升到可以有效配置其重要资源的水平，需要刻意创建与其他行业相类似的机制。表2.1中的比较研究显示，该行业缺乏独立分析、专业认证不足、行业与公共部门之间缺乏强有力的联结、缺乏提供批评意见的新兴媒体、缺乏供外部人士参考的比较数据来源。

新的参与者正在逐渐填补基础设施方面的空白。在此过程中，他们将能够促进新的监管、支持新产品开发并推动行业标准的制定。现有实体可以从一开始就与这些力量合作，或者在以后对其做出响应。

不只是更新，而是更好

一个新的行业基础设施应该连接基金会、捐赠人建议的基金、房地产、金融服务公司和个人慈善家，其产品和服务应该是全行业的研究简报、独立分析以及用于比较和决策的行业标准。通过重新设计和重建基础设施，我们将实现一个更易于获得、更有效、更负责任并且更可衡量的慈善经济，从而可以说明其累积影响，并使个体企业能够评估其贡献。

预计即使没有万亿也会有数千亿美元投入我们的行业中，但考虑到我们目前工作的分散性，有效地将这些资源用于大量慈善公益

---

① 世界经济论坛明日全球领导者：《衡量慈善事业》，加州旧金山，网址：www.salesforce-foundation.com。

事业的机会就像试图在尼罗河沿岸建造沙堡来引导洪水一样。只有建立更好的信息协调手段、共享资源，并向慈善家和公众提供独立分析，慈善公益事业才有望成为社会政策和变革的参与者。

第 三 章

变革的力量

　　20世纪40年代末，乔治·奥威尔（George Orwell）在英国写了他著名的惊悚小说《1984》，正是借助美国人对未来的痴迷。从人类学家到社会学家，从商界领袖到家庭主妇，未来会发生什么，这个问题对美国人有着巨大的吸引力。美国人有进步和未来的观念，出版业的繁荣在于向读者提供大趋势、未来的里程碑。[1] 阿尔文·托夫勒（Alvin Toffler）创造了"未来冲击"这个词，来捕捉因迷失方向和压力导致的"疾病"。他认为，20世纪70年代的美国人因为变化迅速而感到痛苦。正如他当时所指出的那样："未来的冲击不再是一种遥远的潜在危险，而是一种真正的疾病，越来越多的人在遭受着这种疾病的折磨。这种心理生物学状况可以用医学和精神病学术语来描述。这是变革带来的疾病。"[2] 虽然托夫勒略带危机色彩的言论可能与"小题大做"的倾向如出一辙，但他的书是畅销书，并仍然是经典之作。当然，如果他在1970年关于"未来冲击"的表述是正确的，想象我们今天有多少人会因为未来冲击而

---

　　[1] 约翰·奈斯比特、帕特里夏·艾柏登：《2000年大趋势：1990年代的十大新方向》，纽约威廉·莫罗公司，1990年；彼得·德鲁克：《明天的里程碑》，纽约：哈珀兄弟出版社1957年版；艾伦哈蒙德：《哪个世界？面向21世纪的情景》，华盛顿特区：岛屿出版社1998年版；杰拉德·K. 奥尼尔：《2081：对人类未来充满希望的看法》，纽约：西蒙与舒斯特出版社1981年版；约翰·奈斯比特、帕蒂西亚·阿布德尼：《2000年大趋势：1990年代的十个新方向》，纽约：莫罗出版社1990年版；阿尔文·托夫勒：《未来的冲击》，纽约：兰登书屋1970年版。

　　[2] 阿尔文·托夫勒：《未来的冲击》，纽约：兰登书屋1970年版，第4页。

感到不适？

那些声称能预测未来的人被斥责为骗子。那些能够开发强大的、数据驱动的、关于潜在方向的图形选项的人是非常有价值的专业人士。很少有未来学家被要求解释他们的预测。无论分析的准确性如何，对未来进行勘探的价值在于为今天的决策者提供参考的可行途径。[1]

本章重点介绍慈善行业变革的主要驱动因素。通过讨论几种主要趋势，并从社会到行业，再到组织的三层框架分析了它们对慈善公益的潜在影响。这些趋势是从最外部的社会层面转向最内部组织层面的变化。这三个层次对于理解慈善公益在未来几十年可能发生的变化非常重要。例如，我们将看到，人口结构的整体变化为诸如社区基金会、金融服务公司等慈善公司创造了重要的新市场机会。人口老龄化为退休养老和资产规划师创造了新的机会，导致许多新的慈善实体的产生，并且正在引发不同类型的组织重新审视其核心业务实践，来服务于这个市场。

当然，这些外部压力也会通过改变社区需求和机会的本质来影响慈善公益事业。老年居民对公共系统的压力比年轻家庭的人群要大。全球市场激发了人们对人类状况更广泛的认识，并可能导致对解决跨国问题的更大兴趣。这些变革力量的呈现是经过精心安排的，以便于我们对慈善行业和组织变革的研究不能脱离这些更大的社会问题的背景。这些层次的变化被理解为相互连接的同心圆，如图 3.1 所示。

---

[1] 几家投资杂志每年 1 月都会刊登一篇专题文章，引用几位专家对本年的预测，甚至让这些专家为假想的投资基金提供建议。然后，这些基金可以在每年年底进行审查，并请专家解释其积极或消极的结果，这样的循环会在第二年重复。

```
        社会层面
   ┌──────────────┐
   │   慈善行业    │
   │  ┌────────┐  │
   │  │ 资助者 │  │
   │  └────────┘  │
   └──────────────┘
```

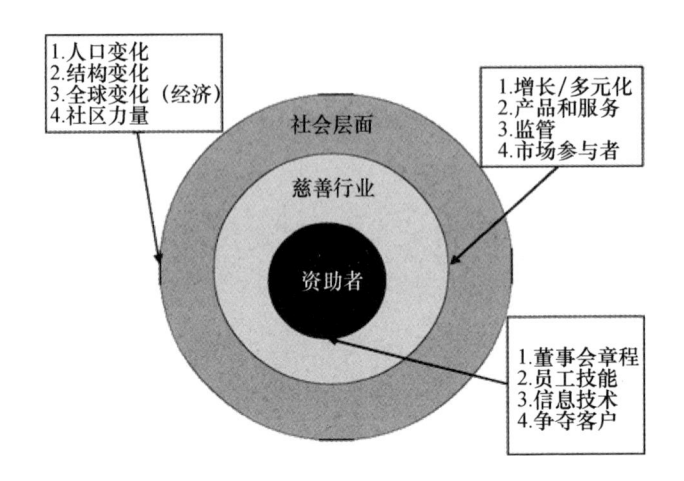

左上标注：
1. 人口变化
2. 结构变化
3. 全球变化（经济）
4. 社区力量

右上标注：
1. 增长/多元化
2. 产品和服务
3. 监管
4. 市场参与者

右下标注：
1. 董事会章程
2. 员工技能
3. 信息技术
4. 争夺客户

图 3.1　慈善公益事业改变的程度和力量

改变整个社会的驱动力[①]

在最外层——社会层面的变化——慈善公益事业的重要力量是多方面的。鉴于慈善活动的多样性，事实上，对所有主要的社会、经济和政治趋势做出慈善反应，会比试图将该领域缩小到少数几个趋势更容易。为了确定对慈善公益最具影响力的力量，我专注于对许多行业未来的研究分析，尤其是对慈善公益的深入分析。

以下三种力量——人口结构、新的工作方式、全球化及其背后的冲击——决不是对慈善公益外部压力的唯一来源。然而，他们所代表的变化在许多的层面上如此重要，以至于他们根本无法被忽视。除此之外，本章还讨论了第四种情景变化，我将其描述为社区和环境可持续性努力的增加。值得注意的是，即使这些类别的变化是截然不同的，他们的影响程度和未来方向也来自总体变化的相互

---

① 露西·伯恩霍兹：《未来基金会》，洛杉矶：南加州大学，1999 年；露西·伯恩霍兹：《未来的新策略》，未发表论文，查尔斯·斯图尔特·默特基金会，2002 年。

关联性质，特别是这些力量的组成部分。①

人口趋势

美国人口正变得越来越多样化。20世纪90年代，非洲裔美国人、美洲原住民、亚洲人、太平洋岛民和西班牙裔、拉美裔的总人口增长速度是非西班牙裔白人人口增长速度的14倍。② 20世纪的最后30年里，外国出生的美国居民人数大幅增加。1970—1998年，人口从不足1000万人增加到了2400多万人。自1990年以来，大约1/3的外国出生人口来到美国。③ 这种多样性并非均匀分散在全国各地。有三个州的非西班牙裔白人人口不到50%，据其中三个州的统计数据，这个群体的人口占总人口的95%以上。④

除了种族和民族多样性外，宗教也越来越多元化。美国最大的宗教是基督教、世俗/无教派和犹太教。然而，1990—2001年，接受调查的美国人自称为伊斯兰教、佛教和印度教的人数分别增长了109%、170%和237%。而在同一段时间内，基督徒的人数增长了5%，犹太教的人数下降了10%。⑤ 除了在现有宗教中发生的这些变化之外，新宗教团体的创建速度仍然有增无减。一些学者推测，

---

① 在2002年《新未来的新策略》研究中，我们考察了未来艺术、生物技术、卫生、人口统计学、经济、金融服务、媒体、技术和普通媒体方面的研究。我们对2000—2015年的时间段特别感兴趣。为了讨论这个问题，我们需要一个更长的时间框架，即21世纪。
② 参见《地理环境的多样性》，人口资料局，www.prb.org/ameristat。
③ 参见《美国海外人口的增长》，人口资料局，www.prb.org/ameristat。
④ 夏威夷、新墨西哥和加利福尼亚的非西班牙裔白人比例不到50%。佛蒙特州、缅因州和新罕布什尔州95%以上是非西班牙裔白人。
⑤ 美国人口普查没有询问有关宗教身份的问题。在美国最大规模的宗教身份调查是1990年纽约城市大学毕业中心进行的全国性调查，以及2001年美国宗教身份调查，相关网址：www.adherents.com，www.gc.cuny.edu/studies/aris_index.htm。应该指出的是，宗教身份人数和群体与种族、民族身份的人数一样引发激烈的争论。

21世纪将是宗教大动荡的世纪之一。①

西方世界的人们也在变老。人们寿命更长，在几乎所有发达国家，出生率都低于替代水平。② 在美国和欧洲，65岁以上的老年人分别占到总人口的13%和15%，而全球平均值仅为7%。③ 正如2000年美国人口普查的首席设计师玛莎·范斯沃斯·里奇（Martha Farnsworth Riche）所写：

> 美国人口正处于一个历史性的转变过程中，从一个年轻人占主导地位的人口结构转变为除了年龄最大的年龄段之外，每个年龄段的人口结构都大致相同。2000年人口普查发现，美国的中位年龄显著增长，从1990年的32.9岁增加到2000年的35.3岁。这是美国有史以来最大的年龄平均值，这个国家再也不会这么年轻了。④

美国婴儿潮一代的老龄化和预期寿命的延长，导致预测2000—2025年，65岁以上的人口翻一番。⑤ 在全球范围内，预计在2000—2050年，60岁以上的人口数量将增加两倍。⑥ 与此同时，世界上几个最贫穷的国家也出现了青年人口激增现象，中东、非洲和亚洲部分地区，30岁以下的人口正在迅速增加。⑦ 然而总体而言，"全球老龄化"是社会和经济体系的主要力量。人口统计学家估计，到2050

---

① 托比·莱斯特：《哦，上帝！》，《大西洋月刊》，2002年2月，第37页。
② 参见《下一个社会》，《经济学人》，2001年11月3日，第79—91页。
③ 人口资料局，2002年数据表，www.prb.org。
④ 玛莎·范斯沃斯·里奇：《2000年人口普查结果对环境的影响》，为苏尔丹基金会准备的文件，2001年6月，www.surdna.org。
⑤ 美国人口普查预测，www.census.gov/population/prediction。
⑥ 联合国预测；威廉·奥姆：《世界人口老龄化速度的研究》，《旧金山纪事》，2002年3月1日，第16页。
⑦ 罗伯特·卡普兰：《2005年的世界》，《大西洋月刊》，2002年3月，第54—56页。

年，60 岁以上人口数量将超过 15 岁以下的人口数量。[1]

人口结构一直在变化。美国人继续向城市和郊区迁移，农村地区的资源外流。[2] 美国的移民也倾向于流动到城市，在过去的十年中，10 个大都市区吸引了大部分新移民。[3] 随着就业机会遍布全国，年轻人的流动性越来越强，而不仅仅是去城镇。尽管老年人往往比较稳定，但美国南部和西部最近的退休人口增长表明，这一人口可能即将经历一段大规模的迁移期。[4]

这些国家的种族、民族、宗教和年龄特征的变化对慈善公益事业有着极其重要的意义。移民数据在农村地区已经很明显，这些地区自认为实际上是慈善公益贫瘠的地区。慈善资源的分配就像人口和收入一样不公平。这些人口因素将波及整个社会，如社会安全成本和资源、医疗护理的角色和成本、移民模式、个人生活阶段、长期护理服务和保险等商业机会、学校教育的文化组成部分和医疗保健、财富创造的充满活力的新社区、投票模式、志愿者人群和基于信仰的社区活动。因为我们生活在日益多样化且人口稠密的沿海地区，及白人和人口稀少的"鬼城"的中心地带，在进入 70 岁及以后，对不断上涨的医疗保健费用超出承受能力的人来说，很难预估我们的社会将会发生的改变。

畅想一下

这些人口变化的潜在影响：

---

[1] 《变灰的全球》，《纽约时报》社论，2002 年 4 月 12 日，第 A2 页。
[2] 玛莎·范斯沃斯·里奇：《2000 年人口普查结果对环境的影响》，为苏尔丹基金会准备的文件，2001 年 6 月，第 5—6 页。
[3] 《美国移民磁铁》，www.prb.org/migration/all reports。
[4] 数据来自美国人口资料局：www.prb.org；美国退休人员协会：www.aarp.org；美国人口普查：www.census.gov。

个人寿命延长，他们的工作时间也会延长。他们不能退休，也负担不起个人医疗保健计划的费用。这使得年轻人的就业和升迁更加困难。那些"退休"的人开始领取他们的社保金，这极大地改变了社保体系的收支平衡，他们从支付社保金的人转向领取社保金的人。有组织的老年选民参加投票的人数继续远远超过年轻的在职选民，因此影响了选举结果。随着公共资源从学校和预防项目流向老年人服务，这一趋势在一个又一个城市显现出来。除了加利福尼亚之外的所有州，学校债券发行在民意调查中一再被否决。在加州，日益占主导地位的西班牙裔美国人和亚裔美国人脱颖而出，赢得了从保险专员到美国参议院等所有州级职位的选举。

为了父母而不是自己的孩子，让更多的成年人重返他们的照顾者角色，这改变了他们的退休计划，并使得混合社区内需要兼职工作、社会服务和安全、清洁的户外娱乐空间等。随着沿海地区人口日益密集，美国心脏地带的人口继续减少，引发了对选举团制度和两院制国家立法机构的权力制衡的新问题。

引入新的金融产品来取代与工资有关的退休投资。1998年《格拉斯—斯蒂格尔法案》（Glass-Steagall Act）被废除后出现的大银行经纪公司，仍在争夺客户"资金份额"的主导地位。为了获得越来越多的资金，这些公司提供了一系列令人眼花缭乱的资产管理和咨询服务，其中包括与慈善专家联手提供的多重服务。最后，这个曾经令人垂涎的18—34岁青少年的市场主宰了大众文化长达几十年，如今却被49岁以上可自由支配开支的观众所取代。电视、新闻杂志、当地文化产品、广告预算和产品开发资金也随之发生变化。年龄歧视诉讼的激增导致数家大公司以数百万美元获得和解，这让人想起20世纪90年代的烟草大战。

虽然前面的小插曲可能不会在接下来的两代中出现，但这种情况的每个因素都是真实合理的。每个社区都会存在特定种族和年龄混合的人群，但这两种变化的共同影响是政治权力的重心转移。正如州和地方政府的两位学者最近指出的那样：

> 2000年人口普查数据揭示了一套新的模式，其中包括一批新的人口统计参与者。各个州和地区已经开始从城市、郊区和农村抢风头。趋势是跨越城市、郊区及其周边地区的"边界"的异质性在下降，导致各州内部的人口结构趋于同质化。不仅每个州都有自己的种族混合，而且他们不同的增长来源——移民、国内移民和人口老龄化——使得各州都有自己的年龄结构……虽然每个州的人口轨迹是独特的……在全国范围内，曾经主要针对城市规划者和政治家很重要的人口趋势，正成为真正的全州性问题。[①]

这些变化对慈善公益事业有着深远的影响。私人捐赠需要公共部门新的分布图。那些对青年问题感兴趣的人可能会发现利用公共资金更难。对帮助老年人感兴趣的捐助者可能会发现，他们的策略更容易被公共部门所采纳。慈善家将需要学会如何与新的长期护理服务供应商合作，并从根本上改变税收结构。从本质上讲，美国传统慈善机构的每个要素，包括其人口状况，仅作为富人活动的定位，支撑大部分工作的宗教伦理和价值观都处于不断变化之中。[②]

美国和全球人口的年龄和种族正在迅速变化。对于慈善公益事

---

① 威廉·弗雷、比尔·阿布列施：《新州人口统计划分》，系列：《州政府杂志》，2002年夏第75卷第3期，第18—22页。
② 参见《国情咨文》，《大西洋月刊》，2003年1月/2月，第76—118页；亚当·科恩：《太老而不能工作》，《纽约时报》杂志，2003年3月2日，第54—59页；本·瓦顿伯格：《世界终究会很小》，《纽约时报》，2003年3月8日，第A30页。

业来说，人口老龄化给公共体系带来了新的压力，并为财富转移创造了新的机会。有色人种社区中心增加，这一人口变化是对慈善公益有着广泛的影响的关键变化。

新的工作结构

尽管新经济的神话最终被打破了，但是20世纪90年代经济繁荣时期遗留下来的几个分支，将对我们的工作产生长久的影响。例如，网络化组织和临时联盟的兴起，改变了工作的地点和工作方式。随着越来越多的人在工作岗位上待得更久，每个人的职业变化也越来越多，我们对退休、工作和承诺有了重要的新期望。慈善公益事业也因新的公私伙伴关系而发生变化。这些伙伴关系有许多催化剂，但公共预算和决策从联邦下放到地方一级是他们越来越受欢迎的一个主要原因。

21世纪的职场具有一些显著的新特点，其中包括知识型员工的增加和工人从工业性工作中摆脱出来。工人们现在期望在一生中有几次重大的职业转变。企业和政府已经对养老金法律和退休福利方面做出重大改变。许多人在65岁以上还能继续工作，2003年劳动力中增长最快的群体是年龄超过75岁的工人。[①] 工人们预计每隔几年就需要在工作中学习和使用新的技术工具。

尽管从工业经济向信息经济转变是一种普遍的经历，但评估这些结构和服务的分析工具，以及他们在财政、货币和社会政策中可能需要的变革仍在继续。

几家基金会注意到反战示威者在通过互联网组织活动方面取得了成功，因此试图让这些领导人来教授当地非营利组织类似的组织

---

① 亚当·科恩：《太老而不能工作》，《纽约时报》杂志，2003年3月2日，第56页。

管理技能。尽管在 2003 年美国对伊战争期间，有几位抗议活动领导人出现在新闻中，但到 2005 年，基金会开始考虑这项工作时，这些反战组织已不复存在。社区里的非营利组织领导人一直在与人员流动做斗争，但这次的问题出现了新的转折点：年轻人不会接受这份工作，因为他们所关心的福利都没有提供。与此同时，高薪高级职员不会退休，至少部分原因是他们依赖工作场所提供的医疗福利。与此同时，中层管理者只能在一个职位上工作三到四年，然后再回到他们原来的商业或政府部门。这种变化的好处在于，在任何一个特定的社区中，可以方便地找到公共和私人合作伙伴，因为"六度分离"规则意味着一些当地公职人员或私营部门总裁在过去十年内在非营利组织中工作。缺点是人员和组织的短暂性使得社区难以提供可靠的社会服务，而非营利组织现在几乎完全是作为承包商填补城市机构的职责。由于缺乏任何营运资金来投资知识管理实践，每个走出公司大门的员工都会带走他所知道的合作伙伴关系、当地居民和成功策略的所有信息。一些基金机构（公共机构和私人机构）开始只对特定问题的临时联盟进行投资，并终止所有的组织支持。

一些关于新工作场所的预测指出，网络作为一种工作方式正在不断发展。[1] 另一些人则看到了我们所知道的公司的消亡。[2] 还有一些人认为，自由职业者之间为生产商品或提供服务而结成的临时联盟正在迅速增加。[3] 所有的预测者都认为，人们对工作场所的期望正在发生变化。人们工作的时间将会延长，而他们在任何一份工作中的任期都在缩短，所有这些变化都与全球市场和工作场所的效

---

[1] 2002 年 1 月召开于加州埃默里维尔的"全球商业网络，非营利部门项目的未来"会议。
[2] 彼得·德鲁克：《下一个社会》，致《经济学人》编辑的信，2001 年 11 月 3 日。
[3] 丹尼尔·平克：《自由代理国家：美国新独立工人如何改变我们的生活方式》，纽约：华纳图书出版社 2001 年版。

率压力有关。反过来，这些变化可能会影响个人的流动性、对社区的承诺以及对个人财富管理的期望。

全球化及去全球化

本节将探讨全球化的若干贡献因素以及应对措施。工作地点的变化、对时间和空间的期望以及我们对商业、政治、文化和稳定之间的相互关系的理解，都是这些力量的一部分。此外，我们还探讨了反全球化作为一项社会运动的作用，国际政治和跨国组织（如联合国、世界银行和世界贸易组织）不断变化的作用，以及对国际援助的作用和潜力的一些新认识。

在过去10年的大部分时间里，我们已经进入了全球化时代。随着资本在全球范围内的迅速流动、劳动力市场的变化以及国际公司实力的不断增强，地区和国家政治发生了重要转变。美国领导的反恐战争已经导致国际政治联盟迅速建立和快速瓦解。以美国为首的2003年入侵伊拉克战争对联合国和国际合作的长期影响在几十年内将不会出现，但是，在宣布先发制人原则后，几乎立即就有了一种新的世界秩序降临到我们头上的感觉。

反全球化运动在特定人群中得到了发展，尤其是大学毕业生。非暴力活动人士和暴力抗议者都继续关注世界贸易组织和国际货币基金组织等准政府实体的权力，并对国际投资的不稳定影响和贫富差距不断扩大提出了质疑。[1] 20世纪60年代，大学生聚集在一起，抗议越南战争，为争取国内市民权利而战。今天的校园里充斥着剥夺国际钻石矿和烟草公司权力的努力，以及抗议美国跨国公司实力

---

[1] 《国际全球化论坛的工作》（www.ifg.org）和本顿基金会关于"青年行动主义和全球参与"的报告，www.benton.org/OneWorldUS/Aron/aron1.html。

日益增强的抗议。美国青年在这些运动中扮演着非常重要的角色，因为他们可能塑造下一代组织领导人看待世界和思考解决问题的方式。

并非只有年轻人关心全球经济和政治行为的影响。彼得·德鲁克（Peter Drucker）几十年前就对新的国际秩序发出了警告。[①] 其他负有直接责任的人对世界银行贷款和世界贸易组织政策的效力提出了质疑。从财政部长到联合国领导人，经常有人呼吁公示这些"无国籍"决策机构所采取的行动，对他们打算援助的穷人和被剥夺权利的人所产生的积极影响。

全球企业家和慈善家乔治·索罗斯（George Soros）曾撰文写道，有必要通过强大的、充满活力的社会和公共系统来平衡市场的力量和全球贸易的潜力。从索罗斯的角度来看，市场不仅不适合实现社会和集体目标，而且未来的主要挑战还将取决于国家、市场和慈善机构之间的新的共同努力。用他的话来说，不能指望慈善机构和企业的私人投资者带来系统性的改善。你确实需要公共资金，确实需要真正的官方干预——因为你需要在法律法规和公共行政方面有所改善，这是局外人无法独立完成的。[②]

畅想一下

大西洋沿岸一个全国性的非营利组织专注于为低收入社区提供医疗服务，服务对象主要是美国的新移民。该组织所在的社区主要由商业医院提供服务，该医院与国家卫生护理组织和保险公司签订合同，这些机构依靠其他国家的低成本工作人员

[①] 彼得·德鲁克：《明天的里程碑》，纽约：哈珀兄弟出版社1957年版，第210—229页。
[②] 大卫·班克：《拯救世界的人》，《华尔街日报》，2002年3月14日，第B1版。

来管理呼叫中心、处理索赔和处理文书等工作。护理人员严重短缺,以及提供英语以外的语言服务受到严重影响。

一种新的急性病毒正在使成千上万人患病,并且在该非营利组织活跃的几个社区已经发现了这种病毒。全球航空旅行被认为是导致该疾病从全球另一端的源头迅速传播的原因。该非营利组织希望与医院系统建立伙伴关系,提供翻译服务和文化能力培训,以改善对非英语居民的卫生服务。要想通过医院系统、保险公司、工会和非营利组织的附属机构的官僚层级来操纵合作关系,需要几个月的努力。在此期间,又有数百人患病。

随着地域、人民、工作和文化联系日益紧密,人们呼吁建立新的伙伴关系、新的联盟,并对市场、各州和独立部门所发挥的作用有了新的认识。个人捐助者和基金会将寻求合作的途径。随着行业之间的界限模糊,需要重新区分每个行业的优势、活力和依赖性。尽管未必与全球化有关,但企业社会责任机制的共同利益和对国际援助组织作用的挑战延伸了对这种角色转变的认识。①

环境和社区可持续性

从某种程度来说,作为对全球化和其他力量的回应,我们现在看到了对企业责任、可持续商业实践以及社区和环境规划的兴趣和需求正在加强。我们可以从实践和态度上看到这些变化。这些力量正在改变社区和城市决策的地点、方式和决策人,以及需要考虑的

---

① 艾米·科特斯:《新的问责制:追踪社会成本》,《纽约时报》,2002年3月24日,第C4版;《在正确的地方提供帮助》,《经济学人》,2002年3月15日,第73—74页。

各种因素。与此同时，他们揭示了我们的决策系统可能无法跟上这些新的力量和区域规划的需要。

对全球化的强烈反对，很大程度上体现在对环境和社区可持续性问题的日益重视上。这些问题对美国年轻人，以及许多在过去10年中已被描述过的新捐赠者都具有重要意义。[①] 这些态度和做法受到各种各样力量的推动，如生物多样性、成功恢复生态系统的连接、全球变暖的研究、可持续能源的发展、可持续实践中节约成本的新材料和工艺，反对多小时通勤，以及再次寻求避难的老嬉皮士的老龄化问题。

这些利益驱动着新的社会运动，使区域主义的政策利益研究重新焕发活力，并告知社会企业家、社会责任企业和混合型商业—非营利企业的工作和预期成果。

畅想一下

几十年来，聚集在一个大城市周围的几个社区经历了巨大的变化，从近郊居住区到大型企业园区，再到看着这些建筑物在空置状态下衰败，影响了该地区著名的湖泊的景观。3个县，27个城市，22个学区，6个非法人区域，5个主要交通管理部门和5个大医院（其中2个是大学附属医院）为该地区的200万人提供服务。在国家规定的范围内为公共工程、环境保护、就业发展和教育提供服务。

在经历了数十年的繁荣和萧条，以及由此对当地基础设施造成的影响之后，几个社区团体聚集在一起，与一个专注于保

---

① 《回馈硅谷之路》，硅谷社区基金会，1998年，网址：www.cfsv.org；玛莎·范斯沃斯·里奇：《2000年人口普查结果对环境的影响》，为苏尔丹基金会准备的文件，2001年6月，第5页。

护绿色空间的组织合作。他们利用非营利组织与公共系统合作的经验来规划、倡导，并在 10 年后创建一个新的区域规划委员会。十年规划和这项工作本身是由个人捐赠者和私人基金会通过一个社区基金会的联盟提供资金的。

新的计划委员会取代早期的 5 个组织，来负责区域公共交通规划。一项连接公共汽车、火车、高速公路和城市地铁系统的计划已经制定出来。社区投资基金的重点是有交通交叉口的社区，公交车和轻轨系统被转换为燃料电池能源。当地规划者和建筑师与大学领导合作，在这些交通枢纽区设计了混合用途、中密度住宅和商业中心。对混合动力汽车发动机的慈善投资获得了回报，社区选择投资改造两条重要公路，将其用于特殊的公交专用道，以便对这些新车进行试点测试。

联合行动带来重大改进。15 年来，保障性住房的总存量增加了 15%。社区发现，由于更多的孩子步行上学，可以节省一大笔校车费用。主导滨水区的废弃企业园区被拆除，开发成一个新的开放的娱乐场所，由私人捐赠和公共用地共同购买，并得到一项长期计划的支持，该计划包括低使用费、教育规划、大学以及小型企业的租金。

慈善公益需要寻找新的途径，在环境脆弱性、可持续能源、交通运输、住房和社区等问题上开展合作。随着可持续发展运动的发展，私人捐赠者将需要满足对金融投资、机构建设以及人力、金融和智力资本市场的新期望。再加上新技术的普及，对可持续性的关注可能会催生创新地解决慈善问题的新方法。

行业转型的驱动因素

> 真正的进化是重点的转变，一事物逐渐衰落萎缩，而另一事物正日益壮大。[①]

社会层面变革的驱动力，对于我们如何构建问题并予以解决至关重要。虽然年轻人面临的挑战可能会在某个时间点主宰我们的公共政策，但我们老年人的需求可能会在其他方面成为最重要的因素。全球趋势影响资源分配、某些问题的可见性以及问题的相互联系。变化通常是缓慢而微妙的，比如代际移民或出生模式，偶尔会像战争或重建时期那样迅速而带有创伤性。在全球层面，跟踪和识别趋势是复杂和艰巨的，但对于制定连贯而有意义的战略和干预措施是很重要的。

在行业层面，变革更为有用。一般行业，尤其是慈善公益事业都是由具有可替代产品或服务的独立公司组成。市场和监管直接、即时地影响着行业。他们基于信息交换，在竞争和结盟中运作，通常包括几个大型和主导的信号传播者以及数十、数百或数千个较小规模的参与者。

在慈善公益事业中，公司经营的范围很广，从隐遁的家庭基金会在餐桌会议上做出捐赠计划，到拥有 100 名专业工作人员、可识别的广播标语、董事会中有知名人士和有着精美出版物的豪华办公场所。有些是商业银行和共同基金公司的全资非营利子公司。每家公司都向其捐赠客户出售用于管理免税捐赠的金融产品。每种产品的品质决定了其对不同类型客户的吸引力，而且大部分产品差异都

[①] 爱德华·德博诺：《积极的未来》，伦敦：莫里斯坦布史密斯，1979 年，第 21—22 页。

是围绕着匿名程度、捐赠者控制、减税比例以及获得独立研究等特质展开的。基金会很少以这种方式来进行自我反思，但他们显然被视为金融服务市场上的另一种产品。

即使企业和产品之间的差异程度不同，慈善公益中不同的参与者也受到几个共同变化的驱动因素的影响。这些力量有单独的，也有整体的。第一个驱动因素是随着非营利组织越来越多地转化为商业机构，新财富的创造、备受追捧的财富代际转移，以及捐赠基金会的创建，推动了该行业的增长。[①] 如果20世纪90年代末经历的增长率继续下去，基金会部门将在下一个10年翻一番。这种繁荣时期可能不会重演，即使在更典型的年增长率为2%—3%的慈善组织和管理资产增加的情况下，该行业的规模也已成为其自身的一股力量。

行业层面的第二个驱动因素是促进慈善公益事业显著发展的新工具和服务的有效性，其中包括电子化慈善公益的出现和从事慈善管理的金融服务公司的爆炸式增长。新的产品和服务将继续发展，从标准化的咨询报告，到旨在利用不断变化的税法和人口统计特征的新型金融工具。我们将继续看到有利可图的市场产品和服务的出现。例如，现在有几种在线赠款管理产品，声称帮助资助者衡量社会影响力的新型低成本工具，以及交钥匙计算机程序解决方案，使共同基金公司能够以比以往任何时候都能在更短的时间，以更低的成本为其客户创建和管理私人基金会。

第三个驱动因素是塑造慈善公益事业的监管结构。在几个领域受审查的情况下，定义慈善结构和实践的框架在未来10年很可能会发生重大变化。立法方面（废除遗产税）、监管机构（国税局审计和州检察长审查）和法院方面（捐赠者起诉基金会滥用资金）

[①] 这些所谓的转换基金会在医疗保健领域很常见，在教育和出版领域也开始发展。

都面临压力。

公共融资实践的变化，主要是资金和决策从联邦政府移到州和地方司法管辖区，构成了该行业的第四个驱动因素。此外，公众对慈善公益的认识不断增强，使慈善公益频频出现在头版头条。这在很大程度上成为该行业增长的副产品，也得益于基金会对媒体的日益了解，以及围绕巨额捐赠的名人文化。

该行业还出现了其他一些值得关注的变化。商业化通过社会企业家和影响力投资在慈善实践中扎根，这是该领域内两个新兴的但至关重要的分支。慈善公益事业的结构也在不断变化，这不仅体现在捐赠人建议资金的增长上，也体现在公益捐赠慈善机构的增长上。这些变化绝不局限于传统的地理界限的社区基础，而是针对由共同兴趣领域、种族、文化、性别或性取向以及政治亲和力所确定的社区而设立的。慈善公益事业的中心从东海岸转移到西部。1998年，加利福尼亚州取代纽约成为创业基金会数量最多的地方，现在西部的人均慈善资产也超过了东部。[1]

碎片化的推动力

这些压力中哪一个最大？该行业如何应对这些力量？两种最重要的力量是市场和监管，分别在第四章和第五章中详细讨论。真正的变化不是来自任何单一的力量，而是来自这些趋势之间的相互作用。因此，重要的是要考虑慈善组织实际上在这些组织关系中扮演的角色，从非常活跃到非常被动。例如，在活动范围的末端，业界正在创造新的产品和服务。在 20 世纪 90 年代后期的经济繁荣时期，几个大型基金会设立了促进慈善公益事业发展的项目，积极寻

---

[1] 《加州基金会：简介》，加州大学洛杉矶分校慈善与公共政策中心，2000 年。

求将新财富引入慈善公益事业的途径。例如，联合发起的国家慈善新投资项目（national program new ventures in philanthropy）和安妮·E. 凯西基金会（Annie E. Casey Foundation）基于场所的慈善项目等独立行动。这些举措值得注意的两个原因是：首先，这些捐赠基金会对管理或提供资源咨询不感兴趣，他们对日益增长的资源池（resource pool）感兴趣。① 其次，这些努力在繁荣时期蓬勃发展，在萧条时期日益衰落。② 过度简化后，我们看到了一种具有讽刺意味的模式，即该行业在增长期会更多地为自己提供资金，而当市场力量导致其开始萎缩时，就在减少自己的资金。

银行业和经纪业的经济机遇和变化对产生新产品和服务的推动作用比上述由行业主导的促销活动力度更大。当银行、共同基金公司和许多咨询公司的市场调研显示需求时，他们就开始提供慈善产品。富达投资（Fidelity Investments）就很好地证明了这些产品的成功。富达投资从1992年开始营销捐赠人建议基金，到2002年，已成为美国慈善资产筹集规模第二大的机构。③ 富达的成功很快就引起了竞争，这是证明市场需求的最可靠方法。到21世纪之交，美国大多数大型银行和共同基金公司都提供这些产品。到2002年，全国第二大捐赠人建议基金供应商——国家慈善信托（National charity Trust）已成为一家为银行和共同基金提供捐赠人建议基金服务的私人品牌经销商。④

慈善公益事业发生变革的主要动力来自20世纪90年代以来财

---

① 福特基金会、凯洛格基金会、考夫曼基金会、莫特基金会、戴维帕卡德基金会、大西洋慈善基金会和富达投资慈善捐赠基金为慈善公益事业提供了新的投资。安妮·E. 凯西基金会（Annie E. Casey Foundation）于2003年发起了以地点为基础的慈善活动。

② 他们退出慈善基金的原因各不相同，但到2002年年底，戴维·帕卡德基金会（David and Lucile Packard Foundation）和大西洋慈善服务公司（Atlantic philanthropy Services）都放弃了支持慈善公益事业的项目。

③ 《2002年捐赠人建议基金调查》，《慈善纪事报》，2003年5月15日，第7页。

④ 《慈善捐赠基金的管理资产排名》，《投资新闻数据库》，2002年12月23日，第14页。

富的注入，并预计将持续下去，并在接下来的两代人中财富注入的速度将有所变化。财富既是新创造的，也在一代代地传递着。慈善机构正在积极寻找这些拥有财富的个人，并控制他们的财富。这种急于为他们服务的热潮激发了新产品和新服务的产生。

这些新产品包括在社区基金会之外的实体中迅速扩散的捐赠人建议基金。个体的非营利组织、独立基金、社区捐赠基金、大学和博物馆以及金融服务公司都提供捐赠人建议基金。如今，除了律师、会计师和投资经理，慈善顾问还包括独立战略顾问、家庭动态顾问、为家族理财室提供支持的私人公司，以及为新基金会提供非营利性孵化器。如果你是另一个"酷富二代"，"酷富二代"组织就将为你提供建议和慈善捐赠工具。20世纪90年代末，电子化慈善公益事业的爆炸式发展，迅速显示出人们对这个市场提供新服务水平和新类型产品的兴趣。

面对如此多的产品选择，捐赠者往往选择不做选择。许多潜在的捐赠者决定什么都不做。其他人则发现，他们很快成为基金会理事会成员、捐赠顾问、捐赠圈的成员、企业捐赠团队委员会成员，或者是他们长期支持机构的主要捐赠者。他们作为个人捐赠者的角色和作为慈善机构成员的工作之间的界限开始变得模糊。对许多捐赠者来说，这种区别根本无关紧要。他们在一个领域所做的事情和学到的东西可能会在另一个领域影响他们。随着这种转变的发生，他们将继续需要推出更多的产品选择和服务，来满足他们的一系列选择。作为竞争对手的供应商、产品和服务需要开展联盟并提供联合服务、合资企业、产品开发和跨市场营销。

新产品的设计旨在走进大众生活并服务于大众。然而，捐赠本质上是个人的努力，是一种为大众定制慈善产品和服务的能力，以及成功地为大量客户提供适当程度服务的沟通能力。

所有这些都是所谓的慈善公益民主化的一部分。越来越多的人，拥有更高的收入水平，也拥有着更多的捐赠选择。税法变化，比如对不同类型慈善扣除额的变化，将进一步扩大慈善活动的范围。

慈善商品

尽管这些现象允许更广泛的个人参与慈善公益，但这一过程并不比以前更为民主。取而代之的是慈善公益事业的商品化。在这一点上，美国慈善公益事业与股市近期和当今的变化有类似性。历史表明，新法规允许新产品的开发。这一点在指导企业年金计划的法律发生变化时表现得最为明显。其中一个结果就是401K计划的出台，导致了新一类投资者的诞生。这个新投资者要求不同的服务，并促成新公司的诞生、老牌公司之间的兼并浪潮以及最终形成了新的行业监管。慈善公益可能正在进行同样的循环。

一方面，新慈善产品的创造和慈善资产的增长是相辅相成的。产品开发和营销是根据市场需求应运而生的。反过来，新系列产品和服务、销售渠道的广泛覆盖范围，以及竞争带来的产品成本较低，增加了市场份额。

另一方面，慈善公益事业正经历着一些变革的力量。但行业要么实际上忽视了，要么组织不力，无法积极应对。其中之一就是慈善结构的本质。存在一些关于慈善资产保存的年度研究和调查。基金会中心拥有最大和最完整的基金会数据库，其中包括基金会数量、资产价值和资助情况，以及每种类型（独立的、运营的、公司的和社区的）的数量。与此同时，该行业见证了捐赠者顾问基金的兴起（有时候抱怨，有时欣然接受），却没有针对这些资产、资助或基金数量建立可靠、可比的数据集。此外，关于社区基金会以外的公共资助慈善机构的数量、慈善家网络的类型和数量，也没有准确的公共基线数据。考虑到捐赠人建议基金和慈善协会的广泛作用，这些数据差距相当惊人。与社会科学格言相悖的是："有价值的才是重要的"，有组织的慈善活动的变化速度远远快于其行业衡量标准。

监管的变更

对于慈善行业来说，更重要的是引导慈善公益的监管结构的性质转变，以及该行业应对这些变化的准备，更不用说告知这些变化了。很少有行业组织能在州议会或国会上代表慈善公益事业，对监管提案做出反应或提供信息，或主动与立法者和监管机构合作。那些确实存在的机构在国家层面运作，由各州和市政府自行决定。从历史教训和当前潜在监管热点的情况来看，这个领域很重要。

慈善机构的历史先例是国家和州两级监管都很重要。约翰·D. 洛克菲勒（John D. Rockefeller）曾试图为洛克菲勒基金会获得国家特许权，但没有成功。这个戏剧性故事是开始这段历史的好地方。面临公众明显的不信任，陷入企业丑闻和政治丑闻，这位世界首富终于认识到他对国会的影响力有限，放弃了争取联邦宪章的努力，转而寻求纽约州承认。[1] 政府与慈善公益事业的关系在整个20世纪都在延续，缓慢而稳定地发展。直到今天，政府和慈善公益事业之间的关系仍以国会委员会或调查的形式发展着。[2]

目前该行业监管机构正在积极调查的一系列问题令人印象深刻。表3.2显示，该清单不仅条目多，而且范围广，涉及每个具体技术项目的实际影响。例如，如果遗产税被永久废除，历史告诉我们，恢复遗产税将是非常困难的。留给慈善组织或捐赠给慈善基金

---

[1] 罗恩·彻诺：《巨人：老约翰·D. 洛克菲勒的一生》，纽约：兰登书屋出版社1998年版。

[2] 埃莉诺·布里连特：《私人慈善与公共调查：档案与彼得森委员会的历史》，布卢明顿·印第安纳大学出版社2000年版。

会的个人财产价值可能会大幅下降。① 如果没有来自税收或新慈善资产的收入，用于非营利活动的资金池将遭受双重打击。如果改革发生在表3.2中所列的一些或全部领域，就很容易看到一个无须过多想象力，就可以想见的一个非常不同的慈善行业的产生。

尽管有历史先例和当前的形势，但慈善机构在应对或通报监管变化方面组织欠佳。旨在代表慈善公益的独立部门、国家应急慈善中心（NCRP）及其中的基金会理事会的组织受到两个重要的结构性因素的影响。这两个结构性因素不仅限制了他们的效力，而且实际上使他们失效。首先，这些组织是作为会员协会运作的，并且必须服务于所有付费会员的利益。政策行动从来都不是传统慈善机构的优先事项，因此其资源通常较少。这些组织主要作为资源需求的监督者和研究组织，而不是倡导者或行业说客。

表3.2　　　　　　　　　　2003年慈善公益的监管问题

项目在审查	潜在改革的来源	潜在影响
捐赠人建议资金	国税局审计（internal revenue service audits）	会计和资助决策的技术要素
使用慈善捐赠/捐赠意向	红十字会自由基金 丑闻 待审诉讼	公众愤怒 领导层变化
废除遗产税	总统和国会	消除慈善捐赠和遗产规划的主要动力
治理改革	Enron，TYCO和其他丑闻引发公司治理问题；公司和个人如何做出决定	公司和基金会之间关系的变化，理事会规则和利益冲突的监督

---

① 独立机构估算，在1999年的遗赠水平上每年慈善捐款会减少15亿—50亿美元。网址：www.independentsector.org/programs/gr/EstatePosition.html。

续表

项目在审查	潜在改革的来源	潜在影响
私人基金会的消费税	提出立法修改	影响捐赠者对结构类型的决定（私人捐赠与公共慈善捐赠）
支付率	内部和外部呼吁改变	为慈善捐赠设定实际最低限额
公共问责制	社区对基金会提出的诉讼声称滥用公共信托和/或公共资金	新的监督，基金会对授权决定的责任管理 新的公开披露法律
纳税人对没有列出的收益进行分项扣税	2003年CARE法案	公共收入和慈善资源的变化

同样受到限制的是这些组织成员的性质。在为非营利组织和资助型基金会（独立部门和NCRP）或几种不同结构类型的捐赠基金会（基金会理事会）提供服务时，这些组织必须在监管机构面前代表其成员的共同特征。当一个悬而未决的问题——比如对私人基金会征收消费税——对不同成员有着截然不同的影响时，这显然令双方都不满意。

在过去几年里，从废除遗产税到支付要求，在影响力、观点和监管方向上都出现了一些变化。当将商业实体考虑在内时，不同的价值和监管目标就会变得更大。由于这个原因，这些公司被排除在传统的基金会成员团体之外。其结果是基础设施分散，其中大型伞状组织包含许多（但不是所有）关键的行业类型。由此产生的悖论是，伞状组织代表的选民群体太过多元化或太小，无法支持特定的立场。与此同时，由于他们将这些人排除在外，他们必须与更容易打交道、更专注的群体竞争，这些群体代表着该行业一个规模较小，但团结一致的细分行业。不管你怎么看，你看到的都是失败。要么是代表慈善公益政策利益的组织的声音太分散、太多，要么是太少、不够集中，无法提供真正的领导力。

各种方法激活了其反应性。只有当问题上升到立法或监管议程的首位时,慈善公益事业才会行动起来。资金更充足、经验越丰富的慈善组织,就越能够更好地为他们的观点提供一个依据。在银行或共同基金公司主持下运营的商业慈善组织具有母公司的优势,这些母公司与监管机构保持着可持续的关系,因此可以更快速、更积极主动地动员起来。

集体的孤立状态

慈善基金会的孤立主义文化加剧了这些组织结构的局限性。行业基础设施质量差,加上业界众多参与者故意独立,使得单个组织在重要问题上脱节。他们独立行事,可能会无视其他城市或州的同行所面临的法律挑战或监管问题。也就是说,直到所有人都感到这种影响。在撰写本书时,从明尼苏达州到俄亥俄州再到纽约,至少有四起针对资助型基金会的诉讼悬而未决。所涉及的问题从社区问责到捐助意图。《纽约时报》对这些案件的报道超过了两份重要的行业报纸《基金会新闻》和《慈善纪事》。来自国家和地区各级主要慈善协会的新闻网站(公共信息网站)几乎没有提及这些行动。[1]

这些问题的基础设施或在地下运行,或基本不运行。还有一个问题是,个别基金会在多大程度上寻求或关心这些信息。大多数基金会不寻求集体信息或行动基于这样一个事实:所有已建立基金会中,已知慈善组织的累积、不重复的成员占的不到10%(可能接近5%)。具有讽刺意味的是,尽管基金会在谈论体制改革,但他

---

[1] 斯蒂芬妮·斯特罗姆:《捐赠者监督慈善机构的作用》,《纽约时报》,2003年3月29日,第A8版;保罗·德姆科,《为小人物做些什么》,城市页面,2003年5月28日。

们往往忽略了界定慈善公益的体制在多大程度上提供一个机会，来推动融资体系的大规模改进。有一件事是肯定的，尽管慈善公益事业可能不愿意，也没有准备好为了自身利益而影响监管体系，但同样的监管结构的变化将迫使变革的范围更加广泛。

组织层面变革的驱动因素[①]

社会和行业层面的变革力量可以在个别组织的具体业务活动和决策中看出。在这个层面上，个体决策者拥有最大的控制力和影响力。他们可以在产品和服务、市场营销、运营结构以及关注的客户做出选择。这些决策在任何单个组织的生活中都有重大意义。他们也影响到本组织实现其使命的能力。考虑到这个系统的相互依存性和复杂性，这些个体变化也有可能会以波及整个行业和整个社会的方式进行。

这些层次的联系对理解和改善慈善公益事业的潜在影响至关重要。运营决策直接影响组织与同行合作、与公共部门合作或分发可能有用的研究成果的能力。组织的影响力不仅在其本身，而且在整个慈善公益事业中扮演的角色，及其推动慈善公益事业发展的潜力。

每一个慈善组织都直接受到前面描述的产业要素的影响：（1）投资资本；（2）产品和服务；（3）公司、市场和客户；（4）竞争和联盟；（5）监管；（6）公众意识。然而，不同类型的慈善组织以不同的方式做出反应。下一节将简要介绍基金会和社区基金会独立应对变化的不同方式。

[①] 这些信息已经与社区基金会、独立基金会和慈善协会的数十位领导人进行了讨论和辩论。详见露西·伯恩霍兹《永恒的运动：未来一百年的社区基金会》幻灯片演示，www.blueprintrd.com。

有些组织实际上是对不同产品选择的结果。例如，独立捐赠基金会代表了慈善产品市场中的一种选择，而且一旦创立，这些组织在资本、产品和客户方面的选择就相当有限，特别是与其社区基金会和商业基金同行相比。

创新导向型社区基金会

社区基金会和商业捐赠人建议基金对该行业的竞争压力最为敏感。这些实体参与管理现有资源，同时试图通过投资策略和捐赠来获得成长。因此，他们中最成功的企业会对产品和服务做出决策，经常评估他们的市场、客户、竞争和潜在的盟友，并高度关注公众问责制和法规。例如，社区基金会提供多种产品和服务，从特许家庭基金会到捐赠人建议基金，再到无限制的捐赠池。他们应该做出关于员工配置的运营决策，以促进他们的进步，并反映他们对客户、市场、产品和竞争的决策。

鉴于这一行业反应的差异，社区基金会、商业捐赠人建议基金和公共捐赠慈善机构在慈善市场研究、产品开发、运营结构、市场营销、监管行动、竞争和联盟方面一直是最具创新性和持久性的，这一点并不令人惊讶。

在最高层次上，社区基金会变革的驱动力体现在产品和服务开发、员工和董事会结构以及市场营销的运营决策中。第七章详细介绍了社区基金会如何应对新的行业机遇。

私人基金会和行业变化

独立捐赠基金会在创立之初对行业动态最为敏感。他们成立之后，将其解散是非常繁琐的，以至于很少有基金会倒闭。尽管这种情况很罕见，但也并非闻所未闻。旧金山后裔理查德·戈德曼（Richard Goldman）已宣布，他打算解散他的家庭基金会，将部分资产分配给其他基金会，并在去世之前花掉剩余的基金。在其他情况下，例如在 Culpepper 捐赠基金中，一个基金被并入另一基金中，以实现运营或与使命相关的效益。

私人基金会与所有其他基金会一样，确实有责任管理他们控制的财务资源。最新的研究发现，在这一领域的高管们实际上认为他们有适合的工具来管理这些资源。① 对于独立基金会来说，他们可用的资金通常集中在单个资金库中，重点是通过投资策略的管理来实现增长。在有些情况下，捐赠基金会创始人去世或去世后向捐赠基金提供额外捐赠，这也是资金来源的一个重要问题。独立基金会代表了慈善市场的一种选择，一旦做出这种选择，就很少关注客户、市场、产品或宣传等问题，这是完全可能的。实际上，这是慈善公益事业组织化中最常见的方式，独立基金会专注于取悦除捐助者以外的所有人，通过使用外包给专业人员来满足最低限度的报告要求，不考虑竞争或联盟问题，只对来自外部的监管变化做出反应，并避免任何类型的宣传和营销。

当然，许多独立基金会自身的结构使得客户和市场、竞争和联盟、宣传、责任以及产品和服务的问题比前面的例子更加明显。这些基金会可能雇用工作人员来促进结盟，开展研究来评估其实现目标的潜在合作伙伴和障碍，为其自身或其非营利合作伙伴的工作寻求宣传，并积极评估和修订其对不同产品（例如捐赠、沟通策略、召集、运营项目、研究合同）的使用。换言之，捐赠基金会本身既是一家公司，也是一个慈善产品，因此他们有相当独特的机会来选择如何积极地参与行业的其他方面。

---

① 《有效性指标》，有效慈善中心。

将基金会联系在一起的纽带

尽管他们有组织上的独立性，但慈善公益中的一个新现象将不同的结构有效地联系在一起，并强化了他们各自受其他因素变化的影响。捐赠投资组合（见图3.1）是由各种可供选择的方式产生的，也使我们重新考虑捐赠手段和整体效果之间的关系。

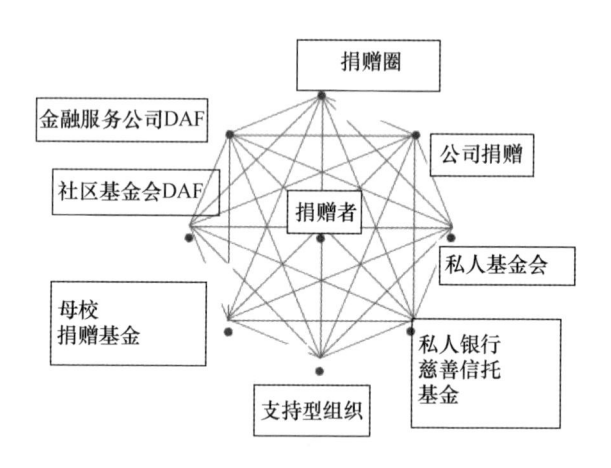

图3.1　捐赠投资组合

上述捐赠投资组合图揭示了慈善公益的几个重要方面。首先，捐赠者处于这个非常拥挤的市场中心。他们经常选择多个组合，如图3.1所示，图3.1最初是用来表示一个实际的家庭情况。每个试图为捐赠者客户提供服务的供应商都需要了解其竞争对手，每个供应商都需要以免费的方式为捐助者提供策略服务。每个供应商或产品都需要：

- 明确他们对实现捐赠者目标的独特贡献
- 明确他们与其他基金会之间的互补价值
- 提供一种方法来衡量他们的贡献（在财政管理、知识资产和

社会影响方面）

·作为整体的一部分，为个人和集体服务开拓市场，并为其衡量做出的贡献

对于捐赠投资组合中的许多公司和产品来说，这些都是很大的变化。他们呼吁建立新的联盟和联合方式。美林社区基金会的新倡议、美国社区基金会的工作，以及支持卡尔弗特（Calvert）基金会捐赠的一些联合伙伴关系，都是新的慈善联盟将会是什么样子的好案例。这个供应商和产品网络也展示了其连接的关系，随之而来的影响以及所有产品受同一组力量影响的方式。

这些变化的影响和启示

这些趋势对慈善公益事业有着巨大的影响。该部门的指数增长催生了一个有隶属关系和相互联系的时代，各基金会密密麻麻地排列在一起，它们有着从地理范围到兴趣领域，再到人口特征等各种各样的共同特征。个人捐赠一直让慈善机构相形见绌，这是电子化慈善的目标市场，也是机构捐赠者发生变化的推动力。为非营利组织、捐赠者和基金会提供的基于互联网的捐赠和服务已经显著增长。

捐赠者在报纸上读到关于私人基金会的信息，在航空杂志上读到关于捐赠的信息，在主要的商业周刊上读到关于社区基金会的相关信息，他们可以了解到这些已经存在的捐赠方式。当他们了解这些不同选择的时候，正在对所有这些选项进行选择，而不是其中之一。他们正在管理捐赠投资组合，而这一变化对捐赠者、顾问和这些机构的承销商，与私人慈善公益事业互动的非营利组织和公共部门来说都很重要——对我们所有人来说都是如此。人们对众多捐赠手段的使用代表着个人捐赠者和慈善机构互动的方式发生了重大变

化，以及这些机构需要考虑捐赠者的捐助方式。

捐赠方式的多样性选择是近期互联网商务研究中一个显著的大趋势。这些文章评论的事实是，大多数新车买家在进入经销商的展厅之前，已经做了广泛的网络调查。这些买家获得到了更优惠的价格，拒绝昂贵的附加产品，并与其他经销商的报价进行比价。同样的行为也发生在那些事先了解大量医疗信息，走进医生办公室的病人身上，以及根据在线书评去当地书店的顾客身上，他们希望现在就能买到自己想要的书，并节省送货费。

互联网让消费者（慈善家）更容易了解到他们可以做出的选择。有了这些信息，慈善家们就像消费者一样做事——他们在寻找价值。正如消费者的行为对汽车经销商、医生办公室和书店有影响一样，慈善家的行为也会对服务于他们的机构（银行、经纪公司、私人或社区基金会）产生影响。

了解捐赠者已经在使用几种不同的捐赠工具来实现他的慈善目标，这将改变所有相关方的现有状况。这不是在一种选择与另一种选择之间纯粹的竞争性决定。涉及更多细微的因素，好的顾问可以帮助捐赠者看到他们所做选择的互补性。多种捐赠手段可供选择的趋势对慈善公益事业有着多方面的影响。这些影响是交叉的，但从慈善机构来说，他们分处于整体慈善公益事业中不同的利益相关者体系里。

捐赠者
- 跨选项、结构和工具进行比较
- 寻找可帮助他们评估跨结构影响的指标
- 暂时性使用一些捐赠手段，而不是永久使用
- 继续混搭，创造最适合他们需求的新型混合结构

资助基金的提供者
·在竞争日益激烈的领域运营，关注商业和非营利部门的新服务提供者（见证大学捐赠人建议基金的兴起）
·提供补充性服务，让捐赠者成为回头客
·需要不断地向他们的顾问介绍行业的变化，跨部门的教育机会将是非常重要的

非营利组织和公共部门合作伙伴
·尝试绘制出捐赠手段和捐赠者网络之间的联系
·捐赠者网络间的杠杆连接

慈善机构
·需要度量指标来评估不同捐赠方式的影响，以及阐明互补性策略和互联网捐赠的作用
·在衡量实体时，需要重新考虑慈善活动的标准定义，并且可能需要为慈善网络或混合结构制定新的类别
·当捐赠者寻求混合手段的时候，受益于金融服务公司与非营利部门之间的思想交流
·在20世纪90年代末的新基金创建热潮中，初创企业在5—10年后将看到其影响

20世纪90年代后期的繁荣刚刚开始显示其对机构慈善公益事业的影响。我们已经看到（并仍在看到），市场上出现了一些新的捐赠方式。我们可以找到许多由富有创造力的慈善家组成的混合实体的例子。捐赠者正在选择多种捐赠工具，创建新的资金网络，并从每个选择中寻找存在的差异化和互补价值。所有这些变化标志着慈善公益的新气象开始，要求保持一只眼睛在地平线上，另一只在

后视镜中,并且两只手在方向盘上。①

重新思考这个行业

鉴于市场的不确定性和监管压力,以及联合营销、知识包装和共享技术基础设施在行为上的巨大变化,很难预测未来将如何发展。来自经济和立法机构等外部的、不可控制的压力,以及合作和重组等内部管理压力的要求,导致了一系列变数。

有足够多的变量要求我们考虑未来 25 年一个非常不同的慈善行业的轮廓。曾经处于边缘地位的商业公司可能成为慈善资产的中心和主导者。慈善联盟可能会占主导地位,将捐赠者管理扩展到多家公司,并需要全新的机制来关注客户管理。由于新的税收法规,个人参与慈善公益的积极性可能会降低,市场驱动力将转向继续维持现有的 2000 亿美元的产业,而不是把更多目光投放到不断增长的数万亿美元的产业。随着市政府缩减规模,个体居民和慈善实体联合起来提供核心的社区服务,联合提供社会服务可能成为常态,如资源回收、安全和娱乐服务。

可能会发生一系列集中于建立综合性大银行以提供慈善服务的并购潮。随之而来的是,新产品和服务的发展将由国家重点研究、开发公司或行业联盟来完成,而不是在地方一级进行。已经正在朝着这个方向变化的例子是位于密歇根州基金会理事会的全国社区基金会研究与发展孵化器,其在社区基金会领导团队和 56 个密歇根社区基金会的支持下开展工作。其他发展将包括教育服务和咨询产品在慈善公益事业中与在金融市场中一样普遍。关于慈善公益事业成功的标准指标可以在《星期日商

---

① 露西·伯恩霍兹:《慈善采购比较研究》,华盛顿特区:理事会基金会,2001 年 10 月。

业周刊》上找到。可以创建专家研究，提案评审和慈善共同基金的共享在线数据库。相对罕见的慈善工具，如与计划有关的投资、债券发行、非营利银行贷款和新的金融产品将会很常见，赠款将变得很少见。

慈善公益事业可以自我改变吗？

本章描述的变化驱动因素可以分为两种简单的类型。首先，那些来自外部的行业影响力有限，尽管我们相信与过去相比，该行业可能会对于这些压力有更大的影响，特别是对监管压力的影响。其次，行业内部和部门组织内部存在着影响力大的力量，而且这些力量已经对该行业中相对分散的、不相连的领域产生影响。

这些力量的共同作用，与公共部门赤字、政治压力和对企业结构（包括非营利公司）的困惑感增强的相关的行业变革出现，以及第一批成功的早期创新者的出现为有组织的慈善公益事业能够积极尝试行业内广泛变革创造了机会。我们已经跨过了这样一个阶段：商业投资者、技术骨干、合作慈善公益事业或竞争环境的影响可以被视为无足轻重的。我们正处于各级政府的公共税收危机之中，这种危机不允许慈善资产继续无法核算或者与外界脱轨。慈善机构的领导层、大型基金会负责人、基础设施集团、业内新的投资者以及重要人士呼吁变革，并推动更好地联系，更负责任、更公开和更有影响力地使用慈善资源的新愿景。

随着时间的推移，该行业可能只在运营程序的技术性细节上进行了微小的调整。如果是这样的话，那么一个使其能够吸引、引导和解释潜在的数万亿美元投资，并重组该行业的机会将会流失。我们不应认为一个没有进行改变的慈善行业会自动吸引这些资源，因为过去它并没有能够这样做[①]。通过积极尝试创新和提高慈善行业水平，我们能从个人参与者、社区、行业和整个社会层面上真正实现慈善公益事业目标。

[①] 根据平均捐款与可用资源的实际百分比计算。

第四章

慈善市场

改变是一回事,进步是另一回事。

——伯特兰·罗素

慈善公益事业既是不同市场类型的产物,又是其中的参与者。个人在商业市场上的成功是大多数慈善机构创建的前提。一旦个人选择采取慈善行动,他必须在慈善捐赠选项市场中购买。在做出这些选择后,大多数慈善资产会以某种方式被投资于金融市场,使得可用资产随着经济周期的变化而波动。对于慈善公益的追求,支持哪些非营利组织的市场选择,以及为慈善市场提供服务的几个外围行业而言,从出版业、商业出版社、法律服务到技术解决方案,都有一个市场理念。

影响慈善公益的一些市场以经典的方式运作着。竞争性招标、供求关系、利润率等都在这些载体中发挥着各自通常的作用。然而,并非所有情况下都是如此。竞争在慈善市场中扮演着一个奇怪而多样的角色。在某些情况下,它有助于激励创新并降低价格,在另一些情况下则扼杀创新和阻碍使命的实现。竞争的奇特性影响着联盟、伙伴关系和网络的功能。这两种市场力量都对慈善参与者的行为、价值观和目标产生了显著的影响。而一些行为和特征在美国慈善公益中由来已久,另一些则较为新近和更加微妙。

本章主要关注慈善公益和市场的两个具体要素：竞争和联盟。这些是慈善行业截然不同但又互为相关的要素。对这些要素予以明确，将为我们提供一个更好的平台，以便找到改善行业的杠杆点。

慈善公益和金融服务：平行和差异

将慈善行业与其他成熟行业的运作方式进行比较，是有益的。特别值得一提的是，过去20年间所观察到的慈善公益与共同基金行业之间的相似性是极具说服力的。如果我们考虑金融服务行业发生的重大变化（包括商业和投资银行、经纪服务和金融规划），我们可以找到一些跟踪慈善公益发展的触点。

如果我们考虑股票和债券共同基金的商品化和大众营销，我们就会发现当今慈善市场最强大的变革推动力与之相似。从20世纪70年代后期开始，新税法、养老金新规和新的退休储蓄工具［即IRA和401（k）计划］导致美国人参与股市的比例大幅上升。

这些产品旨在协助退休规划，对婴儿潮一代特别有吸引力，尤其是出生于1945—1964年的7000万美国人，其中最年长的人现在已步入就业市场，面临着长期财务规划的抉择。激增的年龄群体、退休新规和新产品三者共同引发了美国股市的繁荣。1980—1995年，美国人在共同基金的投资额从490亿美元增加到了1000多亿美元。这种增长模式为随后的股市繁荣，首次公开招股（IPO）热潮，和所谓新经济奠定了基础。

这个例子说明了，目前同样被视为活跃在慈善公益中三种力量的影响——重大的人口变化、不断变化的监管环境和新产品。金融市场的爆炸性增长，一定程度上是由其长期提供的产品市场不断扩大而推动的，修改后的退休法规让个人负责自己的长期计划。许多人利用这种新的控制机会迅速行动，而折扣服务的同时推出，加速了市场对小投资者开放的幅度。当我们将折扣券商的发展与慈善公益的新参与者和新产品进行比较时，那些将客户置于主导位置的新型低成本产品选择和服务的作用尤为有意义。

在分析嘉信理财及其公司（Charles Schwab and Company）对金融服务领域的催化作用时，约翰·卡多尔（John Kador）指出，该行业的变革始于美国证券交易委员会（SEC）通过的一项技术规定，该规定解除了向客户收取投资管理服务佣金的管制。这项变革于1975年5月1日实施，影响了嘉信理财公司的创立和成功，讽刺的是，这一天在业界被称为"五一节"，这或许是最具资本主义象征意义的一天。同样具有讽刺意味的是，嘉信欲推出的创新举措之所以成为可能，是因为当时大多数投资公司选择无视新法规带来的可能性，拒绝降低其客户的交易成本。嘉信理财加入了这场混战，其提供的经纪服务只专注于以尽可能低的价格执行交易，并将客户从大多数公司对他们的约束中解放出来。

随着一些显要人物经历跌宕起伏的人生和财富的逆转，这篇叙述继续描述折扣券商的崛起，一度被视为永久捆绑在一起的服务和产品的分解，以及随后的数百万小投资者和数十亿美元被吸引进入股票和共同基金市场的情况。通过跟进从1975年至今的纪事，卡多尔展示了嘉信理财公司如何首先通过分散地租用服务，诸如贸易和研究等，然后开始慢慢重新与之连接。嘉信通过专注于这些产品的独立性、繁荣的华尔街陷入困境的相关研究、零售服务和投资银行业务的模糊界限不同，缔造了2002年的广告史。[①] 尽管嘉信并非是造成了20世纪八九十年代的繁荣与萧条的唯一因素，但其确实

---

① 约翰·卡多尔：《查尔斯·施瓦布：一家公司如何击败华尔街并重塑经纪行业》，纽约：约翰·威立父子出版公司2002年版；约翰·卡西迪：《调查：艾略特斯皮策如何贬低华尔街》，新纽约，2003年4月7日，第54—73页；尼尔·温伯格：《比谁更神圣？》，福布斯，2002年6月23日，关于"这只猪的口红"广告。

在一定程度上起到了推波助澜的作用。他们的创新始于经纪界的边缘业务，并在近30年后引发了竞争对手的重大变革，催生新产品的诞生，推动了互联网在金融服务领域的应用，并影响了公司对员工的退休计划。①

与此同时，我们正在看到人口的老龄化、新产品和新规定对慈善公益的影响。美国现在比以往任何时候都要老，同时又比美国可预见的未来要年轻。② 到2004年，年龄最小的婴儿潮一代将达到40岁，退休和遗产规划对他们来说将具有新的意义。许多人可能会从父母那里继承巨额财富。③ 许多新产品、服务和顾问已经出现，用于管理这些财富和相关的慈善公益事业。现在已经废除了2010年有效的遗产税。考虑到恢复已废除税收所面临的挑战，有可能永久废除的可能性很大，而在2002年共和党在中期选举中获胜后，这种可能性急剧增加。在1980—2000年，我们看到慈善基金会的数量翻了一番，从基金会的自发创建到捐赠人建议基金，以及眼花缭乱的慈善规划广告等各种低成本的新产品疯狂涌现。

正如公司鼓励员工通过401（k）计划投资股票市场一样，他们也鼓励员工做慈善。虽然这一理念长久以来一直采用工作场所捐赠活动和员工社区服务日的形式，但在20世纪90年代的最后几年里，思科系统公司出现了由公司赞助的慈善顾问，嘉信理财公司推广社区投资计划，并致力于创建企业捐赠的独立基金会，如企业家基金会。20世纪90年代，慈善机构的"特许经营"也第一次出现了快速增长，社会风险投资公司（Social Venture Partners）的分支机构从西雅图的1家增长到了近30家。尽管没有与特定公司正式

---

① 约翰·卡多尔：《查尔斯·施瓦布：一家公司如何击败华尔街并重塑经纪行业》，纽约：约翰·威立父子出版公司2002年版。
② 里奇：《2000年人口普查结果的影响》，第5—6页。
③ 波士顿学院的研究人员估计，2000—2050年这种财富的代际转移在10万亿—41万亿美元。参见哈文斯和舍尔维什。

联系，但最初的高级副总裁主要围绕微软员工和校友发展，随后的分支机构往往是建立在围绕工作场所的社交网络之上。凭借更先进的通信技术和营销技术，Calvert 基金和 SVP，Taproot 基金会以及 Full Circle 基金等捐赠圈的组织都是通过共享慈善服务在小额捐赠者之间汇集资金的最新范例，就像嘉信和 e * Trade 能够与小型投资者合作一样。

未来 10—20 年的慈善活动将如何密切地反映美国股票投资和退休账户管理中正在发生的变化，这纯粹是猜测。然而，这两个行业之间的相似性无疑表明，充分研究如何监管和记录金融业的历史和发展是有用的。

慈善市场的竞争

监管变革和市场力量对金融服务发展作用的相似之处不能直接套用到慈善公益事业上。尽管竞争（或者缺乏竞争）导致了劳动节费用放松管制的通过，但折扣经纪人对这一开放的反应速度之快和范围之广很可能不会完全在慈善公益中得到复制与推广。

这是因为竞争在刺激产品开发、价格战和增值服务等商业领域方面所起的作用，并没有延伸到传统的慈善公益上。对于捐赠基金会而言，几乎没有必要去争夺捐赠者。这些组织一旦成立，就会开展业务，只有市场剧变、捐赠决策或犯罪活动才能迫使他们关门。因为几十年来，独立捐赠基金会一直是慈善捐赠的主要机构形式，这是最重要的历史原因。随着可供新捐赠者选择的产品或服务越来越多，并且这些产品或服务比捐赠基金会更具可塑性、对竞争更敏感，慈善机构的格局正在发生变化。

慈善产品

　　自 1991 年富达投资寻求并收到国税局的确认函,承认其慈善捐赠基金的免税地位以来,直到今天,竞争在慈善公益事业中的作用已变得更加普遍和更复杂。[①] 慈善界关于富达是如何成功推出该产品线的讨论仍在激烈进行。在非营利组织的主要法律期刊中,有一篇文章指出:"富达基金的豁免申请显然没有引起美国国税局的注意,在未经国家办事处审核的情况下,就得到了布鲁克林地区办事处的批准。"[②] 富达在共同基金业务中的传统竞争对手,如美国担保信托公司和先锋集团的后续行动,均由国家办事处进行审查,并受到了此前富达在申请时未执行的限制。[③]

　　在共同基金公司、银行和经纪服务的商业领域,销售慈善捐赠基金的竞争是可准确预测的。到 1999 年,富达在这些账户中管理着超过 20 亿美元的资金,并收取相应的资产管理费用。这一成功为富达的竞争对手提供了理念论证,到 20 世纪末,所有主要的基金公司和银行都提供了相当类似的慈善捐赠产品。[④]

　　现在,在这些银行和基金公司的竞争领域中,这些类型的基金(即社区基金会)是更传统的卖家。1991 年社区基金会的情况与今天极为不同。[⑤] 许多社区基金会是其所在州区域协会和基金会全国理事会的成员,但他们几乎没有以正式的方式组织起来,与商业公

---

① 博斯图尔·罗伯特 A.、勒劳德 H. 梅耶:《权衡私人基金会的选择》,《免税组织税务期刊》,2000 年第 11 卷第 6 期,第 257—263 页。
② 博斯图尔·罗伯特 A.、勒劳德 H. 梅耶:《权衡私人基金会的选择》,《免税组织税务期刊》,2000 年第 11 卷第 6 期,第 260 页。
③ 博斯图尔·罗伯特 A.、勒劳德 H. 梅耶:《权衡私人基金会的选择》,《免税组织税务期刊》,2000 年第 11 卷第 6 期,第 159—160 页。
④ 《慈善捐赠基金的资产管理排名》,投资新闻数据手册,2002 年 12 月 23 日,第 14 页。
⑤ 《基金会捐赠情况:2002 年预览》,纽约,基金会中心。

司合作或向他们提出联合挑战。同样重要的是，对于商业公司进入慈善公益事业，社区基金会的看法并不单一。尽管一些规模最大的公司，如加利福尼亚社区基金会（California Community Foundation），委托对决定其免税地位的合法性进行审查，但其他机构认为这些公司更像潜在的合作伙伴和分销商，而不是竞争对手。①

社区基金会与金融服务公司之间的关系为我们理解慈善竞争提供了有用的切入点。第一，两者之间并不是一种单一的关系，这种关系包括伙伴和竞争的关系、支持和排斥的关系。第二，两种机构的核心都是资产管理。金融服务公司和社区基金会的业务模式都依赖于资产管理费用，随着投资管理附加的额外服务增多，资产管理费用就会略有增加。第三，两家机构的慈善活动往往随着较大的经济体系而起伏，并容易受到金融市场周期和个人收入变化的影响。第四，竞争的加剧导致了更多公共服务和产品的差异化，并促成了数个次级行业协会的设立，以便将重点放在分部门结构的特定问题上。

值得注意的是，社区基金会对于金融服务公司没有单一的意见或立场，反之亦然。一些人竭力反对商业公司参与慈善公益事业，而另一些人则认为他们是有价值的竞争对手，并调整其做法以更好地应对挑战。他们利用商业公司庞大的营销预算促进慈善公益事业的发展，并在当地社区为捐赠人提供服务和产品，使自己与众不同。一些社区基金会从一开始就致力于与商业公司建立伙伴关系，并调整了他们的服务和收费，以促进这种变化。社区基金会内部从未有过一个统一的声音，无论是正式的，还是非正式的。

---

① 威廉·崔、英格丽德·米特曼：《商业赞助的捐赠人建议基金的免税地位》，《免税组织税收评论》，1997年7月，第95—96页；乔·卢马达：《慈善事业、社区基金会的自我实现和领导力》，《从捐助者到领导者》，纽约：约翰·威立父子出版公司2002年版，第75—76页。

商业模式的局限性

依赖于资产管理费的商业模式对个别组织有利，但一直是妨碍社区基金会领域内部或社区基金会与金融公司之间伙伴关系强化的障碍。被管理的资产不仅决定着许多社区基金会和商业公司慈善基金的核心运营收入，而且所管理资产的规模也是慈善公益事业一个关键的文化指标。基金会的声誉往往部分取决于捐赠资金的规模、名单和行业趋势的透明度、基金会高管和董事会被评估的增加筹款的能力。与规模较小的组织相比，拥有巨额捐款的基金会总裁和工作人员在业界受到更广泛的重视。

只要资产管理模式的收费占绝对主导地位，两个组织就难以共享一个客户。第一，需要一个可行的替代收入来源，诸如咨询、召集会议、教育出版物、员工支持和家庭咨询等增值服务，并未被大多数基金会明确列为"计算费用"。他们不按服务收费，也不以单一产品创收方式提供服务。找到实现这一目标的方法将为慈善公益带来几个重要的影响。一是专业知识和优质服务将带来新的收入来源。二是这些与知识和丰裕的社区效益相关的收入来源和产品，与那些倚赖资产管理的收入来源和产品是互补的，并且可以实现更自然的联盟。三是这些活动的假定附加价值将变成"具有实际价格的实际价值"。从商业角度来看，这种对服务的反馈（人们会为之付费吗？）对于产品和服务的发展至关重要。第二，在这些产品线中，质量很重要。通过建立依赖社区知识、社会影响、目标实现、联盟建设、资金杠杆或社区基金会为捐助者所做的许多其他事情相关的新收入来源，行业将能够在所管理的资产指标与达成的社会公益指标之间实现平衡。

由于市场力量超出了任何基金会执行官控制，并且往往决定捐赠规模或管理下的资产，因此，制定这些社会公益指标将为经济困难时期提供重要的营销信息。该基金会不仅能够提供其对当地社区影响的可量化证据,而且还能够在经济繁荣和不景气时期推销这些信息。这可能会开始抵消市场与慈善的关系中最令人沮丧的因素之一——在经济不景气时,慈善公益与其他所有经济支持来源一样会收紧裤腰带。这一趋势可能会随着新指标的出现而继续下去,但更合乎逻辑的可能是,社会公益指标的制定将为基金会战略提供依据,也许会引导他们做出稍微遏制资金流出的决策。

商业公司在慈善公益事业中的崛起,是行业协会发展日益复杂和密集的部分原因。随着商业公司首次进入并在捐赠人建议基金市场上取得成功,社区基金会开始意识到需要以比当时更为实质的方式进行联合和交流意见。当时,社区基金会的会面和意见交流主要是通过当地非正式首席执行官团体,或是在基金会理事会会议上,和通过社区基金会有关的活动。在 20 世纪 90 年代中期,美国几家最大的社区基金会表达了他们希望成为国家长久重视对象的愿望。过去 10 年,基金理事会的战略规划过程为社区基金会提供了在理事会主持下建立一个领导小组的机会。1999 年几位社区基金会领导人也共同创建了美国社区基金会,这是一个独立的非营利组织成员和贸易组织,专门为社区基金市场开发大规模营销、技术和信息产品。

社区基金会并不是唯一开始建立全国性协会来关注其需求的机构。这个曾经只有基金会理事存在的领域,到 2000 年,无论是配有很少或无工作人员的基金会、家庭基金会、社区基金会还是带有鲜明政治观点(或保守或激进)的基金会,都已经有单独的全国会员制专业和贸易协会专注于他们的利益和需要。[1] 当然,除最后一

---

[1] 小型基金会协会、全国慈善家庭中心、美国社区基金会、慈善圆桌会议和全国资助者网络。

类（政治观点）外，这些类别中没有一个是相互排斥的，许多基金会发现自己决定加入其中几个新组织。这很快就对基金会和成员组织产生了财务影响，因为前者担心会增加会费，而后者担心会互相蚕食。组织的多样性也使得慈善公益从政治角度来看变得难以进入，因为现在很多协会都在为业界发声，再一次没有统一的声音。

所有这些与竞争有怎样的关系呢？由于金融服务公司开始推销捐赠人建议基金，导致商业实践、产品和服务交付、市场营销和行业协会立即发生了一些变化，这对社区基金会造成了压力。这些反应并不令人意外，而且与一个真正的新竞争对手进入任何市场时发生的情况非常相似。正如唱片行业或书籍销售一样，一个新的实体会促使既有的参与者重新考虑其价格、产品线、营销预算和策略、技术或分销渠道的使用，以及他们合作或分开工作的方式。仅限社区基金会的分部门来看，金融服务公司对慈善公益的影响是行业对新竞争产生的教科书式的反应。

然而，在社区基金会之外，我们看到更独特的反应和涟漪效应。社区基金会——特别是小型社区开始从其独立的、与企业基金会关系中寻求其事业支持。在一些地方，对社区基金会模式有独特偏好的大型私人基金会，启动了新的资助计划来加强社区基金会。20世纪90年代的一些努力是全州范围内的（印第安纳州和加利福尼亚州），其前提是要让该州的每个居民都能获得当地社区基金会的资助。

其他私人基金会或社区基金会的关系主要侧重在一些问题上（如医疗保健、社区发展或教育），其根源在于基金会之间更为传统的关系。在这种关系中，社区基金会充当当地专家，并成为大型私人基金会项目任务的分销渠道。在20世纪90年代所发生的改变，是在加强社区基金会的同时，并与之合作化解社会问题方面进行深思熟虑的努力。

面对金融公司的日益增多,这种独立基金会和社区基金会的合作产生了两个结果。一是在捐赠人建议基金的业务中将独立基金会直接置于社区基金会的"首选供应商"的阵营。二是为社区基金会直接或间接感受到的竞争压力开辟了一条出路,使之融入私人基金会中。

这种相互之间的交往很重要。私人捐赠的基金会很少感受到外部压力或竞争。从外部改变这些实体的商业行为是非常困难的。随着他们越来越意识到其社区基金会同行正在变化的商业环境,私人基金会慢慢开始考虑这种变化对他们的影响。虽然在20世纪90年代后期改变组织行为的原因还有很多,但一些私人基金会新业务实践的一小部分是由以金融公司为代表的新的资源竞争而产生的。

例如,金融公司大大增加了在营销方面的投入。与此同时,越来越多的私人基金会开始投资传播部门,例如当他们的名字被宣布为公共广播电台的支持者时,要紧跟一些朗朗上口的标语,将新媒体战略作为其项目工作的一部分,以及普遍提高公众积极主动的意识。这绝不是对富达或嘉信广告的直接回应,也不是出于相同的目的(吸引捐赠者),而是为了努力提高人们对这些捐赠基金的存在和工作的认识,就好像在说:"别忘了我们也在这里。"

另一个渗透领域出现在成本效益的压力之下。对于社区基金会而言,这是金融公司低成本运作捐赠人建议基金的直接结果。对于私人基金会来说,这些低成本的选择使董事会成员更加意识到作为一个捐赠基金开展业务的高昂成本,捐赠基金通常被认为是最昂贵的慈善替代品。随着社区基金会加大了营销力度,商业公司开展了大规模的广告活动,私人基金会被广泛地视为一种昂贵的、华而不实的、过时的解决方案。作为回应，一些董事会对行政预算问题进行了更加严格的审查，高管们对提高效率的工具进行了投资，突然间几乎所有的基金会都有了自己的网站，即使他们并不寻求建议、捐助者和做宣传。

竞争加剧的另一个间接影响是目前对绩效衡量和有效性的兴趣。同样，社区基金会再次立即受到直接影响，其中许多基金会寻求私人基金会的支持，以帮助制定有意义的指标来衡量其有效性。由于社区基金会主要根据其社区知识和影响来互相区分，因此对指标的需求尤为突出。私人基金会帮助这些工作进行投资，在发现跟踪社会影响力困难重重之后，将视角转向了自己，开始思考他们将如何进行衡量。

这些影响的最终结果是对私人基金会造成的间接和分散的竞争压力。在那些建立已久、人员齐全和资金充足的基金会层面上，也就是那些我们预期会发生最低水平变化的地方（假设他们感知到的竞争最少），我们看到新业务实践中的这种压力的结果，例如加强公众沟通、努力记录影响，并注重运营简化。在关键客户层面，即潜在的慈善捐赠人——我们看到捐赠机构之间的竞争格局更加清晰（见图3.3，捐赠投资组合）。从支持组织到捐赠人建议基金到私人基金会，再到社区基金会的选择，都被排列显示在无数社区基金会和地区协会的网站上，并且人们可以看到为了让专业顾问了解每种慈善手段的利弊而进行的广泛努力。①

竞争在慈善公益中所扮演角色的一个新讽刺在于，虽然私人基金会曾经支持社区基金会在其早期阶段将其与商业基金区分开来，但社区基金会现在相当努力地宣传自己是私人基金会的积极替代品。例如，GiftPlan.org是几个加州社区基金会的合作项目，旨在与

---

① www.GiftPlan.org.

金融服务公司合作，将其服务作为比私人家庭基金会更具成本效益和以结果为导向的替代方案来推广。① 对这一行动的直接反应是，该地区的一家通过向家庭基金会提供外包员工来赚钱的商业咨询公司发出了负面宣传的呼声。

变化的图景

关于咨询公司和营销活动的逸事，提升了该行业的外围供应商的作用。虽然基金会和金融服务公司是捐赠选择的提供者，但在过去的20年里，他们的经营环境发生了很大变化。独立的咨询顾问比比皆是，他们将管理家庭基金会，提供项目研究和评估，或处理与跨代际管理资金相关的家庭动态。目前，学术研究中心——全美最大的管理咨询公司（麦肯锡公司、贝恩公司）的非营利性业务部门以及出版商、培训项目、软件供应商、技术顾问和投资经理都在重点关注慈善市场。这些组织（甚至非商业实体）的竞争环境最初缓慢地渗透到慈善公益事业中，但现在已成为主导文化元素，因为这些公司在争夺各种类型的慈善家业务。

竞争演变

要理解慈善公益复杂的竞争动态，有一种方法是将其看作一个缓慢蔓延的现实。对早期适用者的概念进行自由发挥，我们可以很容易地将慈善实体按照从第一个受竞争压力影响到后来受影响的层次组织排列起来（见表4.1）。

---

① 例如，普林斯顿地区社区基金会，www.pacf.org/Chart.html，或"新英格兰捐赠"，www.givingnewengland.org/grid2.htm，富达投资，www.charitablegift.org/resource/giving/index.shtml#。

表 4.1　　　　　　　　　　　竞争变迁

首先受影响	中间运营商	后来受影响
商业公司		独立的、捐赠
社区基金会	非营利供应商	基金会
公共慈善机构（非捐赠）	商业协会	学术研究
商业咨询公司		中心
商业供应商		

这些不同的参与者对竞争的不同敏感度将该行业与纯商业行业区分开来。这一竞争敏感度的区分，其核心在于捐赠基金的独立性——对于一个组织来说，这种捐赠基金的存在越重要，就越不容易受到竞争影响。但是，这只适用于现有的捐赠基金。我们必须记住，从捐赠人的角度来看，捐赠基金只是慈善市场中众多产品之一。

市场产品

今天的慈善市场涵盖了从低成本到高成本不等的选择。在市场中，基本上有两种类型的产品被销售和使用：一是资产管理工具，二是咨询服务。在成本范围的一端，资产管理工具是现金或升值资产的直接慈善捐赠，然后这些资产可以在一定水平上扣除。转到另一端，一个独立的配有工作人员的基金会拨出现金或升值的资产，而捐赠者则获得税收减免。一旦聘请咨询顾问或员工为基金会的捐赠提供建议，捐助者或董事会成员就已转向产品的下一个层次——咨询服务。然后，这些可能会采取各种形式，从简单的行政支持到专业人员、研究人员、技术支持提供商和评估人员的全面投资。慈善公益事业现有的产品可以分为两类，然后可以通过多种方式进行混合和匹配（见表 4.2）。

表 4.2　　　　　　　　　产品、服务和供给机制

产品	供给机制
1. 资产管理工具	基金会
盈余信托	社区和联邦基金
年金	商业公司
个人退休账户（IRA）轮转	给非营利组织的直接捐赠
捐赠基金	
非捐赠基金	
2. 咨询服务	
法律服务	无偿
投资管理	咨询顾问
会计和报告	内部工作人员
使命和目标设置	
问题研究	
技术支持	
评估	

我们知道这些产品对竞争压力的反应不同（见表 1.1，对不同慈善金融产品的竞争敏感度）。另外，这两个产品线——资产管理工具和咨询服务彼此独立，可以单独或捆绑在一起购买。因为我们倾向于将慈善产品视为现有的组织形式，所以通过在坐标网格中标出这些形式可能会更容易看到这一点，该坐标网格显示了资产管理工具和咨询服务的高低范围（见表 4.3）。

表 4.3　　　　　慈善产品资产管理和咨询服务强度排序

金融资产管理	咨询服务 低	咨询服务 高
高	・商业捐赠人建议基金 ・慈善遗赠 ・慈善信托 ・慈善年金	・独立基金会 ・社区基金会捐赠人建议基金 ・慈善顾问（如洛克菲勒慈善顾问）
低	・个人支票捐赠	・联合之路或其他联合工作场所的捐赠

表4.3略微简化了两种产品（金融资产管理工具和咨询服务）的管理程度和成本，以及一个更细致的坐标有助于充分理解产品组合的范围，但是表格的简单性有助于我们了解现有组织形式如何混合这两种产品。商业捐赠人建议基金大部分时候推销其在资金管理的价值，并将决策权留给捐赠者。而社区基金会则强调他们的投资选择范围以及获得专业人员的机会，作为其捐赠人建议基金的差异化特征。

有专职工作人员的独立基金会在管理资金的行政结构和专业咨询顾问的雇用方面都体现出非常高的投资。另一方面，对于那些希望投资于特定资产管理工具，但不认为需要专业的咨询顾问的捐赠人来说，没有工作人员或顾问的独立基金会是一种选择。

借鉴金融服务行业的类比，表格右上角的单元格代表1974年以前的全面经纪账户模型，左上角代表嘉信理财公司引入的折扣模型。随着嘉信继续推出更高端的管理和建议水平的服务，我们看到了新产品在大幅增长，这些产品提供了新的服务和成本组合。

这是看待慈善公益的一种全新的方式。这两种产品在市场上占主导地位，但业内大多数参与者更关心目前组织的一致性，而不是产品本身。我的意思是，基金会关心的是基金会，捐助者关心的是捐赠者，捐赠基金关心的是捐赠基金。在咨询服务领域内出现了一个自称捐赠者教育的整个子行业。极具讽刺意味的是，其主要支持者反对使用"捐赠教育"一词，尽管他们以这一词自称。[1]

商业大师们讲述了一个虚构的逸事：19世纪的铁路大亨们选择不投资开发内燃机，进而输给了卡车货运和航空业，因为他们认

---

[1] 新愿景慈善研究与发展，《捐赠者教育倡议》，2002年，www.newvisionsprd.org。

为自己从事的是铁路行业，但他们应该意识到自己是在运输行业中。① 不论是否杜撰，铁路行业对自身业务的短视理解都应成为机构化慈善公益的一个恰当提醒。本章着眼于市场如何将慈善公益事业的子部门从基金会转变为个人捐赠者。这些变化中有许多都是朝着更好的方向发展的。但正如我们在本章和下一章中将会看到的那样，未能理解产品线的这种基本变化可能会导致机构化慈善公益事业像铁路一样遭受同样的命运。

慈善联盟

随着竞争作用的变化和影响，慈善联盟在市场中的运用、成熟度和有效性也发生变化。基金会工作人员多年来一直以多种形式在关系网络中互相协作。这种网络最正式的体现形式可以在前面讨论的基础设施成员协会中找到。拥有 28 个区域协会、数十个亲缘团体和几个主要的国家协会，慈善公益组织一起协作的机会比比皆是。这些会员组织是最常见的，但决不是慈善公益事业中联合工作的主导形式。慈善公益事业至少有三种不同类型的联盟值得讨论：关系网、企业联合会和合资企业。每种类型都有不同的优势和劣势，并且在整个慈善市场中扮演着重要角色。

基金会网络

尽管既没有全面的地图，也没有现有的资助者的网络名录，但机构慈善公益事业的从属选项从本地到国际，从非正式到正式可详

---

① 西奥多·莱维特：《近视营销》，《哈佛商业评论》第 38 卷第 4 期，1960 年 7—8 月。在 2000 年的新英格兰图书馆协会的演讲中，国会图书馆的托马斯·曼恩坚称铁路故事是杜撰的。关于托马斯·曼恩评论的摘要《技术服务：不仅仅是关键词和计算机显示器》，参见 www.nelib.org/conf_ archOpen.asp? ID =279。

见表4.4。

表4.4　　　　　　　　　　　　联盟的谱系

非正式	正式
午餐会团体	委员会
地区协会问题的委员会	区域协会
同伴阅读小组	集资合作
视需要就问题举行会议	全国会员协会
共同资助的项目	基于问题或身份的亲缘团体

换句话说,有数百种方法可以让这些基金会的拼图组合在一起。最常见的做法是不参加任何联盟。大多数基金会不是任何现有协会的成员(由图4.1中的基金会A和B代表)。如果他们确实与其他基金会有任何联系,则可能是非正式的个人关系和特别的建议请求(以X基金会为代表)。

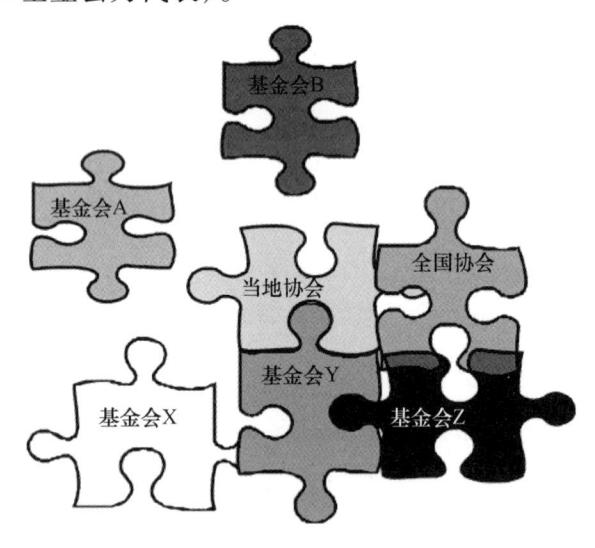

图4.1　慈善网络体系的拼图

这些关系是暂时性的,并且是建立在一定的基础上的。他们不需要交换费用，也不会产生明确的联合行动。

Y基金会代表了更大型的、有专职工作人员的基金会的一种常见形式。直接参与地方常设协会的工作，与至少一个国家协会关系密切（并且可能是其成员），与Z基金会在多个共同关心的领域开展合作，偶尔为X基金会提供意见或与之互动。这些拼图块可以用无数种方式重新排列，而且在极少的问题上能达成一个明确的共识，认为某种特定的配置才是正确的。

不同类型的联盟和网络服务于不同的目的。国家协会主要侧重于广泛的会员特定服务、出版，建立关系网和同行交流。他们还负责管理一些专业的发展职责，在国家管理机构的代表和一些标准的制定。他们很少管理基金会的实际联合工作。相反，他们是为服务基金会而建立的独立实体，由会费和其他费用支持，并为实际工作提供共同基础。

出资者——企业联合会

事实上，当基金会试图共同完成某些事情时，非正式的、非成员的结构被证明是最有效的。这些由四五名资助者组成的特设小组对一个主要城市的学校改革、一个州的医疗保险或启动新的国家技术支持工作感兴趣，都是由各个组织中积极寻求资助伙伴的坚定领导者推动的。在这种联合工作中成功和失败的例子都很多。正如一位基金高级经理所说："如果我停下来统计资助合作失败案例的数量，我会沮丧到想要离开这个行业。"[①]

有经验的项目和高级职员以其他方式工作，纽约萨德纳基金会的文森特·斯泰尔已成为他所认为的"资助集团"的主要推动者。专注于单一的非营利性合作伙伴，致力于建立该组织在国家或国际

---

① 克里斯托·海林，加利福尼亚州海伦市卫生保健基金会，2003年4月。

范围内提供服务的组织能力。这些资助工作涉及咨询顾问、同事和非营利组织所进行的大量工作。随着时间的推移，成功的联合资助证明耐心的重要性，对管理和建立金融平台的投资，需要专家指导和一个或多个基金会合作伙伴的承诺。

在两次最成功的尝试中，萨德纳和几位基金会合作伙伴一起与慈善研究公司（指南星 GuideStar）和志愿者对接组织（VolunteerMatch）合作。投资一开始时是单独的、小规模的，为管理顾问提供系统构建的经费，帮助他们建立可扩展的技术平台，帮助建立复杂的财务控制以及提升卓越的治理和运营能力。早期投资者花费时间和金钱来帮助 GuideStar 和 VolunteerMatch 开发一流的投资案例，并担起责任将同行带来听取非营利伙伴的宣传演讲，逐渐制定出投资策略，并在未来几年持续如此。正如文森特·斯泰尔指出的那样，这种方法可能更像风险投资家的工作，而不是创业慈善家的个人努力，因其是建立在初级和二级投资者的基础上的，而这些投资者从一开始就是由一群投资人组成的。[①] 这个由投资者和非营利组织合作伙伴组成的团体已就季度和年度目标达成一致，并共同追踪和报告进展情况。早期资助者还深入参与了非营利组织的定位，以吸引第二轮和第三轮支持，并制定创收战略来解决长期的可持续性问题。

考虑到联盟在慈善公益事业中的作用时，这种关系的几个要素值得注意。首先，它们不仅是基于问题的，而是针对单一组织的联合投资。它们不需要加入基金会和非营利组织之外的基础设施（咨询服务通过双方协议签订并作为非营利组织的一部分投资）。联盟工作是按照实现特定目标的时间表组织起来的。成员资格、持续的联盟，以及会费或费用在工作中不发挥作用。当目标完成后，虽然

---

① 文森特·斯泰尔，萨德纳苏尔纳基金会，2003年4月。

联盟解散，但牢固的关系仍可继续保持。

其中一个例子是由索布拉家族基金会、半岛社区基金会以及查尔斯和海伦·施瓦布基金会牵头的一项以能力建设为重点的举措。这些资助者与 16 个人力服务机构一起制定了一项侧重于组织能力的学习和资助计划。在三年的时间里，合作伙伴和独立评估人员多次会面，为每个机构制定了可定制的筹资策略，并建立了一个系统，用于分享那些可行、不可行，以及如何规划未来的投资。这一经历非常有价值，施瓦布基金会主席亚历克莎·科尔特斯·库尔韦尔认为该举措催生了当今基金会运作方式的重大变革。[1] 这些活动有点类似于电影制作公司的工作方式：为特定的电影召集必要的合作伙伴，制作和发行最终的电影，然后解散，以便于各个合作伙伴可以继续从事其他项目。就像电影业一样，一些团队将保持联系，并继续合作，其他一些人则分道扬镳。

这些安排的缺点是他们的工作带有"内部人士"性质。缺乏永久联盟，意味着下一个有能力的非营利组织无法获得相同的支持。这些项目是由基金会驱动的。这些联盟由于构成其基础的个人关系而变得非常强大，但他们也受到这种结构的限制，因其无法超越其已知的圈子，他们刻意低调地运行。迄今为止，这些努力很少能把疯狂的想法变成真正的方法，出资人也没有在非营利组织的长期收入图景中引入其他关键角色，即公共部门和个人合作伙伴。这些批评虽然重要，但绝不仅限适用于这些类型的联盟。事实上，那些更显眼的基金会关系网络的结构也不会使他们更易接近非营利组织、政府或个人慈善家的外部圈子。

---

[1] 亚历克莎·科尔特斯·库尔韦尔：《建立更强大的受资助者关系：如何增加影响力》，芝加哥会员午餐会捐赠者论坛的讲话，2003 年 1 月 23 日。

合资经营

慈善公益另一种常见的联盟形式是合资经营。在这种结构中，两个或两个以上的捐赠机构合作，共同提供一套工具、产品或服务。这些合作模式在结构类似的组织中越来越普遍。例如，社区基金会聚集在一起制定共同的营销策略，共同为某些捐赠工具注册商标，并共享一些项目。[①] 这些合营也发生在基金会或不同类型的资助者之间。独立基金会和社区基金会之间有着悠久的合营历史，有时是针对某个问题制定区域性的具体解决方案，或者在其他情况下，寻求同时为多个社区提出一套思路和方法。

在其他情况下，以地区为重点的私人基金会将与国家资助者以共同利益为契机建立伙伴关系。罗伯特·伍德·约翰逊基金会、查尔斯和海伦·施瓦布基金会在加州预防药物滥用方面的工作就是一个很好的例子。约翰逊基金会在卫生筹资、政策和制度方面具有深厚的专业知识，而施瓦布基金会与计划提供者、当地大学专家和州政策制定者有着非常密切的伙伴关系。这两个基金会构成了预防药物滥用筹资倡议的核心，并对现在包括其他几个伙伴在内的各种努力进行了评估。

在最好的情况下，基金会将找到一种方式，通过联盟向同行学习，寻找投资合作伙伴，通过建立联合或合资方式，建立可以为该领域的工作提供信息的关系。一些基金会指出，青年过渡资助者小组（Funders Network for Smart Growth and Livable Communities）与智慧成长和宜居社区资助者网络（Youth Transition Funders Group）的工作，就是以会员为基础、以问题为重点的实例，它们积极推动了

---

① 加利福尼亚州圣马特奥的半岛社区基金会已经将其"培养一个阅读者"的项目推广到几个社区基金会。

联合投资和学习。这些努力取得成功的关键似乎是国家和地方合作伙伴的组合，强有力的领导承诺，扎实的研究，以及共同确立的行动议程。

成功的基金会联合行动所面临的挑战在于议程的制定。基金会的特殊性质虽然使得许多组织具有广泛的共同利益，但由于每个组织对这些问题都有各自特定的视角，以致他们不可能全部走到一起。解决这一问题的成功策略包括刻意制定互补的议程。例如，在加利福尼亚州南部，洛杉矶城市资助者（LAUF）制定了一项减贫战略，其中包括特定的补充途径，如交通、劳动力发展、儿童保育、教育和住房。随后，LAUF的领导人寻找为这些领域带来资金兴趣和专业知识的合作伙伴，并致力于将资源集中在总体议程的互补计划上，该议程旨在缓解洛杉矶三个地区的贫困。

随着商业公司进入市场，焦点已转向捐赠人建议基金等产品线，常见的合资企业类型发生了有趣的转变。在20世纪90年代初（以及之前几十年），社区基金会和独立基金会在问题和产品开发上是合作伙伴，正如之前在关系网络部分所讨论的那样。对商业公司进入市场的早期反应是，独立基金会和社区基金会联合起来，致力于促进传统非营利慈善方式的独特价值，这些主要是为了与新的商业产品抗衡而组成的统一战线。

由于捐赠人建议资金已经成为日益普遍的产品，并由商业公司、大学、非营利组织和社区基金会提供，因此格局发生了显著的转变。社区基金会和商业公司（捐赠人建议基金的两家供应商）正在发展广泛的合资企业（见表4.5）以求在预期的将产生的财富中分得一杯羹。这些包括美林社区基金会倡议，若干社区基金会和区域银行之间的区域合作伙伴关系，以及单一社区基金会和商业合作伙伴的独立合作伙伴关系。当他们这样做时，他们分享了关于捐赠人建议资金优势的营销信息。这些优势在以下方面表现得最为明显：资产税减免、无消费税，以及相比于私人基金会，公共慈善捐赠相对自由。换句话说，社区基金会和商业公司现在作为独立基金会的替代品，正在进行合资经营。

表 4.5　　　　　　　　　　常见的合资经营

20 世纪 90 年代初期		21 世纪初期	
主导联盟	孤立者	主导联盟	孤立者
社区基金会和独立基金会	商业供应商	社区基金会和商业公司	独立基金会
联盟的特点		联盟的特点	
围绕互补的项目而建立共同纽带：非营利状态		围绕互补产品而建立共同纽带：产品成本	

联合行动的力量

上述三种形式的联盟在慈善领域中都很重要，代表了资源整合的重大进展。每种形式都能很好地实现特定的目标：网络有助于共享信息，企业联合会可以转移资金，合资企业可以帮助创建新产品和分销渠道。尽管在某些情况下，一种形式可以达成多种期望的结果。目前缺少的是，无论对集体行动的结构性选择，还是对联盟之间真正的结缔组织，都需要更系统的方法。[①]

随着更多慈善公益活动以某种联合的方式出现，开启了一个令人兴奋的改变整个体系的机会。首先，我们非常需要一张慈善机构的系统图。这不仅仅是各大协会的成员列表，尽管可交叉引用、不

---

① 拉尔夫·汉密尔顿在他关于网络的论文《移动思想和金钱》中提出了一个不同的、更细致的网络结构层次。

重复的列表将是重要的第一步。随着 20 世纪 70 年代提出了基金会目录，现在是时候考虑开发可维护的资助者网络数据库了。这样的公共访问数据库有两个重要用途：一是连接各种人脉关系；二是为新进者提供入口点。通过在联结组织间建立联系，各个单独的关系网络都得以加强。通过向新来者提供系统的导航工具，这种数据库可以帮助吸引新成员并减少重复工作。

其次，慈善公益的网络力量目前远未得到充分利用。对于初学者来说，我们已经确定的关系网络，企业联合会和联盟只连接机构捐赠者。考虑到这在整个慈善行业所占的比例很小，这些组织特意排除了慈善资本最大和最稳定的来源——个人捐赠者。然而，在更详细地查看这一缺失的环节之前，对于目前构建的网络所产生的力量和潜力进行更仔细的研究是有帮助的。

顶层联合

美国有超过 62000 个基金会，管理着 450 亿美元的金融资产，并每年拨出超过 4.5 亿美元的赠款。再加上 40 个左右的商业捐赠人建议基金提供者和他们 50 亿美元的资产，这在全美 2120 亿美元捐赠中仍然只占不到 25% 的比例。[①] 虽然这个比例很小，但由于这些慈善收入的来源很容易找到，且具有一些共同的机构特征，因此比其余 75% 的市场更容易聚合。

我们可以将慈善行业想象成一个由机构和个人组成的金字塔（见图 4.2）。在最顶层是数量相对较少的较大型机构。他们在进行的资产管理、拨付赠款和专业人员方面都有着庞大

---

① 《2002 年捐赠人建议基金调查》，《慈善纪事》，2003 年 5 月 15 日。根据《美国慈善捐赠报告》2002 年的数据，包括捐赠给基金会的资金在内，共有 2120 亿美元。

的规模。① 构成金字塔的主体部分是数以百万的众多的个人捐赠者，每个捐赠者的捐献量相对较小，但是他们一起贡献了每年慈善收入的四分之三。

图4.2是一个便捷的，但略有误导的图片。实际上，大多数基金会的规模相对较小（资产不足100万美元）。在运营方面，这些组织看起来更像富有的个人捐赠者，而不像他们的机构同胞们，有着庞大的员工群体的基金会。我们还需要将数百个个人和家庭纳入考虑范围，他们通过商业捐助人建议基金投资了超过60亿美元的慈善资产。虽然这些资产在商业公司的赠与基金中是共同持有的，但个人捐赠者却在指导他们的使用。② 他们为我们的慈善金字塔所带来的有趣难题在于这种资金被汇集而成，但又带有个人化的混杂性。大约有40家商业公司管理着这个60亿美元的资产池，提供了一个潜在的强大的组织工具来为他们的捐赠者提供信息和建立联系。

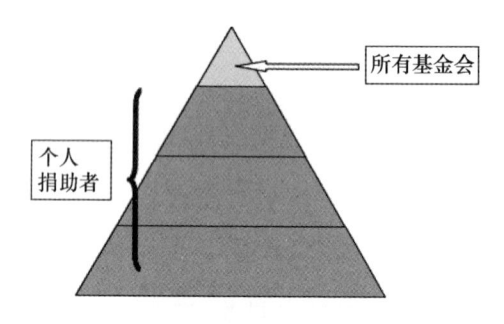

图4.2 慈善金字塔
（按单位数量统计）

---

① 小型基金会协会（Association of Small Foundations）帮助该行业意识到，机构的资产规模"大"并不等同于员工规模也"大"，一些拥有10亿美元捐赠基金的基金会雇用的员工不足5人。

② 在公共慈善测试的操作界限内，这些基金通过反复审查达到了测试的要求。有董事会必须批准捐赠人建议基金所推荐捐赠的慈善目的。

从建立网络能力的角度来看,我们以一种稍微不同的方式来看待这个金字塔(见图4.3)。56000个基金会中可能停留在顶级象限中的大部分,移到了最底层。通过商业资金捐赠的数百人升到了顶层。

这个金字塔的顶层所拥有的资产在很多方面都享有特权。无论他们是以何种结构形式存在,都已被免税并被标记为慈善用途,因此从规划的角度来看,可以预测潜在的收入有机会就此流入。将机构的慈善基金用于非营利组织绝不是没有任何附带条件的,但他们的确常常用于支持新的想法或允许尝试新的举措。与政府资金不同,慈善资产并未签订某些服务合同,也没有按照个人捐赠那样分类。这些机构资产的管理人员通常是全职专业人员,其职责是识别机会、共享信息和衡量结果。他们有要达成的目标,并且在某些情况下,要为他们的成功负责。换句话说,在金字塔顶端的精英阶层,既有能力又有一小部分的责任来共同合作。

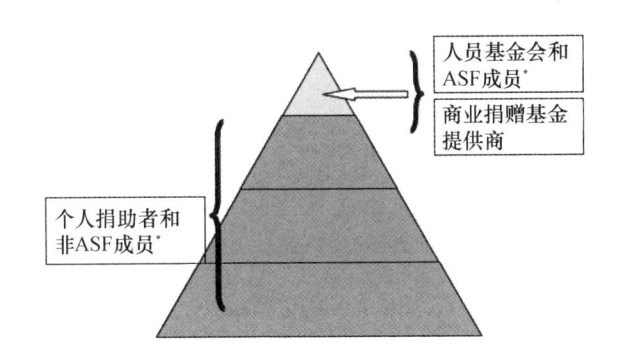

图4.3 慈善金字塔的内在连接性

* ASF(小型基金会协会)会员资格在此用作那些无工作人员的基金会(任何规模的)的代理,已经通过协会与更大系统相链接。

毫无疑问,这就是为什么即使毫无外部压力,慈善公益里这个最小的部门为将自己组织起来做出了很多的努力。迄今为止,商业公司一直被这些网络隔离在外，并且与其他领域的机构以及相互之间都相对孤立。他们也没有表现出极大兴趣来组织或联系其个人捐助者，尽管他们认为这些服务可能是潜在的、有价值的补充。[①]

然而，即使有了这些相对的优势，有组织的慈善公益事业也不能满足于在共同合作中取得的成就而止步不前。大多数网络交换信息时，其成员很少或根本没有责任以任何特定方式应用该资源。在每一个可以想象的情况下，成员组织的独立性都胜过网络的集体吸引力。在从网络向合资企业的薄弱层级中，存在一种集中行动的趋势，因为从成员制协会到资金联合集团，再到联合产品开发，合作伙伴与合作伙伴之间互相问责将变得越来越严格。

新兴连接

通过调整我们对哪些人和机构是构成这个金字塔顶层的设想，我们实际上开始看到新的连接类型。其中三个已经通过了概念验证阶段，并成为了解未来发展方向的窗口。三家公司都利用信息和知识资源来引导金融资本。将在以下各节中进行介绍。

分享知识

为慈善公益事业提供信息的知识有两种基本形式：隐性知识和显性知识。隐性知识是指个人的解读、关系和无书面记载的经验。显性知识包括报告、评估、数据和研究，分析以及书面赠款审查或提案。1999年，福特基金会——美国最大、有着专职员工的历史悠久的基金会之一——发起了"资助之道"（Grant Craft），这是一套文件、视频、录音带和工作手册的集合，涵盖了多个资助领域的显

[①] 艾琳·海斯曼，全国慈善信托。

性和隐性知识。该系列的信息来自福特公司的员工和咨询顾问,以及其他国内外数十个大型有专职员工的基金会。这些资料经过精心编辑和汇编,对专业和志愿工作人员,以及其他基金会的董事会成员都很有用。许多资料都有西班牙语和英语版本。迄今为止,"资助之道"代表了金字塔顶层人士与业内其他人分享实用信息和研究成果最全面的努力。"资助之道"提供衍生的知识,重新整理后,使任何想访问的人都可以轻松获得。这些资料大部分是免费的,可以在"www.grantcraft.org"网站上查到。

"资助之道"的创始人兼项目经理简·贾菲指出,这些努力促使可用于自学的教材的出现。它作为非正式或正式培训课程的一部分,标志着行业知识库开始从顶端释放一些秘密,并使其更广泛可用。她指出,包括质量控制、定价、最佳实践、市场反馈和品牌定义方面的挑战有很多,很难知道这些资料能达到什么样的目的和效果。这些都是很重要的问题,如何实现自我收入的维持问题也同样重要,"资助之道"团队正在积极研究如何了解这些资料的影响,以及他们积极推动行业内杠杆点的程度。

广泛的接触和获取,以及直接的互动与反馈和改进机会之间的权衡,是目前市场上其他一些以资料驱动的项目和产品正面临着的问题。其中包括模仿法律和商业教学案例使用的慈善公益事业的案例研究。虽然在商业和法律领域使用这些案例的专业培训尚未制度化,但哈佛大学肯尼迪政府学院开发的案例正在以非正式的方式被广泛使用。同样,这里的取舍在于为了普及知识,只能取得较少的深度应用。该市场的行业标准包括更多以操作为重点的工作手册、指南、视频和理事会出版物、基金会和基金会中心。2002年,小型基金会协会推出了一个名为"盒子里的基金会"(Foundation in a Box)的在线资料库,向董事会成员推介精选资料,并向慈善家推介专业顾问。

为将这类书面资料进一步推广,一个名为"GrantPartners. net"的在线资源正试图成为连接南加利福尼亚健康问题资助者和非营利组织的数据库。奥兰治县的一个基金会建立了一个可公开访问的网站:www. grantpartners. net,已注册的资助者可以在他们感兴趣的领域搜索已发布的提案,非营利组织可以发布提案,并寻找潜在的合作伙伴。该网站正处于使用的第一阶段。迄今为止,旨在减轻非营利组织的工作量,并允许雇用员工的基金会在线接受申请。最终,世界各地的非营利组织、捐助者和基金会都可以使用这个平台,并帮助他们找到彼此。原始合作伙伴基金会正在构建这个平台,但除此之外,他们不对发布申请的组织提供广告宣传。[1]

这项工作与一些曾在20世纪90年代末炙手可热,却以失败告终的互联网在线赠款配对方式如出一辙。一位专业的资助者称,在繁荣高峰时期,他担心拨款将变成两个庞大的数据库的联姻。一个出资者和一个非营利组织,通过电子方式将对方的内容进行在线匹配。[2] 当然,资金的特殊性质确保了这种非人格化工具的失败。该模型的修整,涉及重要的人机互动和主观性,取得了一些成功,如GrantPartner网站和类似的工作,如DevelopmentSpace. org 和全球社会投资交流网站(www. GEXSI. com)将自己形容为:"一个营利性和非营利性行业的个人和组织的集体倡议,致力于创造社会投资和发展援助市场。"[3]

除了资助数据库或预审查提案数据库之外,还有几个基金会已

---

[1] 为了注册成为捐赠者,基金会或个人必须同意一份免责声明,承认其没有接受GrantPartners. net 原始出资者的任何赞助。笔者采访了奥兰治县医疗保健基金会创始人苏珊·扎佩达、奥兰治县的健康资助者合作伙伴艾德·卡西奇和"曼斯菲尔德和伙伴"(Mansfield and Associates)的网站设计师,2003 年 5 月 12 日。

[2] 基因·威尔逊在慈善公益事业和公共政策中心的评论,关于"新慈善公益事业的新进展"的论坛,加利福尼亚州洛杉矶,2000 年。

[3] www. schwabfoundation. org.

经开始建立他们的研究，立场文件和信息联系人的存储库，以便对问题感兴趣的同行资助者不必重复做这些工作。从罗伯特·伍德·约翰逊基金会提供的捐赠报告到查尔斯和海伦·施瓦布基金会使用和分享的关于无家可归问题的研究和立场的文件，这些存储库中的信息来源各不相同。社区非营利组织也认识到编译和编目这类信息的价值。尤里卡学习研究员计划拥有强大的项目评估在线来源，致力于非营利部门的领导力更新。安妮·凯西基金会（Annie E. Casey）利用网络分享其儿童计数数据和其他受委托的研究。[1]

许多基金会开始对知识管理和知识共享技术投入巨资。施瓦布基金会强调知识共享是其主要使命的一部分，并认为这些投资对于为该领域提供信息、建立伙伴关系以及最终看到基金会基金投资的"倍增效应"至关重要。[2] 投资于知识管理和分享的努力可以在巴尔的摩的企业基金会等各种基金会中找到，巴尔的摩的企业基金会有七名全职员工负责管理和分享基金会在经济适用住房方面的研究、成果和在线数据库。联合国基金会聘请一名高级经理、一名实习生和一名顾问在基金会各部门工作，传播组织内外的研究成果。房利美基金会（Fannie Mae Foundation）有一项知识创新计划，一家名为KPublic的新公司寻求成为非营利部门研究的技术提供者和信息交换所，威廉和弗洛拉·休利特定期在其网站上发布委托文件，赞助一名发表很多论文的研究员，并召集同行组织形成学习集群。[3]

---

[1] www.rwjf.org；www.eurekalearning.org/resources；www.aecf.org；www.schwabfoundation.org.

[2] 亚历克莎·科尔特斯·库尔韦尔：《首席执行官的信》，《查尔斯和海伦·施瓦布基金会年度手册》，2003年。

[3] 从笔者个人访谈，《有效组织的资助者知识管理小组》，以及上述基金会的公共网站中挑选的信息。

投资组合咨询

与20世纪90年代后期的许多伟大构想一样，事实证明，强调大规模理性行动，提高慈善公益事业的效率和效果，既具有远见，又具短视性。慈善公益事业的基本人文因素——个人兴趣、激情、对某些想法的非理性兴趣，以及非营利组织领导人及其事业与慈善家及其同事之间的个人关系——无法从画面中抹去。试图用最新的专业技术驱动客观、基于信息的工具来取代慈善公益事业的主观因素的尝试彻底失败了。他们提供的重要教训具有讽刺意味，这些使慈善公益事业系统化的尝试，失败得如此惨烈，更凸显了慈善市场非理性和人文因素的普遍重要性。

认识到人与人接触和指导的需要的模型已显示出一些成功。这些努力保持了出资者在他们需要的时候获得更多信息的兴趣，同时不让他们面对大量未经分类整理的资料。这些模型使用技术和合理的信息提供管理为决策过程提供帮助，而不是彻底改造或替换它。

商业公司的慈善捐赠基金，致力于资产管理，并提供最基本的、自己动手可获取的附加信息。在使用该技术降低产品成本方面取得了巨大成功，同时不会让客户过多接触到超出他们所需要的信息。这些模式在吸引慈善基金方面迈出了巨大的一步，但在使人们了解这些资源的配置方面，进展则小得多（如果有的话）。

卡尔弗特集团旗下的卡尔弗特捐赠基金是一家共同基金公司，该公司在向慈善家们提供低成本的在线资产管理工具，以及为他们的捐赠提供了可靠的有针对性的信息方面迈出了巨大的一步，这些信息可以帮助他们管理这些资源。该基金通过与其他捐赠机构合作开发卡尔弗特捐赠者可以访问和资助的一些组织的捐赠组合（Giving Folios），一些投资组合顾问和议题，包括全球妇女基金（全球妇女权利）、罗伯茨企业发展基金（旧金山湾区的社会企业）和新学校风险基金（教育改革）等。①

　　这种组合的方法允许卡尔弗特的个人捐赠者获得公共和私人资助基金会员工的研究和审核方面的专业知识。一旦客户在卡尔弗特购买慈善捐赠基金，他们就可以低成本地获得资产管理服务和信息，以优化他们的捐赠决策。投资管理人员参与交流，让他们有机会向其他人告知他们的工作，并向他们支持的组织和事业筹集资金。捐赠组合中的非营利组织几乎不花钱就可以获得曝光度和可信度。

　　这种模式适用于卡尔弗特有几个原因。首先，卡尔弗特集团专门从事社会责任型共同基金，因此已经在一定程度上对其感兴趣的客户市场进行了自主选择。这是一个重要的区别，因为卡尔弗特捐赠组合（Calvert Giving Folios）在更狭窄的范围和政治领域内活动，要比在更多元化的客户市场内更可能被客户选中。自推出这些产品以来，捐赠组合已向其主推的非营利组织分发了近100万美元。

　　其次，这种方法并不是全新的。多年来，社区基金会一直在通过利息基金领域管理类似的方法。其他公共资助者，如潮汐基金会，也试图通过各种方式告知捐助者试图集中资源以产生更大的影响。卡尔弗特的方法有两个主要的区别。一是规模更大。因为卡尔弗特可以通过为共同基金服务，做广告接触到全球任何地方的、有社会责任感的投资人。二是人际关系是以一种允许广泛接触的方式进行调解的，并仍然存在。鉴于社区基金会倾向于亲自了解其捐赠者，建立关系，然后提供咨询服务和信息，卡尔弗特已将其市场划分为可管理的客户群体，以销售相当客观的资产管理工具为主导，然后提供一个捐赠组合的选择功能。卡尔弗特的工作人员、捐赠组合经理们和受益的非营利组织可能从未关注过捐赠者，但所有人都

---

① www.calvertgiving.com/folios.htm.

感觉得到了服务。

点对点外包

另外，还有一些点对点的共享信息来汇总财务资源。在这里，社区基金会再次发挥了带头作用。尽管许多（大多数?）仍然为捐赠者提供相当独特、分离的层级服务，但越来越多的社区基金会正试图使其员工的专业知识，及他们使用和产生的信息能被更广泛的客户群体使用。有些人通过与他人共享工作人员提案审核和建议，在项目工作人员和捐赠者服务工作人员之间定期举行会议，以便使那些与捐赠方联系的人了解社区的情况。其他人则在授予赠款资金以补充无限制的赠款之前，将其推荐的捐赠清单提交给捐助顾问。

一些基金会现在认识到，利用员工为其支持的非营利组织吸引其他资源是基金会工作的积极因素。现在，工作描述和绩效评估的撰写被用来鼓励和奖励其他资金的使用。两位私人基金会首席执行官，加利福尼亚州圣马特奥的查尔斯和海伦·施瓦布基金会的亚历克莎·库尔韦尔，以及华盛顿特区的尤金和艾格尼·丝迈耶基金会的朱莉·罗杰斯认为，他们在这方面的努力对他们基金会的成功至关重要。他们积极宣传他们资助的组织，为其他基金会主席提供建议，并接受个人捐赠者和志愿者董事会成员的电话，并为人员较少的基金会提供信息和指导。

这两个基金会也正在考虑如何与具有类似兴趣的基金会或资助者分享他们的员工的时间和专业知识。施瓦布基金会过去曾与艾米莉·特雷梅因基金会、艾伦·帕克和橡树基金会成功完成了这项工作。在艾米莉·特雷梅因基金会与艾伦·帕克和橡树基金会成立的几年中，施瓦布的员工提出了研究报告，与基金会受托人会面，并建议他们围绕学习力的差异制定早期奖助金的策略。梅耶的工作人员与网络方法基金会（web Methods Foundation）合作，使公司员工有能力执行补助金的发放和处理审核提案请求，并在 web Methods 员工进入此社区工作时提供支持和培训。

安妮·E. 凯西基金会一直致力于接触当地倡议的"下游出资者"。为了帮助美国绝大多数规模较小的当地基金会，安妮·E. 凯西基金会发起了一个基于地方的慈善计划，将凯西基金会员工的研究和专业知识（尤其对儿童和家庭保护问题方面的）提供给小型家庭基金会，这些基金会往往对其所在社区有兴趣。[①] 这种努力对于共享信息和减少基金会用于内部管理的资金占比都是好兆头。与旧金山的罗伯茨企业发展基金一样，梅耶基金会也与卡尔弗特联手，担任 CalvertGiving.com 的捐赠组合经理，从而将这种关系提升到私人基金会向个人慈善家提供信息的层面。梅耶的工作人员还为个人捐助者提供咨询，率先推出了 TouchDC，一个由为慈善网络（Network for Good）提供支持的区域门户网站，并与哈曼家庭基金会合作，试点了华盛顿地区的"慈善目录"。

这些努力得到了回报。梅耶基金会的工作人员估计，他们在 2002 年所做的努力，帮助了超过 1900 万美元的国家和地方慈善资源转移到他们所支持的组织和事业中。这大大超过了当年基金会的 600 万美元赠款。同样，施瓦布基金会工作人员对经他们帮助指导基金会的基金问题的资金进行问责。除了施瓦布员工帮助他们的药物滥用提供者合作伙伴获得更多青少年治疗床的重要公共资源之外，基金会还可以利用 550 万美元来学习橡树基金会和其他几个案例在量化其重视的伙伴关系和知识共享的战略回报等方面的不同之处。

梅耶基金会对这些方法的承诺特别有趣。作为一个相对较小的地区基金会，梅耶传统上支持华盛顿特区的小型草根团体。这类团

---

① 有关安妮·E. 凯西基金会的更多信息，参见 www.aecf.org/initiatives/pbp。

体最难吸引到超出自身所在区域以外的关注,但梅耶基金会成功吸引了新的区域出资者、大型国家基金会并聚集个人捐赠者来支持这些组织。作为梅耶基金会的理事长,朱莉·罗杰斯亲自寻求资助合作伙伴,要求她的员工通过担任国家和地方委员会的领导职务来做到这点。基金会的理事会极力支持这项工作,甚至修改了基金会的使命宣言,以及包括一项声明,表明基金会将"作为希望在该地区进行有效慈善投资的其他捐赠者的资源"[①]。

基金会孵化器(The Foundation Incubator)代表了这种模式的另一个版本。孵化器为新兴基金会提供了共享办公空间,作为降低整体行政和运营成本的手段,同时为捐赠者提供研讨会、教育计划和分享想法的机会。另一种模式是社区基金会的一个顾问银行,这些顾问可以通过半员工的方式与基金会中资金雄厚的个人捐赠者或家庭合作,为捐赠者提供付费的专业服务,增进社区基金会的效益。聪明人基金(Acumen Fund)为对国际问题感兴趣的捐赠者创建了联合问题基金,使多个捐赠者从单一专家工作人员及其网络中受益。

发散张力

这些通过合作伙伴、分享知识,以及使用基金会工作人员为公司捐赠项目或个人资助提供建议的各种例子,在聚合资源方面做出了令人兴奋和有价值的工作。必须指出的是,联合工作的最佳范例——那些实际凝聚统一和整合赠款发放的联合工作是建立在基金会工作人员能够带来的关系,和知识共享这一最坚实基础之上。这些都是强大的协作、联盟和整合的力量。那些为大型员工基金会等

---

① 笔者访谈朱莉·罗杰斯和电子邮件沟通,2003年6月3日。

同行组织工作的人具有巨大的潜力。那些想方设法利用在基金会的知识资源来为个人捐赠提供信息和指导的人是不断发展的新慈善资本市场的基础。

同样必须指出的是，在这些资源上分散的力量要远多于，也远强于聚集的力量。持续运作慈善资源的压力很小，这种分散性是因为慈善的个体化本质、传统的金融结构，新的线上筹款和监管系统的特征等造成的。

现有的监管结构（将在第五章详细讨论）和传统的金融结构（从社区基金会到私人基金会，再到捐赠人建议基金），既不为捐赠者的共同合作提供"胡萝卜"也不提供"大棒"，对于汇集资金，就某些问题进行协作或共享信息没有任何要求。这样做的努力纯粹来自那些长期从事慈善公益事业的人的经验和专业知识。他们明白，没有任何个人或基金会拥有独自实现崇高目标的资源。与此同时，过去几十年推出的新产品，包括被广泛推销的捐赠人建议基金以及其他较新的产品，实际上导致了财务资源的进一步分散化。这些较新的产品包括小型基金会的在线赠款管理系统（Cyber Grants），私人品牌的低成本基金会管理服务（Foundation Source），以及由商业资金管理公司所提供的、非常完善的基金会管理服务（富达投资私人基金服务）。

因此，慈善公益事业面临着无比巨大的市场压力。现在可以使用越来越分散和孤立的产品来管理大量的财务资源。与此同时，该行业及其既有机构越来越认识到需要聚合资源以实现影响力。在这个市场中，由于其独特的竞争特点和不断变化的联盟格局，金融和信息这两大关键性资源正朝着相反的方向发展。

第 五 章

公众对慈善公益事业的支持

> 这些资金额度如此庞大，以至于成为其中一笔资金的受托人都会立即成为一名公共人物。他们对于大规模慈善资产的管理将引发公众关注、公众查询和公众批评等问题。[①]
> ——弗雷德里克·盖茨与约翰·D. 洛克菲勒的对话

塑造慈善公益事业的三大支柱中，监管是第三大支柱。在市场力量和公共利益的平衡博弈中，慈善公益事业也成为一个受监管的行业。私人慈善公益事业和公共部门之间的关系是多维度的。慈善公益事业在法律上受监管非营利部门的法律、法规约束，必须以公共利益为目的，受到公众的约束：慈善公益事业在道德和结构上致力于公益服务。因此，慈善公益事业是公共利益的产物（产品）和生产者。通过制定法律法规进行界定、规范治理结构和提供公共监督，将私人慈善公益事业与公共部门联系起来。慈善公益事业反过来又通过其对公益目的和公共服务的贡献，使之与公众紧密联系在一起。

公共监管→慈善活动→公共利益（公益）

[①] 弗雷德里克·盖茨与约翰·D. 洛克菲勒就基金会及其基金的公共作用的对话，转引自罗恩·希尔诺《巨人》（*Titan*），纽约：兰登书屋1998年版，第563页，也出于盖茨《我的生活》章节，纽约：自由出版社1977年版，第209页。

以独立性为荣的慈善公益事业往往选择忽视与公共部门的关系。说实话，慈善公益事业只存在于公共部门的共生之中。正如劳伦斯·弗里德曼在他的《美国慈善史概览》中所指出的：

（在美国历史上）从来没有出现过类似于纯自愿的志愿部门，因此慈善公益事业在美国的发展，经历了在公私部门区别之间的变迁。事实上，"独立部门"一词更多的是当代人物［如约翰·加德纳（John Gardner）和弗吉尼亚·霍奇金森（Virginia Hodgkinson）］的定义，而非基于现实的历史。[①]

我们知道慈善公益事业受州和联邦税法的调节管理。本章介绍了慈善公益事业作为一个受监管行业的现状，回顾了20世纪以来的趋势，这种趋势推动着慈善行业演变成为如今的现状。通过分析外部压力的来源，确定了受到最严格审查的监管结构的要点。

本章中特别强调了行业概念框架的价值。在回顾慈善机构与其监管机构之间的长期关系时，我们看到该行业必须在多层面上做好接受监管审查等行动的准备。本章提出了慈善组织、监管机构和立法者就该行业的公共政策合作时应发挥更为积极的作用的观点。这并非源于对政府与行业联盟的承诺，而是源于有利于慈善公益事业发展的立场，以使慈善公益事业不至于处于特别被动的地位。

组织化的慈善公益事业往往通过选择自律来对监管指导机构做出回应和反应，而不是选择违反监管。与此同时，因未能在更具广泛性的全行业范围内为公共服务做出显著贡献，行业无法完全依靠监管者或公众的善意和支持。在某些时候，公共预算赤字、媒体审

---

① 劳伦斯·弗里德曼：《慈善事业与美国：历史主义及其不满》，载劳伦斯·弗里德曼、马克·D. 麦加维《慈善、公益与美国历史文明》，伦敦：剑桥大学出版社2002年版，第15页。

查和行业增长的同时性为仔细检查基金会活动创造了一个现成的平台，2003年第一季度和第二季度就是这样一个时期。

这个行业耳熟能详的监管方法却通常被归纳为恐惧、厌恶和防御，即使慈善公益事业的环境发生了巨大变化，这种态度仍然没有减弱。例如，当前对银行业的放松管制正导致金融机构迅速研发新产品和新服务，因为银行试图在更多层面控制其金融客户生活。从保险到年金，再到股票、债券和支票账户，银行现在正努力开发和提供金融组合产品，帮助管理每个客户日益增长的存款收益。慈善活动和慈善捐赠是这一系列产品的核心。

金融机构收费的主要优势是推动其行业法规的变化。尽管2002年的新闻媒体充斥着公司会计和治理的丑闻，但这些银行几十年来推动废除1933年《格拉斯—斯蒂格尔法案》（Glass-Steagall Act）的努力最终取得了成功。通过与立法者和监管机构的合作，银行推动了一系列法律法规的出台，使他们能够达成新的商业目标。然后，他们可以将自己的研究、开发和营销人员投入研究不断变化的税法中，针对客户的需求进行市场研究，并积极推广新产品。

与此同时，相较而言，非营利慈善团体在这场博弈游戏的后期开始行动起来，试图阻止直接针对慈善捐赠的立法谈判。与他们的律师和成员一起，全国性、区域性的基金会和基于事务的基金会在最后一刻发起了一场共同的努力，试图从参议院和众议院的法案中去除一些不受欢迎的条款规定。[1] 他们的策略是拖延这些法案，不让其进入委员会会议。与银行不同的是，并没有对替代方案进行积

---

[1] 参见2003年5月下旬一些资助者协会网站上公开的与会代表的相关观点。众议院筹款委员会准备就《慈善捐赠法案》中HR7，进行投票，参见网址：www.indonor.com/charitable_giving_legislation_5_12_03.htm。关于运作捐赠人建议基金（DAF）的损失，参见Marni D. Larose和Brad Wolverton《调研发现：捐赠人建议基金的贡献率在下降》，《慈善纪事》，2003年5月15日，第7—12页。

极的宣传，当普通媒体和商业媒体对基金会的过度支出发表了大量负面报道时，这种努力达到了顶点，最高法院最近发布了有关慈善欺诈的新规定。[①] 可以说，基金会和他们的下属机构专注于美国参议院的保健法案以及众议院的慈善活动，而没有注意到银行监管法规的发展、金融公司的产品开发，和新公司治理的管理规范等对非营利组织的影响，如 2002 年的《萨班斯—奥克斯利法案》（Sarbanes-Oxley Act）所产生的影响。

以前引用的例子比比皆是。与其他行业不同的是，慈善公益事业完全没有准备好将监管作为推进自身使命的工具。尽管这是事实，但慈善市场上的竞争已经让银行和保险公司与非营利捐赠基金展开了直接竞争，而这两个行业的竞争对手都采取了更加积极的方式来制定有利于自己的监管规定。正如明尼阿波利斯基金会（Minneapolis Foundation）首席执行官埃迈特·D. 卡森（Emmett Carson）在 2003 年 4 月对基金会董事会成员发表演讲时所指出的：

> 政府的额外监管不应总被视为一种应避免的负面发展。对于一个依赖与政府合作提供服务，影响政府参与或不参与特定活动，并鼓励政府采用已被基金会成功试用的计划战略的行业来说，慈善公益事业担心任何政府监管或监督似乎有些适得其反。我们应该接受这样一种可能性，即在某些情况下，合理的政府监督可能是有益的，并可能有助于明确需要问责的灰色地

---

① 2003 年 5 月来自全国各地报纸的头条新闻："一些基金会的理事会成员开销巨大"，《巴尔的摩太阳报》，2003 年 5 月 15 日；研究表明："慈善资金应该可以节省数十亿美元"，《纽约时报》，2003 年 5 月 10 日；"法官裁决慈善机构或将被控欺诈"，《纽约时报》，2003 年 5 月 6 日；"巴尼斯信托案的审计细则发布"，《纽约时报》，2003 年 5 月 5 日；"非营利组织首席执行官的奖励"，《圣荷西信使报》，2003 年 4 月 27 日；"国税局无法监督非营利组织"，《圣荷西信使报》，2003 年 4 月 27 日；"捐赠者监督慈善机构的作用"，《纽约时报》，2003 年 3 月 29 日；"撤回援助协议令伤害了亚基马"，《纽约时报》，2003 年 3 月 6 日。

带和可接受的最低限度的最佳做法。①

对于慈善公益事业来说,这种防御性的监管方式所产生的影响,远远超出了指导实践的限制范围。这对增进该行业非营利组织成员的实力有着深远的影响。与过去几十年不同,当这些领域的非营利机构和社区基金会大多数是公司时,商业公司的存在永久改变了慈善公益事业的活力。他们更有能力从非营利组织那里接手新产品研发人员。商业公司的国内和国际网络使其能够在一个共同的技术平台上无缝地转移资源——而社区基金会等竞争对手目前才正着手建立这种平台。②

在慈善公益事业中,非营利组织可以将其社会使命作为他们显著的价值,他们在推广这些价值的时候略显奇怪。与依赖于商业公司相比,某些依赖于非营利基金公司占主导地位的公司,拒绝将新兴商业企业视为真正的威胁。在展望未来时,这是一个错误的比较。非营利捐赠基金管理着 4500 多亿美元的资产,几十年来其一直独享这一领域的优势,这些资产会随着时间的推移而增值。自商业公司进入市场以来的十年中,基金会捐赠基金与商业化的捐赠人建议基金的增长率几乎相同,有时商业公司的增长速度更快。③

慈善公益事业的监管环境影响着市场。监管和市场力量都足够强大,慈善行业的非营利性组织应该重新考虑如何运作和自我提升。慈善公益事业的机会是同时解决双方的公共关系,并引导监管

---

① 埃迈特·D. 卡森:《基金会理事会治理面临的挑战:最糟糕的案例情节,还是完美的风暴?》,得克萨斯州达拉斯市基金会理事会,慈善托管人晚宴,2003 年 4 月 27 日。

② 2003 年,美国社区基金会,一个非营利性贸易服务机构开始建设链接社区基金会成员的技术平台。

③ 从 1995 年到 1999 年,基金会的资产增长了 190%,而 Fidelity 慈善捐赠基金的增长超过 500%。托马斯·A. 比利特日《慈善资产管理》,《慈善纪事》,2002 年 4 月 20 日,另见《捐赠人建议资金:资产、回报——基于大额捐赠者账户的样本分析》,《慈善纪事》,2003 年 5 月 15 日,第 11—12 页。

机构以改善和扩大慈善对公共利益的贡献。如果不这样做，就是放弃了该行业对公共利益的责任。

初始管制

我们通常认为现代基金会诞生于 20 世纪初。事实上，慈善公益和慈善条例等允许在私人和公共资源之间合法存在的法律关系可以追溯到新共和国的前十年。美国最高法院（U. S. Supreme Court）在 1819 年做出的一项裁决中，规定新罕布什尔州有权支配达特茅斯学院（Dartmouth College）的资金使用。这项裁决将私人资源的保护编入法典，这些私人资源的作用在当今的慈善行业中仍然可以被感受到。[①] 法院裁定，受公司地位保护的志愿协会不能被公众用来提供应由公共部门提供的必须服务。该决定使保护公司权益的宪法切实可行，并有助于确定政府的责任和限制。

因此，公共机构必须确定优先事项，并提供卫生、教育和基础设施等基本服务。因此，私营部门能够对基本公共服务之外的领域提供加强、补充、填补差距或替代服务。州政府和市政府将不被允许依靠私人力量来提供核心服务。[②] 正如麦克·格尔威（McGarvie）所指出的：

达特茅斯案例的真正重要性不仅仅在于对私人和公共资源

[①] 达特茅斯学院的受托人和伍德沃德，相关论点在 Mark D. McGarvie 的《达特茅斯学院案例和市民社会的法律设计》中完整阐述，出自劳伦斯·弗里德曼、马克·D. 麦加维《慈善、公益与美国历史文明》，伦敦：剑桥大学出版社 2003 年版，第 91—105 页。（译者注：同章注释 2 中同一本书是 2002 年）

[②] 如今这种争论非常激烈，因为公共预算赤字再一次将注意力引向慈善机构提供基本服务的潜力。时代的差异最能体现在这两个部门的不同层面，民间资源远远超过国家早期的公共收入，现在的公共预算在公共服务领域的投入远高于慈善资源。

的界定，还在于通过对公共和私人领域的法律界定，使美国社会的其他愿景得以延续。[1]

最高法院为慈善公司的发展奠定了基础。达特茅斯案发生的200年后，纽约州议会的两院成为慈善机构最具影响力的两个例子。正是在那种情况下，美国基金会两大具有范式意义的基金会诞生了——纽约卡耐基公司（Carnegie Corporation of New York）和洛克菲勒基金会（Rockefeller Foundation）。虽然这些机构植根于早期的组织机构，尤其是皮博迪教育基金和公共教育基金，但它们是美国第一批真正以综合慈善目的为主的永续性慈善组织。

1911年，安德鲁·卡耐基捐赠了价值1.25亿美元的卡耐基钢铁股票成立了以他名字命名的基金会。历经三年的努力未能获得联邦政府的许可，两年后，约翰·D.洛克菲勒在纽约的洛克菲勒基金会捐赠了价值5000万美元的石油股票。[2] 一年后的1914年，克利夫兰的银行家弗雷德里克·戈夫（Frederick Goff）正在寻找一种更好的方式来分配财产和信托基金，于是创建了第一个社区基金会。[3] 这三个例子都需要国家的特许，所以其可以进行的活动范围和所受到的监管程度在一开始设立就已经确定。

这几年，税法和慈善基金会之间的关系也逐渐显现。1913年，美国总统伍德罗·威尔逊（Woodrow Wilson）签署了一项国家所得税法案。就像今天一样，第一个税是累进制的，住房抵押贷款利息和州、地方税收都是免税的，1917年起慈善捐赠可以享有免税

---

[1] 劳伦斯·弗里德曼、马克·D.麦加维：《慈善、公益与美国历史文明》，伦敦：剑桥大学出版社2003年版，第104页。
[2] 罗恩·希尔诺：《巨人》（*Titan*），纽约：兰登书屋1998年版，第623—624页。
[3] 狄安娜·泰特：《重建克利夫兰：克利夫兰基金会及其与时俱进的城市战略》，俄亥俄州哥伦布：俄亥俄州立大学出版社1992年版。

优惠。①

这种新税制的一个直接影响似乎是当时世界上最富有的人约翰·D. 洛克菲勒（John D. rockefeller）选择分配其个人财富的方式。洛克菲勒面临着传承给孩子，还是捐赠给慈善机构之间的选择，这在今天的捐赠者看来很熟悉，即使不是在规模上，也是在结构上的选择问题。1917年以前，他的儿子小约翰·D. 洛克菲勒（John D. Rockefeller Jr.）和女儿们都得到了慷慨的补贴，但从父亲那里直接继承的财富相对较少。因老洛克菲勒1917年之前对慈善公益事业（包括新基金会）的捐款已超过2.75亿美元，估计他的孩子们仅收到3500万美元。

从1917年到1922年，洛克菲勒改变了这一分配比例，又向慈善公益事业捐赠了2亿美元，而给他的孩子们留了惊人的4.75亿美元，其中绝大部分给了小约翰·洛克菲勒。② 但是，对于年迈的洛克菲勒来说，他能够扣除给基金会（小约翰曾任该基金会主席）的捐赠税收款项、供养子女、减少自己的税务支出（同时也因为自己的慈善公益事业而远离公众视线），这些都是重要的因素。③

正如在洛克菲勒时代一样，为后代赋予生存的能力、构建（或维系）家族慈善传统的机会、收入、免除财产或继承税、资产的豁免、追求社会价值、回馈社会等，依然是影响当代人们做出慈善捐赠的重要因素。维系这些因素的平衡取决于个别情况，我们已经看到满足这些需要的产品在世界上是如何开花结果的。与此同时，自20世纪初以来，为这些选择决定提供信息的法律机构、监管要求和相关公共部门也日益增多。

---

① 世纪基金会，联邦所得税的历史，www.tcf.org/Publications/Basics/Tax/History.html。
② 罗恩·希尔诺：《巨人》（Titan），纽约：兰登书屋1998年版，第623—624页。
③ 罗恩·希尔诺：《巨人》（Titan），纽约：兰登书屋1998年版，第568页。同时参见公众对洛克菲勒捐赠的回应，第299—300页。

行业发展和公众监督

20世纪出现了三个积极捐赠的慈善黄金期：20世纪初期、20世纪50年代和60年代，以及20世纪的最后20年。20世纪20年代创建的基金会催生了几十个，甚至数百个类似的基金会出现。在战争和经济萧条占主导的20世纪上半叶，基金会经历了一个快速增长的阶段，然后是一段沉寂期。第二次世界大战结束后，随着20世纪50—60年代经济普遍繁荣，基金会的创立出现了新的热潮。

与第一次经济繁荣相似，第二次繁荣是由家族转型而产生的，当时的家族企业转型创造了大量财富，形成了第二次赶超浪潮。石油、钢铁和银行业的工业巨头的财富助长了基金会的初期繁荣。在战后数十年，第二次经济繁荣是由汽车和消费品的经济繁荣带动的。在第二轮繁荣中，基金会在全国所有地区等更大范围内活跃起来，大额资产捐入基金会的趋势变得更明显。在20世纪的最后20年，基金会的创建速度、资产的分散程度，以及推动其发展的财富类型都将达到新的高度。

慈善机构的激增导致了公共调查和类似的监督模式出现。这些调查以国会委员会、独立审查委员会或州检察长的调查形式进行。从洛克菲勒和卡耐基捐赠他们的遗产后大约十年，一直到20世纪50年代末，再到20世纪60年代末，大约有三个关于慈善活动的重要调查。

不同时期的公众调查都有其独特的背景，但在产生的根源方面都有一些惊人的相似之处。公共收入短缺——具体表现为税收的减少——这为产生其他增加公共收入或社会服务收入来源的方式带来了契机。在这样的环境下，慈善机构和接收捐赠的非营利组织尤为受到关注。慈善公益事业的繁荣往往是在显著的财富创造期之后出现的，比如20世纪初和20世纪末，以及第二次世界大战结束的一段时期。当然，这些财富的激增期也同步扩大了贫富差距，这也为慈善体系带来了另一种形式的压力。随着这些主要源自外部的、不受引导的力量的共同作用，雄心勃勃的立法者、媒体的关注和丑闻等都激发了慈善改革，并对之进行审查，从而将其推向更高的阶段。国会和州立法机构对慈善公益事业的公开评论，通常来源于机会主义和非目的主义的合力。

奇怪的是，慈善机构在与公众监督者打交道时，往往采取一贯的消极态度，并使这种状态不断持续下去。也许是受政治手段的影响，商界认为政府干预越少越好，顽固地保持不参与公共决策或凌驾于公共决策者之上，这些因素也塑造了慈善公益事业。慈善的"组织化"从未采取过一种共同的、积极主动的策略，来改善和提升慈善体系的有效性。

公开运作：公众关注度日益提高

尽管慈善公益事业在监管方面一直是被动的，但在与公众沟通方面很活跃，这源于对社区公益的贡献，以及公众日益增长的慈善意识。2001年基金会理事会的年会主题是"维护公共信托：负责任地使用私人财富以服务于公共利益"。这是慈善行业认识到其对公众责任的最新表现之一。很多人都在谈论慈善公益事业的问责制和透明度，大多数基金会负责人都致力于推动这两个方面的发展而努力成为行业翘楚。许多机构在沟通工作上投入巨资，聘请沟通交流专家，建立功能强大的网站，发布远远超出法律要求的材料。与此同时，成千上万的基金会对匿名和安处幕后更感兴趣。

热衷于宣传推广其工作的行业兴趣与公众对该领域日益增长的认识是同频的。慈善家们必须意识到公众对于他们工作的认识和理解已经持续地发生了变化。在20世纪90年代最后几年里，大众传媒和商业媒体大量宣扬报道慈善公益事业，可以说媒体在20世纪末"发现"了慈善公益事业，从对大量名人慈善家的简介，到惊叹于数十亿美元的慈善资金如何快速流向2001年恐怖袭击的直接受害者的运作效率。但媒体也很快发现了其肮脏的一面。2001年9月14日《纽约时报》的头条新闻是：《恐怖袭击后的慈善：大量捐赠者帮助需要救援的人》，一天后，其头条标题为《袭击之后的奸商：一场悲剧催生了慈善欺诈和石油价格评估》。[①]

媒体对"9·11"事件慈善捐赠的相关报道，多集中在资金的使用和慈善决策的制定等领域。对于慈善公益事业来说，处于聚光灯下是令人不安的，因其发现自己与公共体系的不协调，不得不为闭门决策、捐赠行为以及捐赠者意图的意义等问题进行辩护。在接下来的两年里，《人物》《商业周刊》和《福布斯》杂志上登载了曾经令人欢欣鼓舞的慈善公益事业图景，被过度薪酬、董事会额外补贴、行业监管不足、社区虐待和惊人的筹款开支等报道所取代。[②]

行业行动的潜力

慈善公益事业有机会借助监管结构来提升慈善投资的潜力。本章从历史学"长时段"的视角概述了美国公共部门、私人资源和公共利益之间的哲学、法律和金融发展。21世纪慈善公益事业的机构化必须从社会目标的公共伙伴关系、未来慈善投资的立法与监管，以及随着竞争不断加剧的市场指导等方面来审视其与公共结构的关系，适当的监管将确保该行业拥有税收优惠的资质。作为公共

---

① 《纽约时报》，2001年9月14日和9月15日。
② 参见露西·伯恩霍兹《永恒运动》，明尼苏达州基金会理事会上的发言，出自2001年9月13日至2003年5月全国各地的报纸头条：www.blueprintrd.com/publications。

部门和商业机构在满足社区需求方面的合作伙伴，慈善公益事业可以通过提高标准，并与监管机构合作执行这些标准来定位自己的领导地位。或许最重要的是，慈善行业需要更审慎地推进监管行动，以确保其仍是一个主要致力于社会贡献，而不是因其在金融服务市场中的角色来界定的行业。

最后一点，也是最难以表达的是这个行业最尖锐的压力来源。金融产品的商业市场正在迅速变化，从房地产到奢侈品服务，从旅游到专业咨询等各个相关行业都在寻求"财富转移市场"的一席之地。[①] 这场竞争使慈善公益事业不容置疑地置身于有史以来竞争最激烈、最多样化的市场当中。商业在行业产品开发、市场营销和监管影响方面表现突出。如果没有慈善行业内非营利机构的共同努力，他们对社会使命的重视将被这些其他力量所减弱。

当捐赠人选择将钱捐给慈善机构，或在其他市场上投资的进行决策比较时——他们会继续均衡考虑洛克菲勒家族当时所面临的决策因素，如价格、功效和效率等新的考虑因素。这些捐赠者也是一股需要得到认可的监管力量，因为他们也是选民。当基金会与立法者合作时，捐赠者也是选择立法者的选民。慈善机构在寻求政治发言权方面将面临压力，也是其成员政治权力分化又相互关联的结果。慈善组织的商业伙伴有着非凡的政治经验，作为个人的选民也披着政治的光环。抛开党派立场不谈，可以肯定地说，个人选民在投票时对税率和社会支出有一系列偏好，但他们并没有对促进慈善行业的稳健发展做出强有力的承诺。

作为对慈善公益事业外部压力的一种制衡，该行业必须发展出一种更清晰、更主动的慈善公益事业监管方式。与此同时，对道德

---

① 要广泛了解相关行业的预期财富转移，参见《伟大的期望》，《美国人口统计》，2003年5月，第26—35页。

标准、公共利益和实现社会目标的内在责任感也为推行某些立法和监管议程提供了很好的依据。在19世纪早期，以达特茅斯案例为开端澄清的公私界限，在21世纪也有类似的案例。慈善捐赠问题的解决、机构拨款和个人慈善捐赠仍然流向公共系统和收入来源等相关事务中。无论作为个人参与者寻求替代资源、填补缺口的手段，还是作为公众支持的伙伴，慈善资源都不能长期取代公共投资。

慈善公益事业由一系列复杂的法规和监管机构指导，行业内公司的多样性也增加了其复杂性。表5.1介绍了慈善机构（包括个人）的监管参与者。

表5.1　　　　　　　　　　慈善监管框架概览

	联邦政府		州政府		市政府	
	范围	监管者	范围	监管者	范围	监管者
个人	个人所得税	美国国税局	个人所得税	州税委员会	N/A	N/A
机构	企业所得及销售税	美国国税局、联邦贸易委员会、众议院筹款委员会、参议院财政委员会、银行和金融服务监管机构	企业所得及消费税	军队、司法部长、州税委员会	财产税	当地评估办公室

首先需要指出的是，个人和机构都需要在两到三层监管范围内进行经营活动。大部分情况下，联邦法规和州法规保持一致性。在另一些情况下，两者又是完全不一致的。例如，直到最近，明尼苏

达州还不允许居民从他们上报的收入中扣除对州外慈善组织捐赠的所得税，尽管他们可以从联邦所得税中扣除。

其次，各州对不同类型基金会捐赠的税收规定也各不相同，各州对公司结构的规定也有差异，国家商业供应商也必须考虑到各州在银行监管方面的不同。监管机构和法规的繁杂也为混乱或无知提供了滋生的土壤，更不用说滥用了。

监管体系的压力点

鉴于慈善公益事业某些领域的监管机构数量众多，似乎有无数的机会可以进行监管内容的修订或采取相关行动。其中有一些已引起大众媒体的特别关注。例如，行政预算开支过多或违反捐助者的意愿。[1] 其他一些内容修订则是该行业内部长期争论的领域，比如基金会每年的最低资产分配必须以赠款形式支付，以符合免税资格。这一要求最初于1969年实施，1984年和1990年分别进行了修订。[2]

然而，与此同时，监管框架的一些领域要模糊得多，但仍具有重大影响，如果进行修订，可能会产生重大变化。不同地方房产税的多变性，以及市政府经常面临的免税挑战，可能会迫使持有大型房产的基金会或非营利组织以新的方式进行运作。这类实体的代表主要有：大学、医院和基金会，在多个司法管辖区拥有财产的实体所受影响更大。该框架中另一个不太明显的问题是，谁拥有起诉非营利组织或基金会的法律地位。最近，最高法院决定允许起诉有欺

---

[1] 埃瑞克·纳尔德：《非营利组织CEO的奖励》，《圣荷西信使报》，2003年4月27日，第A1版。

[2] 马赫库斯 S. 欧文：基金会理事会备忘录：《关于私人基金会适格分配的历史和法律治理分析》，华盛顿特区：卡普林和戴斯代尔，2001年11月30日。

诈行为的慈善机构，这一决定围绕着商业筹款活动的具体内容而展开，但也可能为扩大起诉权的范围提供助力。① 得克萨斯州、纽约州和伊利诺伊州的其他未决案件更具体地集中在谁可以起诉非营利组织或基金会的问题上。法律地位问题的变化对这些组织如何看待其公共责任具有重大的哲学意义。他们还可能对非营利组织和基金会从投资到捐赠等各个方面如何制定决策、记录保存和信息披露具有重要的实际意义。②

与美国其他的模式相似，无法从监管机构或立法者那里获得满意的行动，可能意味着出现问题后，要诉诸法庭进行解决。正如《纽约时报》上的一篇《慈善事业中的个人监督》文章指出："传统上，只有司法部门在法庭上拥有慈善解释权，但非营利组织数量的激增，与此同时，各州削减慈善监督的预算，这是前所未有的大缩减。"③ 这些案例成功吗？我们可以肯定地提出一个预设：实践中非营利机构和基金会如何与他们的捐赠者、合作伙伴和社会公众之间的互动关系有了显著的变化。

监管体系

在研究了慈善机构的监管结构和行业对慈善机构的态度之后，我们剩下的问题是监管框架应该怎么做？慈善行业在公共信息披露、必要的财务活动、股息支付率、公司董事会结构、适当的支出和问责制方面应该处于什么样的地位？显然，这些事情都是行业领导者和参与者应该采取行动解决的，但是应该用什么样的概念框架

---

① 琳达·格林赫斯：《法官裁决慈善机构或将被控欺诈》，《纽约时报》，2003年3月6日，第A1页。伊利诺伊州人民V电话营销助理有限公司。

② 斯蒂芬妮·斯特罗姆：《捐赠者监督慈善机构的作用》，《纽约时报》，2003年3月29日，第A8页。

③ 斯蒂芬妮·斯特罗姆：《捐赠者监督慈善机构的作用》，《纽约时报》，2003年3月29日，第A8页。

来指导他们行为？

行业框架因此而变得更复杂。其他大多数行业是以追求利润为导向的，慈善公益事业应以追求公益为使命。关于这一点有诸多相关界定。也是应该有很多方法可以去朝着这个目标努力。这种广泛性可以为相关监管行动提供共同的议程。然而，采取行动的关键是要认识到，决定监管变量的不是行业内企业的利益，而是为行业服务和接收该服务的公共利益。慈善监管的指导原则可以在几个领域得到发展。这些领域可以从美国社会慈善公益事业的历史地位和当前的挑战中得出。至少，指导原则应该用于解决：一是慈善行为的自由，二是私人慈善的公共义务。

慈善行动的自由

慈善公益事业和慈善团体在美国境内有着悠久的历史、宗教和文化基础。慈善捐赠的动机是多元的，都应加以提倡和鼓励。所有的个人和机构都应该有机会提供他们认为合适的私人资源。这必须同时适用于赠与的数量和捐赠资源的使用方向。税法应该鼓励所有个人为他们的慈善公益事业捐赠，并为他们的慈善信用提供保障。同样，慈善捐赠的选择范围应该尽可能的广泛：从直接向个人提供帮助，到全球政策研究、分析和倡导——因为慈善公益事业和慈善机构在其运作系统的各个层次上都是重要的贡献者。应该避免对慈善活动中政治观点或慈善活动的类型限制。

关键的机遇是审视关于产品和服务的研发、销售有关的税收法规，以鼓励慈善公益事业。慈善行业的供应商——非营利组织和商业机构，是持续鼓励慈善公益事业发展和慈善捐赠的利益相关方。在慈善全景图的这一部分，市场的力量发挥得很好。新产品发展、市场化、价值差异等对于在最广泛的社区范围内持续推动捐赠选择至关重要。

捐赠是美国传统中的一个重要组成部分，在很多形式上对社区都很重要，而且捐赠将继续精准地促进许多替代政府行动的选择，这些政府行为是在共和国成立初期设计的。一些人会说，免税基金最终会被更好地用于税收。美国个人和社区的传统、慈善公益事业、慈善机构的宗教和文化，以及宪法对言论自由、集会自由和契约权利的保障对相关领域也有另一种说法。一个鼓励慈善活动的法律体系——在所有层面上——所产生的公益是无可争议的。

慈善公益事业的公共义务

慈善基金必须负责任地、合乎道德地用于公益目的。监管体系赋予公众有权利了解这些基金的运作情况，并采用问责制。慈善信息的新技术和新市场为基金会等非营利组织财务、治理和员工结构的优化进一步打开了大门，这对整个行业来说是一个积极的举措。及时公开或发布这些信息，以便公众随时访问查询是基本要求。

财务活动除了需要进行报告外，也需要在慈善机构理事会成员和决策者的监督义务上设定尽可能高的标准，而且这些标准必须在行业内及其监管者中得到执行。这些决策者需要对非营利组织的财务活动、所追求和取得的社会捐助，以及基金的公益用途负责。最重要的是，必须履行慈善机构的公共义务，避免基金与基金管理者之间的关联利害关系。

1969年的《税收改革法》为基本财务和资助信息的公开报告奠定了基础。在该法案通过后的34年里，慈善部门和公共部门对其金融行为的影响已经变得复杂得多。就目前数十亿美元的慈善资金而言，仅凭基本的财务报告是不够的。毕竟，财务报告仅仅告诉我们有多少钱处于危险之中，但对这些钱使用的目的或影响却一无所知。

在社会和文化圈中，监测、计算和结果报告是一项危险的工作，因为在这些圈子里，影响比"点票"更微妙。然而，追踪慈善投资（包括资本和赠款）给社会带来的影响，实际上是保持该行业合理角色的关键。政府机构、公共基金、商业企业和慈善公益事业之间的复杂关系，使得更难以明确区分哪些基金或行动实现了哪些目标或因果关系的程度。报道公益目的的关键可能不在于尝试将金钱贡献与社会结果挂钩。事实上，几十年的评估经验可能正告诉我们，事实恰恰相反。

那么，我们如何确定慈善行动的公益目的，并履行相关义务呢？当前的监管结构只引导决策资源（本质上是跟踪善款收入流动向）。然而，当捐赠者或董事会选择成本更高的结构或策略时，从逻辑上讲，应该为公共利益带来更多回报。仅以实际支出来衡量这一点，然后从总拨款分配中扣除这些支出，这在现在几乎没有意义（尽管在1969年可能有这种意义，当时捐赠的选择较少）。[1]

新市场和新监管方法

这里的监管原则应该以1969年《税法》以来慈善市场的变化为指导。当捐赠人的选择实际上限于私人基金、社区基金或联邦基金时，将运作管理费用作为慈善资产分配中的一部分或许是有道理的，但现在情况已经不同了。在我们考虑到慈善运作者的公开报告义务时，我们必须充分认识到正在发挥作用的新市场力量，从而着手解决监管问题。

---

[1] 值得注意的是，并非所有的基金会都选择从其分配要求中扣除这些费用，有些基金会支付最低5%的费用，并分别支付运营费用，研究和技术支持。

慈善公益事业应该公开哪些信息？用什么来适应不断变化的市场，并解决这个公共使命的问题？答案将取决于慈善机构打算提供多少"更多的钱"。对于那些仅仅依靠支票簿来管理捐款的人来说，除了报告那些财务捐款之外，我们对他们别无所求。对于更复杂、多重资助的慈善形式——从商业公司的捐赠人建议基金（DAF）到私人基金会——我们对之期待更多，也更应该多加报道和公示。

例如，目前国会中关于私人基金会的费用分配的争论集中在：是否应该将工作人员、办公室、研究、技术支持和其他费用计入基金会对公共利益的贡献。目前的财务结构只允许将这些计算在基金会总分配需求里面。因此，在这种结构中，这些投资没有办法取得任何成果，他们只能补偿社区工作的资金。因此，争论最终归结为：这些投资不利于给公众的"应付款"。但是，1969年以来的监管结构到今天依然适用吗？考虑到慈善市场的变化，我们必须有一种新的监管方法。

鉴于慈善捐赠的市场选择，我们有理由假设，那些需要更多基础设施和支持的项目，也确实需要更多资金。现在，该行业显然由两种产品组成：资产管理工具和咨询服务，监管决策和市场选择应该遵循这两种思路。所做的最基本的选择是资产管理决策，一旦做出这项决定，就可以增加额外的咨询和评估服务。目前的监管结构侧重于资产管理产品和报告。除了禁止关联交易之外，公众对咨询服务没有发挥出真正的监督作用。

在选择除了基本资产管理工具外的过程中，捐赠人或董事会成员将核心慈善资产的一部分用于额外的服务。这些成本必须有一定的回报预期：更高的认可度、更好的结果、专业的管理，或者由有一些重要的人来做这项工作。由于这些服务是用核心慈善资源支付的，因此必须使用这些服务方面以履行公共义务。事实上，这部分慈善资源所支付的费用，如果是公共使用的话，就可以被认为是公共产品。

当我们设想一个更有效的体系时，我们必须牢记关系和知识在慈善公益事业中所扮演的新角色。前一章重点介绍了基金会与个人捐赠者合作的几种方式。几乎在所有情况下，这些关系都是基于经验和知识。知识传播和建构行业范围内的知识基础这两种可能性是需要被考虑到的、最有效的监管支持。

财务回报最大化的新方法和学习如何支持捐赠目标的实现，这可以通过很多方式来实现。市场可以继续转向集中化和可访问的、明确的信息交换，同时也可以为捐赠者和基金会之间的关系建立联盟和网络。

另外，行业本身和公共部门可以合作发展一个公共/私营的慈善研究和发展组织。这将是一个审查研究结果、向捐助者提供信息和获得公众支持的研究论坛。作为独立的环境倡导组织，负责分析和政策倡导，以及基于公共数据的行动，一个新的慈善研发组织（R&D）可以专注于在社区问题上提供公众可信、可比较的数据。个人、捐赠者顾问和基金会可以根据自己的意愿使用这些数据，也可以建立一个访问来源广泛的社交数据和程序。这类组织将为公共利益、深化研究、免费知识共享提供服务，慈善组织也可以通过各种节省成本的方式提供服务。这样一个实体可能有几个部门组成，并专注于两项重要产品——新金融工具和咨询服务，相关资源在质量标准、研究和评价方面的杠杆投资，以及为捐助者提供有用和有意义的信息方面发挥作用。这将简化进入慈善公益事业的过程，为机构正在着手推进的工作提供咨询服务，并减轻现有组织的文件分发和研究委员会的负担。

近年来，为促进捐赠而通过的法规对税法进行了重大修改，这些法规侧重于推进捐赠透明度，或者为伙伴关系提供激励，以降低总体管理成本，为社区带来更多的资金。

代表性指标

该行业需要一种常识性的方法来评估和报告这些基于知识投资的价值。考虑到这些额外的投资能带来更高质量的工作，他们应该得到回报。换句话说，委托研究、使用评估和雇用工作人员进行尽职调查的慈善供应商（例如，有工作人员的基金会、商业公司、社区和联邦基金），只要能证明基金会财务工作的质量有所改善，就应该认可这些投资。

考虑到慈善目的的可变性和大多数社会福利指标的不准确性，这将如何实现？其他行业，包括非营利和商业企业，都依赖于市场激励、自身声誉和同行问责制。建立一种承认并为积极行动提供奖励的结构是具有可行性的。教育、卫生和环保组织遵守法规的同时，按照市场机制的激励措施，以促进他们的行动产生积极的结果。这些措施包括同行认证机构、降低健康行为的保险成本、税收抵免和对于使用可持续资源的退款。

为慈善公益事业的效果所设立激励机制的挑战在于，需要在个人或组织层面上制定激励计划，而效果很可能是从聚合层面上进行规划。此外，慈善投资的影响是由他们所资助的组织体现出来的，而不是由基金会、联合会、捐赠人建议基金或持有财政资源的其他信托基金来体现出来的。因此，关键是为慈善公益事业创建激励机制，将他们与合作伙伴的活动成果联系起来。

这些想法在实践中已经被证实。在最好的情况下，慈善机构对其合作伙伴的工作质量负责。然而缺少的是：一是针对合作伙伴的会计核算所带来的影响分析。二是发现这样做的真正动机，显然需要层层激励措施。任何收入水平的慈善捐赠都可以免税，这是一个开始。鼓励联合行动——参与社区慈善公益事业、联合资助或联合捐赠，可以通过增加这些捐赠的抵扣额度来进一步鼓励捐赠。

对于机构来说，可以通过减少对私人基金会的消费税或执照税来鼓励发展和应用有用的信息、分享专业知识、建立合作投资、持续监测和报告相关结果。社区基金或商业基金若能显示其对社区的积极贡献，则可予以评级认定达到一定的级别。这种评级认证可以通过同行评审、评估基金的质量，或通过大学的评估专家来评估基金发行或社区知识传播的质量，或者通过公众可以理解的标准和评估慈善成效的独立评级委员会来实现。

目前向着最后两个系统的建设已经迈出了一小步，有几家在线评级机构用于检查非营利机构的财务信息，并已将慈善组织纳入其中，可以显示这些财务活动所取得的成就。同样，慈善公益事业中信息共享和知识建构的趋势也是一股积极的力量。为其他的价值观打开了一扇门，使如今在慈善公益事业中同行推荐的网络正式化和普及化，并得以扩展。开发和分发材料的基金会工作人员或理事会可以根据其他人对这些材料的使用情况进行评估，这些信息对于需在多样化慈善方式中做出选择的新捐赠者非常有用。

第 六 章

行业进化

你必须愿意看得更远。①

——马拉·卡尔曼

慈善公益必须从目前的市场化心态和监管恐慌的不平衡状态中演化为一种新的体系，这种体系能够激发私人资源并将其应用于公益事业。市场已经发生了一些重大变化，但并不一定会被所有感受到其影响的人所关注。本章着眼于行业的四个方面，集体创新和影响力将创造一个更多元化、更有聚合力、更致力慈善公益的行业。撬动行业杠杆的四个支撑点如下：

1. 调整产品和服务以聚合资源
2. 将知识作为慈善资源
3. 促进混合组织和战略
4. 重新设计行业基础设施

这些地区已经出现了惊人的增长和令人兴奋的成果。更重要的是，这是可以进行可控变化的领域，这些变化将会波及全行业，因此亟须就其巨大的潜力展开研究。

---

① 马拉·卡尔曼，由美国平面设计协会（AIGA）和耶尔巴布埃纳艺术中赞助的讲座，加利福尼亚州旧金山，2003年5月19日。

鉴于这些变化的本质，使慈善公益成为行业决策者和服务社区思考的最前沿领域至关重要。慈善公益是少数几个行业之一，在这些行业中，不同的参与者一起共同合作不仅是可能的，也是积极的。主动分享想法、资源、研究、开发和评估，以及与其他慈善家、社区合作伙伴、政府和企业共同合作是成功慈善战略的关键组成部分。要做到这一点，我们必须就慈善公益目前的功能对其中的人和物达成共识，以便于我们的演进目标不是来自该行业过时的看法。

整个行业需要将自身视为一系列令人惊叹的资产——无论是财务的，还是知识的，都用来让生活变得更有价值。就目前情况而言，慈善公益对于大多数富裕人士，一直处于一种舒适状态、没有什么风险的专业人士来说，多是事后才考虑的事情。目前的监管争论、困难的市场动态，以及公众对有组织的慈善公益和非营利组织的不信任，从长远来看，可能正是引发慈善公益真正进化和改变的转折点。然而，近期内考虑如何有意识地将行业推向新标准，而不是放任给命运之手，难道不是一件令人兴奋的事情吗？

调整产品和服务以聚合资源

第五章结束部分介绍了目前慈善市场上可用的两种主要产品：资产管理和咨询服务。这种以产品为基础的慈善观与个人、基金会、遗赠和慈善捐赠的共同概况相比，发生了重大变化。通过指出这些产品线是如何分开的，并将产品与供应商区分开来，我们可以了解到各种重新组合和进化的元素是如何发挥作用的。

当我们用这种观点来看待慈善公益时，我们会发现，慈善公益事业中更常见的元素只是这些产品的简单组合。表6.1给出了一个产品套件的小示例。

通过将我们对慈善捐赠组织的看法转向产品组合，我们看到了新套件产品的潜力、新供应商的切入点，以及新产品开发的机会。我们还可以看到，巨额财富的捐赠者将有使用不止一种产品或一套产品的可能性。正如第五章所述：

表6.1	可行的慈善产品套件

个人或家庭从银行账户支出→资产管理

家庭基金会、没有工作人员→资产管理咨询报告（法律、会计）

员工参与的企业基金会→资产管理咨询报告

捐赠人建议资金，没有额外的支持→资产管理咨询报告（法律、会计）

有项目支持的捐赠人建议资金→资产管理咨询报告

有合同项目研究的个人捐赠→报告

包括直接捐赠给非营利组织的遗赠→资产管理

其中一个产品线——资产管理工具受到很好的监管，管理慈善资产的产品开发创新似乎对监管变化非常敏感。随着税法、银行法律和财务管理法规的转变，创建新资产管理工具的动力将重新燃起。事实上，由于他们在产品开发方面的经验，对底线的敏感度以及监管的变化，商业部门很可能成为未来最令人激动的新兴慈善资产管理产品的来源。当这些产品存在时，行业中的非营利部门将如何参与或部署这些产品是另一个问题。

与此同时，我们认识到其他主要产品的咨询服务仅受到部分监管。为慈善公益提供的法律、会计和投资服务是受到严格监控的行业的一部分，并按照这些领域的专业标准和指导方针进行运作。然而，项目咨询部分作为一个独立的实体脱颖而出。这些没有实践标准，没有可识别的行业或认证要求，没有监督机构（自我维护或其他方式），也没有对产品线的共同定义。这些咨询服务的内容包括任务制定、战略规划、赠款管理、尽职调查、问题研究、评估和技术援助。[1] 鉴于潜在提供商的入门障碍也很少，极少的问责措施，以及没有专业认证的质量标准，这些服务的空间巨大，创新余地较大。与此同时，我们知道美国基金会有超过 17000 名付费专业人员，数百家甚至数千家的咨询公司，100 多万非营利组织（一直为个人捐赠提供建议）以及数不胜数的个人关系，通过这些渠道告知潜在捐赠者如何捐赠，以及去哪儿捐赠。这些服务——以及潜在的供应商和采购商——正处于行业变革的边缘。通过重新评估我们对慈善工具的看法，我们所看到的市场动态是多么令人难以置信。慈善进化的问题不是其是否会发生或什么时候发生，而是如何发生以及由谁发起？

产品和服务的这种分工已经发生，我们必须从这个角度展望未来。建立一个新的慈善公益体系现需要几个关键要素：（1）健全的承诺和对公益的有意义的定义，必须由可行的资源网络来表达、团结起来去追求；（2）个体和机构慈善公益事业之间的变化动态需要被用到发挥社区的优势中去；（3）网络和时间联盟的作用需要提升，超越现在赋予独立实体的巨大作用；（4）行业的智力资源需要积累、应用和评估，就像他们现在的金融对手一样。

公益协调

与公益有关的界定非常广泛。来源之一是税法的第 501（c）(3) 部分阐明了慈善包括哪些类型的组织，他们可以参与哪些活动

---

[1] 关于缺乏专业共性的评论，参见乔尔·奥罗斯《资助学校：捐赠人教育的理论和理论》，密歇根州大溪城，密苏里州：大谷州立大学，2003 年。

以及应该如何结构化。①

值得注意的是,本税收部分中描述的几项活动也由公共机构定期提供,包括学校、儿童及家庭福利部门、公共卫生服务部门、动物护理和控制部门、公共工程和警署等。公共利益可能意味着被看作"非私人利益"(非私益)的含义,在税法中也提出了要求"本组织的收入不得向任何私人股东或个人收取"。那么如果所有这些活动和目标都符合要求,如何来实现公共利益的共同定义呢?对公共利益做出更明确、更有说服力的定义过程不会发生在这一广泛的层面上,也不应该发生。试图围绕公共利益的单一定义来组织所有的慈善公益事业,这既是徒劳的,也是不恰当的。为公共代表实体(即民主支持的政府机构)提供的补充或替代观点和服务是慈善企业的核心价值。

但是如果慈善资金要对困难处境产生显著影响,那么可以做什么?必须做什么?让志同道合的慈善家围绕共同的目标和愿景走向一致的原因屈指可数;这些公共利益被描述为公共儿童福利、艺术推广、教育等各种福利,需要更多人的资源,而不仅仅是少数人的资源。就个人、组织和基金会承诺达到一定的环境目标而言,他们可以汇总他们的财务和智力资源,这将提高成功的机会。

对于专业基金会工作人员来说,慈善公益事业的冰山一角——这种聚合和协调的需求已经变成了现实和修辞学。表述现实可以从信息共享、网络联盟和协会的激增中看出来。也可从大多数基金会

---

① "免税条件",国内税务局,www.irs.gov/charities/article/0, id = 9609900.html,最后访问时间:2003 年 5 月 23 日。国家:《国内税收法》第 501(c)(3) 条款规定的免税是致力于慈善目的:促进慈善、宗教、教育、科学、文学、公共安全检测,推进国家或者国际业余体育竞赛,以及防止虐待儿童或动物。"慈善"这个词用在其普遍接受的法律意义上,包括救济穷人、困苦者或弱势群体;推进宗教;教育或科学的进步;建造或维修公共建筑物、纪念碑或工程;减轻政府的负担;减轻社区紧张局势;消除偏见和歧视;保护法律确保的人权和市民权利;并打击社区恶化和青少年犯罪。

缺乏实际的联合战略和资源投入中看出来。专业人士可能与同龄人坐在一起，但他们的组织很少会一起做出实际的资源决策，为共同研究提供资金，或积极努力寻求共同的议程。

这一规则最著名的例外是几个保守主义的基金会在制定共同政策议程和多年资助方面的成功。这项由国家应急慈善中心记录的工作涉及多个基金会采取的共同原则、跨组织制定决策，并采用资助智库、政策分析、沟通策略、领导力发展和基层行动主义的广泛战略方法。对这些活动的第二阶段分析指出，所研究的20个小组在1996年花费了1.58亿美元，比共和党在同一选举年收集和支出的花费高出2000万美元。[1] 两项研究均指出，这些相互界定和追求的资金战略导致个别组织参与的具体目标实现，并影响到州级层面和国家层面的政治辩论。

当今，与其说是研究发现了什么，不如说是相关研究被其他资助者所忽视已达到惊人的程度。第四章中所提到的查尔斯和海伦·施瓦布基金会以及尤金和艾格尼·丝迈耶基金会的实践是例外，很少有独立基金会精心确定和认可行动方案，并积极寻求其他慈善资源来实现共同的目标。然而想象一下，20世纪90年代保守主义基金会所采用的策略将会被那些对社会正义、生物多样性保护、人权保护感兴趣或者在大都市区促进个人艺术创作的资助者团队所效仿。

现在看起来如何？

当前的过程主要是在非营利组织的层面进行聚合。例如，在有兴趣促进个人艺术家发展的地区，当地所有的基金会可能会发现自

---

[1] 萨利·科文顿：《推动公共政策：保守主义基金会的战略性慈善公益》，华盛顿特区：国家应急慈善中心，1997年。另参见戴维·卡拉汉《10亿美元的想法：20世纪90年代保守主义的智库》，华盛顿特区：国家应急慈善中心，2000年。

己都在资助同一个优秀的组织。资助者不会一起工作来确定他们共同的（或互斥的）目标，非营利组织也不太可能有资源尝试将这些资助者聚集在一起，以制定出更有效的工作方式。随着时间的推移，一些出资人可能会进入其他感兴趣的领域，剩下其他的组织来承担压力，非营利组织都在努力寻找替代资源。

进程如何？

示例1 几个基金会一起会面，共同确定未来10年艺术发展的共同目标。他们会见当地艺术家、非营利合作伙伴、公共资助者、商业画廊和个人慈善家。他们就一个长期目标达成共识：支持艺术家的数量和所关注的学科，并指出每种类型各自的收入来源。作为对公共资金可预测方向的补充，基金会和个人慈善家做出了几项统一的资助承诺。艺术家、画廊所有者和非营利组织提出了拨款标准，并协助选拔过程。所有合作伙伴都会在几年内定期开会，评估进展情况，发现新的差距或挑战，并带来新的合作伙伴。十年后，数十位本地艺术家得到了支持，他们的作品在全国展出，当地的艺术界也因此欣欣向荣，所有参与者都取得了成功。

示例2 一个独立基金会重点关注低收入家庭的产前保健。该基金会在本地区对这一问题进行了广泛的研究，使研究成果可供社区中的各种社会服务提供者和该地区所有解决任何相关问题的基金会使用。通过一系列促进会议，基金会提出了一套目标、可行性的策略和补充方法，允许所有参与者提出批评和反对意见。在这样几次会议之后，由当地基金会和个人慈善家组成的核心团体决定在这些问题上投入数百万美元，与现有的公共机构和收入相匹配。

除了解决提供预防性医疗保健的具体挑战之外，联盟还同意所有相关方将负责筹集必要的资金。为了简化流程，筹集的私人资金将汇集在一起，由私人基金会管理，并根据相互制定的计划进行分配。合作伙伴采用在线通信系统和定期会议就相关进展和挑战进行对话，当地大学图书馆研究员将提供相关问题的每周新闻和政策剪报。定期跟踪三个目标的季度报告：（1）为健康分娩的婴儿及其家庭提供服务；（2）在若干当地诊所改变偿还方案的进展情况，以便更均匀地分配公共和私人资金；（3）筹集额外资金的进展。随着时间的推移，将取得孩子健康出生的重大收益，提供者网络已经建立了更多的外展机制，更快的报销流程和更容易获得的家庭护理。

示例3 几个基于身份的渐进式慈善协会找到了租用大型共享办公空间的机会。入职后，他们更多地了解每个团队如何界定其工作，并确定他们几项常见的渐进行动原则。他们制定了一项联合倡议，以增加每个人所关心的具有文化特色的跨国慈善公益事业。通过合作，他们获得了基金会的支持，与产品开发公司签约，为新的金融服务提供原型，以促进个人捐赠，并降低交易成本。

他们与多个原型产品方合作，并在他们所服务人群中广泛展开市场调查以寻求合作支持。与金融服务公司共同建立并向当地社区推销产品，最终将其推向全国。五年后，这些协会中的每一个都可以发现其社区内跨国慈善公益事业的发展，并通过新金融服务的低价格节约了成本。金融服务公司指出其扩大的客户群是基于多样化的社区群和新产品的收入来源。这些社区现在有更多的慈善资源。该协会也注意到其成员数量和类型的增长，因为他们现在自诩为个人、商业和非营利慈善实体其网络的活跃成员。

当共同目标明确，且成功并不依赖独立的因果关系时，资源的聚合和集聚才是可能的。换句话说，受统一标准和致力于公益的私人组织可以实现资源聚合，试图独立追求其利益的私人组织（即使这些利益是为了更广泛的公众利益）都不太可能实现这一目标。

个人和机构

在这个行业中最大的障碍之一是个人慈善和机构慈善公益的分离。个人和机构之间的关系反映了慈善公益事业的两种产品结构或许比其他都好。具有讽刺意味的是,虽然捐赠者越来越多地融入多种捐赠结构,并在选择各种资产管理和咨询方案,但机构正试图维持资产、建议和所有其他资源之间的旧有隔阂。换句话说,资产管理工具弥补了鸿沟,将个人与多个机构联系起来。与此同时,每个机构的顾问极少调整这些资源的运作方式,他们也并不总是了解所有这些资源。

畅想一下

四兄弟姐妹构成了上一代财富创造的基金会董事会。该基金会有三名带薪职员。每个兄弟姐妹都在当地社区基金会设有基金:一个有商业捐赠基金,三个在所继承的家族商业的企业基金会委员会任职。每个兄弟姐妹都有配偶和子女,每个家庭也都向社区慷慨捐助,并且有各种各样的遗产规划工具。

当家庭基金会工作人员推荐一套关于社区幼儿教育的特定方案时,董事会会根据这些建议采取行动,而不会考虑社区基金会的员工。他们继续从捐赠人建议基金和捐赠基金里向一些早期幼儿创新提供个人捐赠。这个家庭的捐赠还有其他几个方面。几年后,理事会对幼儿教育计划失败感到沮丧。他们所支持的计划都没能筹集到足够的资金以确保该项目的可持续发展。

在每年一次的社区基金会活动中,其中一位兄弟姐妹在社区基础上提到了该项目的主动性和失败之处。有趣的是,社区基金会工作人员呼吁私人基金会的工作人员了解更多信息。在对话过程中，社区基金会代表通知基金会主管，并在同一天托管中心推出了另一套方案。这一举措实际上由所有其他的地方基金会（包括社区基金会）资助。在听到这个消息时，家庭理事会对此表示失望。他们要求员工为幼儿教育之外的事情制定一套新的补助金优先计划。

上述故事反映了虚构小说中令人惊讶的事实。虽然这个案例完全是想象的，但确切场景的真实案例可能发生在每个拥有多个基金会的社区中。社区基金会的工作人员一般都非常了解当地的举措，但只有少数人关注这些方式，以便他们能够告知捐赠者这些选择，寻找有兴趣的当地基金会，或协助地方资助以实现共同的目标。如果要在这个案例中计算浪费的资金，那么必须包括基金会工作人员花在研究、开发和实施计划上的时间，与该计划相关的日托中心的所有时间和费用，以及沮丧的基金会理事会为幼儿早期教育提供的资金。

故事中的独立角色通过多种资产管理工具进行关联，但单靠这一点还不足以调整资源。故事中的顾问在找出结盟机会方面没有发挥作用。日托中心正在尽最大努力寻找多种支持手段，甚至可能无法想象出资助方互不了解。同样重要的是，所涉及的个人——兄弟董事会的成员、捐赠顾问和慈善捐赠者——似乎不能一次身兼数职。他们不明白调整他们所拥有的决策权资源的可能性，所以可以想象调整断开连接的资源有多困难。

调整个人和机构之间的资源是调用公益金融力量资本化的关键。250亿美元对于基金会的累积捐赠不是微小的变化；然而与个人给出的1610亿美元相比，潜在的影响是深远的。基金会和其他早期投资者需要积极参与决策者的工作，他们未来将对项目提供三年、五年或十年的资金。在大多数情况下,这些资金的来源是私人支付(服务费)、个人捐赠者、公共代理人,或通过政府补助金,或是服务合同。[①] 基金会并不擅长与同行结盟,与这些下游出资者合作的挑战更大。对于确保所涉及组织的持续生存力,也更为重要。

是什么力量继续把机构资助者和个人分开?考虑到产品结构的变化,可以公平地预测这种传统的距离可能会开始缩小,然而必须克服几个障碍才能做到这一点。如案例所示,其中一些仅仅是沟通和信息挑战。对于志愿者慈善家和慈善专业人员来说,似乎没有足够的时间去了解所有问题。技术的新用途、某些基金会的新组织结构,甚至是基金会工作人员追踪他们影响的"其他资金"的新激励措施,都是改变这种状况的积极影响力。

然而自我强加的组织偏见造成了一定的距离感,以至于一些慈善组织过度关注复杂问题而非直接提供服务。慈善组织拥有独特的犹太教和基督教教会的组织根基,美国传统文化在很大程度上源于早期殖民者对大政府的厌恶,和他们对自己社区服务的承诺。[②] 虽然慈善公益事业植根于启蒙运动,并寻求为复杂的问题提供合理的解决方案。[③] 通过 20 世纪的制度建设,更有条理、更正式、更完善的慈善机制开始看不起更普遍、更分散、更民主的慈善形式。在哲学上,这可能是因为"通过消除困扰特定人群的社会问题,慈善公益旨在慈善公益事业的目标是开创一个世界:在那里慈善是不常见

---

① 1997 年,私人服务收入 (38%) 和政府合同/赠款 (31%) 为非营利组织提供了三分之二以上的收入(平均)。非营利机构的不同部门(如宗教、艺术、健康、教育)的收入来源差异很大。《新的非营利年鉴和办公文件参考》,华盛顿特区:独立部门,2002 年,第 32 页。

② 罗伯特·A. 格罗斯:《美国捐赠:从慈善到关系公益》,弗里德曼,麦加维,第 29—48 页。另见 Ellen Condliffe Lagemann《知识政治:卡耐基公司,慈善公益和公共政策》,芝加哥:芝加哥大学出版社 1989 年版,关于发展科学慈善公益事业。

③ 罗伯特·A. 格罗斯:《美国捐赠:从慈善到关系公益》,弗里德曼,麦加维,第 31—32 页。

的、或许是没必要的"①。

快速浏览美国的捐赠数据和有代表性的社会指标可以告诉我们，我们没有处在公益导致慈善非必要的风险中。同样的分析也引发了这样的问题，而不是回答，关于慈善公益是否与制度性捐赠等同——真正关注社会问题的根源，但这是另一个问题。至少从两个角度来看，做慈善工作的非营利组织和做出最初资产管理决策的捐赠者、慈善组织和慈善公益事业之间的区别可能正在消失。这是一件好事，因为资源整合的潜力取决于系统地将收入来源的两端结合在一起。

将知识作为行业资源

知识在慈善资产中的作用在过去几年已经在行业内得到明确讨论，然而即使在知识管理、信息经济和智力资本等术语在基金会世界中脱颖而出之前，关于良好的慈善公益事业依赖于良好的信息支持的公认已经形成。美国的基金会长期以来致力于通过资助支持赢得声望，聘请了知识渊博的专家来指导他们的资助，并对相关问题进行专门研究。

基金会现在确实充斥着大量信息。他们从研究中收集信息、向社区合作伙伴和同事学习、委托研究报告、评估捐赠，以及保留顾问来分析问题，进行研究的元素扫描，并将信息综合为工作人员和理事会的可用资源。现在很多基金会正尝试想方设法地管理他们生成的和访问的大量信息，其他人则正寻找分享他们所知道的方法，很多人只是试图确定他们拥有什么样的知识，需要什么样的信息，以及如何更有效地管理这些资源。

---

① 罗伯特·A. 格罗斯：《美国捐赠：从慈善到关系公益》，弗里德曼，麦加维，第31页。

所有这些都是在更广泛的社会趋势中发生的,在这种趋势中,通信和信息技术将大量的数据和信息引入工作场所。虽然这对大多数人来说都是一种福音——为人们提供方便的信息访问方式,可以帮助他们更有效地完成工作,但也将四个关键问题摆在了最前面:适用性、重复性、时间管理和质量控制。

慈善公益作为一个行业面临着一个挑战,即相关知识被认为是不同于商业领域的资源。首先,大多数研究由大型基金会人员委托并使用,并有资源投入分析委员会、顾问、评估和研究等工作。该领域的其他研究资源来自独立的研究机构、智库、图书馆研究界和学术界,人力资源基金会常常查找、分析、思考和应用这些信息。

其次,委任机构是这些研究产品的主要用户。因此,关注环境正义的基础研究很可能只会在委托基金会内分发给其他同行。尽管报告对社区和环境组织、其他基金会、决策者和媒体可能具有极高的兴趣和适用性,但事实是即使大型的基金会越来越多地投资于分发传播信息,并以相当随意的方式进行投资,覆盖范围非常有限,公众必须知道哪个基金会涵盖哪些问题,且大多数基金会的普遍看法是,知识分配和传播并不是他们员工的首要职责。

这些因素导致研究的投资回报率被人为地降低,研究可能产生的唯一价值在委托研究的基金会内部。在这种情况下,有限回报意味着赞助研究的基金会错过了为其工作开发可持续资源的重要战略。他们发展伙伴关系的能力有限,在将自己的事业和受资助者与其他慈善家定位方面也受到了损害。具有讽刺意味的是,吸引慈善公益共同解决社会问题的资源被大多数资助者视为最重要的社会功能,因为没有一个机构拥有自己解决社会问题的所有资源。图6.1说明了定位和孤立问题。

这两个行业特征相结合,在可提供研究的资源和研究分布的缺失间存在不一致,为行业金字塔顶端的慈善公益获取知识源,并将大量慈善合作伙伴与信息和知识隔离开来，而这些信息知识有助于捐赠者完成自己的工作，实现其社会使命。

有关慈善知识资源的两件事至关重要。首先，很多实体机构完全存在于慈善金字塔之外。事实上，慈善公益之外的社区专业知识通过一些方式为慈善公益事业提供一些有用的内部信息和知识。如图6.1所示，这是浮动的"i"位于金字塔外的一侧。其次，虽然金字塔顶端的机构是最有可能的、包装的、独立的、可靠的知识和研究资源的分配来源，但慈善家和金字塔底部的机构不是在真空中操作。他们倾向于被告知他们所面临的问题或社区情况。这些知识并不是微不足道的，只是基本上不可用于转移到其他组织。因此，建立以跨金字塔分享知识的系统的可能性之一，是以稳健的、有意义的、有效成本的方式连接外部资源、本地资源和顶级资源的融合。

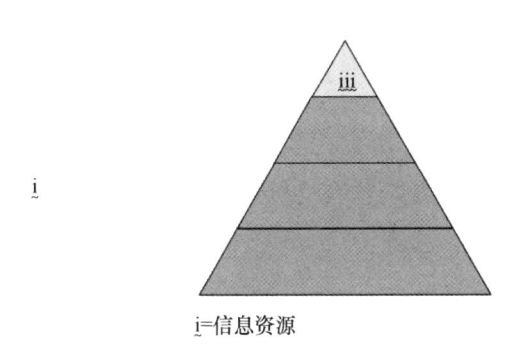

i=信息资源

□ 投资研究和知识的基金会
■ 其他捐赠结构和个人捐赠者

图6.1　慈善信息和研究资源

获得知识投资回报

在最好的情况下，图6.1中描述的孤立问题使基金会可以获得等同于其对某个问题承诺资助的研究投资回报。换句话说，一个在研究上花费10万美元的基金会,然后改变自己100万美元拨款的优先次序,在实践中采用相关研究成果,已经使其研究投资获得了10倍的回报。试想一下,如果同一基金会看这10万美元的研究成本作为一种方式不仅影响其自身的预算,且会影响其同行的预算效果。

这可能需要额外投资25000美元用于网络会议、出版物、一对一交流,以及共享信息和其他成本。回报可能意味着15万美元的投资会影响10个基金会的资助预算,每个基金会有100万美元的计划,或者660%的研究成本回报。想象这种可能性,图6.1中的孤立问题随着顶级同行机构开始建立联系而略有变化。

如果我们关注知识资产,那么现在慈善公益面临的挑战就会变成机遇。例如,机构和个人之间的联系最有可能采用信息和关系的形式。机构合作面临的困难也是如此:信息和知识比金融资产更容易交换。信息和知识对于确定资助者团体可以共同追求的公益目标至关重要。最后,知识交流对于联系本地和全球慈善公益至关重要。

知识网络的几个案例初步阐明了作为慈善资源的知识力量和潜力。其中有几个使用技术作为关键的提供系统,但其能力来源于内容,而不是技术创新。例如,尤里卡是一个为非营利组织管理人员提供良好伙伴关系项目的研究团体,对这些领导者确定的最佳评估资源进行了编目和上线。这种知识资源使得研究人员彼此保持联系,帮助他们与其他人建立联系,并允许其他慈善家和非营利组织从这个选择性群体的智慧中受益。[1]

美林证券社区基金会合作伙伴关系中嵌入了杠杆知识的多样化方法,该合作伙伴关系基于资产管理工具和知识。美林证券的财务

---

[1] www.eurekalearning.org.

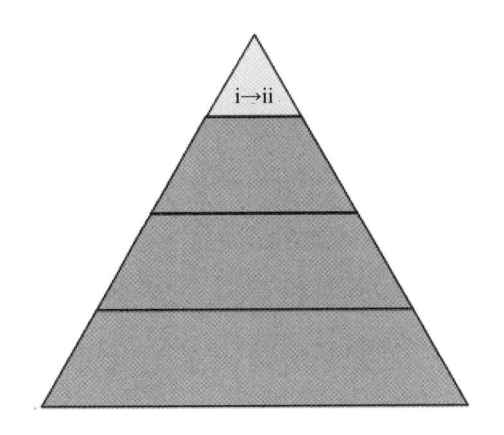

图 6.2　顶端的知识资源链接

顾问将帮助确定慈善客户，然后他们可以获得全国各地社区基金会员工的本土化专业知识。这些资产由社区基金会持有，由美林证券管理。基金会的属地化知识比金融资产更难以替代，从而构成了这种计划的显著特征。

知识资源也在开发中，侧重于社会企业家精神（www.Gexsi.org）、实践社区（www.SocialEdge.org）和全球发展（www.changemakers.net; www.globalgiving.org），以及教育问题（www.edfunders.org），或负担得起的住房（www.knowledgeplex.org）等领域。但是我们再次看到知识的链接主要由同行团体在组建，有意将个人和机构联系起来的努力仍然很少。由于几个问题导向型的亲和团体正在寻求接触个人慈善家，并为之提供服务的方法。因此，我们正处于这一变革的风口浪尖。迄今为止，这一领域的领导人似乎是以身份为基础的亲和团体，如拉美裔慈善公益事业（HIP）和美亚裔太平洋岛慈善（AAPIP）。这些团体不仅欢迎机构成员和个人成员，而且非常了解慈善公益跨文化和跨国界所采用的各种形式。他们也积极接触慈善产品的商业供应商、审查参与基于问题合作的团体或社会风险投资合伙公司，并长期通过联合亲和团体与其他身份导向型团体合作。

现有慈善公益的知识交流也倾向于在现有的慈善界内进行。建立真正强大的慈善收入来源的关键在于连接系统内的各个机构和个人。需要投资的研究机构参与进来，并听取长期运作项目的个人出资者、项目设计人员、管理人员以及研究人员和政策专家在这些问题上的意见。目前的运营文化仍然助长了资助者闭门造车的态度。基金会可能会邀请专家提供意见，但他们很少寻求与专家、项目或下游投资者合作。这种变化将使慈善公益事业中的常设网络真正强大起来。

如果将信息和研究当作这些网络的通行货币，图6.4确定的孤立问题将不复存在，信息流将如图6.4所示，信息跨越边界并促进志同道合的慈善家汇聚起来，而不论他们自己是否有能力进行投资研究。

这一交换方式中的研究、信息、知识、财务都是组织的资源，这是建立更强大的网络和更有效的私人组织的第一步。他们需要对现有组织的思维方式进行一些改变。例如，站在一个人的研究背后，寻求合作伙伴来落实这些研究发现，是我所称的"支持慈善公益事业"的一部分。这取决于资助者对其工作的有效性、适用性和研究基础是否有足够的信心，以支撑他寻求合作伙伴。同样的原则适用于与其合作的支持型基金会。其中一件事是发布基金会名单，或委托其进行相关研究。另一件事是推广伙伴组织的工作，证明这些决策所依据的研究价值，并呼吁其他人加入进来。

市场知识

这种行为会对整体慈善公益事业产生重要影响。如果投资于员工和科研的基金会分享了他们的研究成果和背景资料，其他资助者将能够直接评估这项工作。高质量的工作会吸引其他资助者，未经证实的决定或草率的研究将被忽略。市场会来判断信息并有助于分配财务资源，不能或不愿意投资高质量研究的基金会或捐赠者可以访问其他人的研究成果。凭借这种访问权限，他们可以选择最低的管理成本来管理他们的金融资产，因为专业信息的成本将在其中得到有效传播。这些做法也会促进基金会决策的公开性和透明度，因为信息的质量和决策背后的论断对其他人都是可见的。

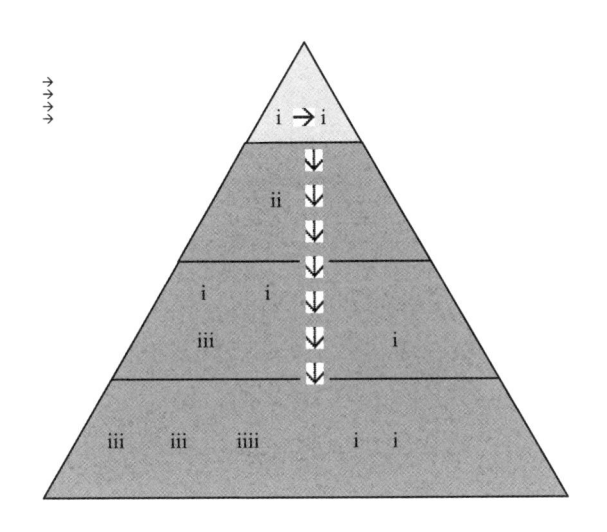

图 6.3　跨行业知识传播

像学术界、媒体、音乐或医疗保健等其他行业一样，其他人的意见也会在慈善公益中发挥作用。在全体教职员工或工作人员间，市场评估其他行业信息和服务质量的主要方式如：通过公布排名第一的大学、最棒医生、最好医院或最佳电影的报告，或通过更复杂的机制，如教授成果的引用次数或学院机构中主要获奖员工数。在这两大慈善产品中，市场在资产管理方面已经发挥出强大的力量。如果信息投入市场，在质量研究、战略、资助决策和评估等方面，同样具有鉴别性和信息性。

慈善信息市场也会刺激独立的研究和知识来源。这些是现在正在产生的、对于非营利活动的比较指数或各种咨询公司的产品竞争形式，已被广泛使用。在指数类别中，慈善导航（Charity Navigator）、指南星（GuideStar）的分析师报告和慈善公益伙伴关系（Philanthropix Partners）的承诺是这个领域的新生力量。这些服务以晨星对共同基金的评级进行建模，旨在为某些捐赠选项提供独立的分析。他们专注于非营利组织，而不是捐赠工具，但未来方向是明确的。

咨询公司之间的竞争可以从他们生产的多样化产品和演示中表现。正如管理咨询和商业工作一样，咨询公司的突出性、可信度和觉察性被认为与其出版物的质量有关。采用与煤气公司或食品批发商相同的策略，基金会顾问通过出版物、演讲、会议和研讨会寻求新的业务。长久以来，慈善公益事业中的贸易出版物寥寥无几，但现有的这些出版物收到了许多咨询公司提交的意见，或积极寻求作为捐赠者的大牌顾问和研究人员的意见。这些力量都支持建立一个慈善研究信息市场，市场的价值将在各地慈善公益事业的收入流中进一步体现。

监管知识

如前所述，改变慈善公益事业的另一个力量是其运作的监管结构。迄今为止，相关法规主要集中在资产管理工具上，对于信息和知识资产几乎没有提及。间接地说，适格分配（qualifying distributions）的要求会影响行业创造力、知识生产或专业人员的使用。2003年关于改变基金会分配要求的辩论中，基金会理事会主张（并鼓励其成员也如此操作）在这些支付限额内保留行政费用。理由何在？理事会认为这些费用通常用于专业人员、非营利组织的技术服务和研究，这是提升慈善公益质量的特征。①

监管机构已经在慈善信息方面取得了重大进展，这也是1969年税收改革法的要求，即要求公开这些组织的基本财务信息。与其他非营利组织的同伴一样，公立和私立基金会都必须向国税局提交年度财务报告，确定理事会和管理层，并向其披露受益人。这些过时的披露要求可以简单地从已公布的资助信息的要求中看出。大部分大型基金会定期在互联网上发布这些信息，他们也必须每年投入资源来印刷相关出版物。

监管信息明显比监管资产管理工具更具挑战性，如果可能的话，不应轻易进入。市场力量将更有可能把有价值的信息引入公众的视野，采取独立、可信的措施举措推进下去，而不是制定出可能符合行业需求的公平适当的规定。那么，监管有什么作用？② 当然，基本财务信息仍是慈善机构必需的，尽管1969年以来的技术进步可能会引起对格式问题的重新审视。治理信息披露、财务报告的准确性和避免利益冲突的努力也很重要。除此之外，在涉及慈善信息的问题上，我不认为"大棒"式监管是正确的，但值得考虑的是，监管结构是否可以提供一个"胡萝卜"来鼓励信息发布和研究。

例如，对科研、专业人员或技术援助等活动的投资明显超出了基金会的基本资助范围。他们如何解释这些投资的结果？将其作为合格分配的一部分，并不能确保这些支出产生任何社区利益，但是取消这些支出的资格肯定会减少这些支出。通过将鼓励这些投资的监管规定与市场力量结合起来以确定质量，慈善公益可以朝着更高的效率、更集约的成本和综合行动力方面迈出重大步伐。

设想一个理想的监管结构用于奖励对慈善市场的知识贡献。可

---

① 基金会理事会 CARE ACT 成员备忘录，www.cof.org。
② 参见杰森·斯科特《慈善市场建立：阻碍与机遇》，www.allavida.org。

以通过减少消费税以支持知识交流，相关领域的著作出版，或有助于引文索引。那些不对知识进行投资的基金会将仅根据其资产资质进行管理。那些将财力投入知识资产的慈善机构，将侧重以下两个方面的监管：一种是结构管理，有激励作用。管理拥有专业人员的基金会为其他具有共同利益的基金会提供尽职调查和研究支持，可以拓展其整体行政管理范围。那些在该领域发布的成果被广泛引用，或采用的研究者可以获得类似的灵活监测。市场将是更重要和更可靠的质量决定因素，但用来解决问题，促进知识交流和资源整合的法规应该是激励性的，而不是惩罚性的。

这类方案有一种例外。慈善顾问缺乏监管或没有职业资格证书是种随时会爆发的丑闻。我们在资产管理产品线中看到类似现象。毫无疑问，很快就会看到一个违规行为，其中咨询公司、咨询服务机构或独立评级组织实际上是在将慈善资源用于自身目的，或为某种犯罪活动提供一个幌子。市场力量将在淘汰不成材的人和不合适的服务提供商方面发挥着重要作用，但市场太大，提供商太小，以至于可能需要很长时间才能使骗局达到市场所需的关注程度，并阻止它。慈善项目顾问需要知道什么？项目顾问如何与会计师、投资经理和律师联系起来？他们都服务于这个市场，并且（至少在某种程度上）受专业标准和监管机构的监管？在这个服务行业的发展过程中，自定义标准和证书可能首先出现，可能更多地用作质量标准，而不是作为预防丑闻的措施，然而这一轨迹不可避免地会朝着更专业、更负责任和更引人注目的方向发展。

知识资源

当前的慈善评估存在不精确的问题，这为学习型社区、知识管理和实践社区的激增奠定了基础。新技术突然间使得数据更丰富，且易于访问，这一技巧似乎只是在如何解释、分享和使用信息来改进工作的实践、增强与受赠者的关系，并导致更好的结果。这些企业和政府实践的兴起，有利于为私营部门服务和慈善公益服务的咨询公司的流通，以及慈善机构中某些出版媒体的普遍应用，有助于将这些做法推广到整个行业。

休利特基金会最近在儿童和青少年资助方面的经验可以作为有意识的知识分配的一个很好的案例。休利特先生去世后，该基金会的资产迅速增长，理事会投票决定新增一个专注于儿童和青少年的项目。通过引进学术界和公共部门的高级专家来执行该项目，他们花了一年左右的时间收集数据、分析研究成果、与专家顾问合作，并让领先的非营利组织参与该计划。到这些事情完成之后，股票市场崩溃了，基金会的资金大大低于预期，理事会选择专注于初始项目，不再投资于新增的儿童和青少年项目。如何处理相关研究？对于已经付出的时间和金钱，如何获得一些已经完成的、丰厚的投资回报，尤其是研究人员、非营利组织和专家顾问所付出的努力和科研精力的回报呢？基金会不是简单地发表论文或将数据上传到网络，而是投资于一个积极的研究项目——分发白皮书计划、举办会议、派遣工作人员为其他资助者进行路演，并积极寻求他人共享他们的工作，并进一步推动。

像这样的努力很少见。如何有效使用信息技术和组织人员的配置是一种诀窍。慈善组织文化所面临的挑战，没有什么比最近的经验更能说明问题了：如何很好地利用技术，并试图将基础知识作为一种资源。这两个目标都是可以实现的，都有望改善慈善公益事业。地理信息系统（GEO）连接基金会知识管理者的启动工作正在进行中。几次行业会议都有关于知识和知识管理的专题讨论会，主要的贸易出版物也都有相关文章。信任者和质疑者在几个专题讨论会上进行了正面对话，并就知识经济中的慈善公益事业和慈善公益知识的优点和谬误都进行了辩论。

建立一套共同的评估工具需要 20 多年的时间，即使这套工具也没有被普遍采用或被部署得很好，知识实践也需数年时间才能成为任何重要的慈善活动中有意义的组成部分。基金会负责人认识到：改变本身的崇高目标同样重要。对杠杆点和组织领导的需求，网络和协会能够（和不能够）在促进变革中发挥作用，变革成本、相关抵制和确定激励机制的必要性，以及众多基金会在资源、操作和结果方面的不明确联系是这些教训中的一部分。

学习或知识管理等理念和策略以一种可预测的模式通过慈善公益事业得以发展。在行业协会、出版物和同行网络，也包括咨询公司、广告、竞争、自我意识和互联网的帮助下，我相信在慈善公益中有一个相当普遍的适应性观念轨迹，涉及慈善公益事业的宏大观念、初期采用者、修正主义者、网络、出版物、咨询顾问、研究人员和评论家。

这一轨迹包括两个不可避免的时期，其中一个是福音传道时期，另一个是撤退时期。有些想法会变成专业术语，而另一些想法则又隐蔽起来，先在某些组织实施，并取得了一定的成功，可能在几年后重新出现在行业理念的清单上，得到更好的检验，并能更好地适应各种慈善环境，这些成为该领域的"软标准"。

这方面的一个例子是社会变革理论，马尔科姆·格拉德威尔在《引爆点》中进行完美诠释。格拉德威尔的贡献是其简明性和雄辩性，虽然这些想法和理论已经出现在学术文献中，但他让它们变得有趣、相关联且易于理解。在他的书出版了约一年后，基金会举办了一场狂热的阅读和促销活动。但三年后，这种热情已经消失了，我们在几个基金会的新员工定向材料中找到了这本书，该书仍然在同行之间流通，并成为基金会员工与采集者、专家和推销员彼此交谈的普通行话。[1]

走向知识基金会

可以想象一下，一个组织进行常规化的数据收集、系统地从中获得新知识，并根据这些经验做出决策，为其支持的组织投入经费和专家，这样的新机构是知识基金会。这样的组织需要重新评估基金会资产，不仅包括相关的财务资源，还包括信息技术、知识库和组织学习系统。

关于将知识作为一种资源的警告是：重视基金会知识既不会减少财务资源的重要性，也不意味着从战略思考上分散基金会的资源。相反，知识资产增加了基金会的资源，因为它们成为部署财务资源的战略指导，也是这些投资的理想回报之一。

开发利用和分享知识的新方式将提高个别基金会完成任务的能力。这也将提高整个行业的计算能力，为社会做出的总体贡献换来了公众信任。可以管理知识并应用战略性基础的基金会将其他私人和公共资金用于其问题和举措，并管理更为有效的合作关系。他们还应该能够衡量内部效率的提高程度，以及员工和理事会决策的有效性。

知识基金会是一个慈善机构，将知识视为一种独特的资产，并战略性地开发、捕获、使用和分享知识以实现其使命。[2] 基金会认识到其依赖于外部和内部知识，并制定策略适应这两种来源。目前一些策略正试图将知识的获取和使用与使命成就相联系起来。

---

[1] 目前至少有两个重要项目正在进行中，以更好地理解创意如何在慈善公益事业中发挥作用。一个由威廉姆斯集团领导的大卫和露西尔·帕卡德基金会及其几个受赠人；布里奇斯潘集团正在进行第二项研究，并发布其在该领域的知识共享工作。作者发现这种争论颇具讽刺意味。

[2] 这个定义是由露西·伯恩霍兹和肯德尔·格思里在"知识也是一种资产"，新闻和评论基金会，2000年5/6月，第18—20页。

畅想一下

K基金会致力于帮助未成年人学习和成长为健康的成年人。作为这个项目的一部分，为课外计划提供资金。除了研究和宣传之外，还资助了当地的几个项目。在每一个提案中，都会通告交通运输的预算项目。

几年后，基金会工作人员意识到他们每年都花费数万美元用于购买巴士保险。他们从课外项目的研究中得知，交通运输是成功的关键。他们还从非正式谈话中了解到，他们的同行基金会也为巴士和保险公司提供有效的资金。也知道当地的市政府花费数百万在公共交通工具上，他们决定看看是否有一个更高效和有效的方法。

K基金会的评估人员评估了五年的资助建议，并制定了计算运输支出的标准方法。聘请研究生尽可能多地为当地基金会同行收集同等的数据，并从20个基金会中收集历史数据，每年总计数百万美元。K基金会召集其他同行基金会，由大多数基金会资助的非营利组织来运行这些计划。他们共享分析数据，并问团队，"难道没有更好的方法吗？"

经过多次讨论后，这一团队决定共同调查集中运输条件。并提出了通过与城市合作来更好地利用公共交通设施的几点想法。其中一个基金会的研究人员代表该集团分析当地公共交通系统及预算，另一个基金会的参考咨询官员确定运输模型的伙伴关系。研究人员联系当地交通运输系统的报纸和当地的城市记者，以了解数据和过去的相关分析，并让他们了解正在进行的工作。一份报告发布了，基金会和非营利组织邀请城市和学区的几位部门负责人对这项研究进行审查，并帮助他们开发具有替代性的、有成本效益的解决方案，以便将城市里的未成年人送至课外项目。

由基金会、非营利组织和城市领导人组成的联合小组确定了许多短期的和长期的选择，如私人公共汽车的公共资源、公共汽车线路上的安全监控器，这样父母可以让孩子自己骑车，可以选择新的公共巴士路线，方案工作人员可以减少巴士费用，以便他们与孩子一起骑车，开展公共宣传活动，举办家长信息研讨会，以及课外计划的协调时间表和地点。一些短期解决方案得到实施，相关工作开始关注长期战略，媒体报道了这个案例，其他城市开始寻找主要的非营利组织以及基金会和部门负责人提供建议。

多年来，个人基金会看到了交通和公共汽车保险支出的减少。这些项目跟踪调查了上座率的提高，该市发现公共交通系统的使用有所增加，而违反安全规定的情况却没有增加。基金会分享了他们与非营利组织和公众共同的分析研究成果，并确定了帮助年轻人学习和发展的新机会。

这是个经简化的案例。许多基金会高管读到这篇文章会说："当然，我们已经在这样做了。"这些微妙之处很重要。实际上基金会多长时间进行一次授权报告的研究和分析，并与一些非营利组织共享这些信息呢？他们多久与社区机构合作来确定下一轮的社区教育目标？多久将记者作为数据资源呢？多长时间会公开展示他们所学到的东西，是如何影响他们下一轮的决策或积极寻求帮助非营利合作伙伴展示同样的内容？

按照这个案例所描述的方式，大多数基金会需要新的行为方式。这将涉及问题界定阶段的参与程度，很少有基金会向非营利组织开放。正如施瓦布基金会所要做的那样，他们必须与实施这些战略的合作伙伴共同制定战略方案，需要一种正在被用来为战略发展提供信息来源和研究的意愿，还涉及在座的基金会工作人员（或理事会成员），向非营利组织、当地政府和记者学习，做一些繁重的综合和分析工作，同时承认非营利组织本身就是数据的来源，如哪些家庭需要获得高质量的课外项目的信息和大量知识。在这个案例中，基金会正在开发、使用和分享这些知识。

这些变化基本上要求基金会在行业内以他者的视角审视自己，并相应地进行自我建设。正如一位公司结构专家所指出的那样：

> 知识并不直接转换为效用或生活标准。如果我们每个人都专注于一个单一的知识分支，但试图在不依赖他人的情况下使用这些知识，那么可以达到的生活水平将低于每个人都成为万事通的程度。虽然知识可以通过专门的方式更有效地去习得，但为了达到高生活水平，要求专家以某种方式使用其他专家的知识……获得和使用知识的这种经济差异对社会组织有着深远的影响……企业和行业必须形成一种经济组织模式，这种模式必须考虑到以更专业化的方式获取知识的需求，比使用知识的方式更重要。①

这些变化需要新的员工结构和责任感。他们需要重新界定交流和评估，呼吁在员工项目工作中发挥不同的作用和采用差异化的侧重点。事实上，许多基金会正在走上这些轨道，有数百个基金会表示有兴趣共同努力解决这些问题，②但K基金会的案例显示了必须

---

① 哈罗德·德姆塞茨：《重新审视企业理论》，奥利弗·E. 威廉姆森修改翻译，西德尼·G. 温特主编《企业的本质：起源、演化和发展》，纽约：牛津大学出版社1991年版，第171—172页。

② 正如捐赠者为有效组织分发的关于基金会对知识管理的兴趣和承诺的调查的意见所揭示：在接受调查的500个基金会中，超过120个以极大的兴趣进行回应。

在组织变革和行业运动之间谨慎行事。经验表明，为行业注入活力，必须在每个组织内一起战略性地做出真正的改变。正如组织专家德姆塞茨所说："包括企业在内的经济组织必须反映知识在生产、维护和使用成本很高这一事实。在所有这些方面，都需要通过专业化来实现经济效益。"为了证明这些成本，每个基金会都需要将"这些知识发展成可以低价地在企业之间转换的产品或服务"①。

虽然慈善公益的影响将在行业层面上感受到，但在网络中个人引导组织是一个关键节点。通过超越单一组织的界限来思考其他组织或资源的集群或网络，从而减轻这种负担，这是有悖常理的。但如果要尽量减少重复的努力，广泛部署创造性和实用性的管理思想，并达到组织目标，这样做是至关重要的。

推进混合组织战略

非营利部门充斥着商业风险，并且懂得如何与无关商业收入和不同收入流的管理来实现其社会使命。在慈善公益事业中发挥作用的混合组织是不同的，他们迅速变得更加现实、也更隐形。包括拥有非营利性部门或子公司的商业咨询公司（如基金会战略集团和有效慈善中心、贝恩公司和布里奇斯潘集团），其商业实体（金融和人才）的资源旨在支持非营利组织。我们还可以找到非营利慈善协会和社区基金会的案例，将提供商业咨询服务作为新的收入来源。

混合服务提供商、供应商、政策团体和慈善机构的迅速发展也在推动慈善公益事业的发展。这些组织正在扩散，从美国社区基金

---

① 哈罗德·德姆塞茨：《重新审视企业理论》，奥利弗·E. 威廉姆森修改翻译，西德尼·G. 温特主编《企业的本质：起源、演化和发展》，纽约：牛津大学出版社1991年版，第173页。

会（CFA）等子工业研究与发展组织到具有新慈善利益的非慈善网络（世界经济论坛），再到向商业会议提供商提供所有收入的捐赠基金会（TED会议和树苗基金会）。这些混合体的重要性不在于其商业/非营利性结构，而在于其产品和服务的组合。

当我们试图设想慈善公益事业的方向时，有必要不断提醒我们的资产管理和咨询服务正在被包装和交付的新方式。这些混合体对我们熟悉的慈善结构提出了真正的挑战。如果我们继续将慈善公益事业看作独立的、社区的、企业的运营基金会和个人捐赠者的混合体，那么我们必然就会迷失行业的本质。这种静态的愿景将其他相关实体纳入行业内，如：研究中心、协会、供应商、咨询公司和贸易新闻界，却忽略了其日益增长的重要性。

更重要的是，在他们开始提供新服务或产品时所扮演的角色，或用新的方式提供时，不可能立即看到这些实体的效果。例如，当社区基金会承保一位税务律师为任何捐赠者和任何非营利组织撰写捐赠计划时，这对于社区基金会共同资产管理者捐赠资产的资金池又有什么作用？

这些慈善公益参与主体与商业供应商投入新产品开发，以期能解决非营利资助者的长期挑战。例如，非营利组织CFA与B2P商业公司和微软合作生产冲击管理器（impact manager），这是一个非营利社区基金会的评估工具。商业资产管理公司与非营利顾问相匹配（卡尔弗特捐赠组合），以及与私人基金会负责人进行匹配，这些负责人主要任务是吸引捐赠者，并帮他们解决相关问题。我们可以找到一些例子，表明慈善捐赠用于开发被认为不具有商业前景的药物，并由公共卫生系统和主要制药公司分发相关药物。[①] 我们还看到了一些努力，如生产和提供价格合理的水泵，将促进在撒哈拉

---

① 一个世界卫生研究所，www.oneworldhealth.org。

以南非洲和世界其他受旱灾地区的可持续商品农业经营，所有这些都是通过最初的慈善投资来实现的。[1]

如果我们坚持组织结构和角色的旧定义，这些例子看起来是偶然的。但如果调整我们的愿景，将精力集中在慈善资产管理和咨询服务的两个主要产品上，我们开始突然发现这些异常的混合组织已经到处存在。进化论告诉我们，这些混合体中的弹性突变可能会成功。

产业基础设施的再设计

很明显，随着行业的变化，支持慈善公益的新方法，站在其立场发言，并吸引新的参与者是必要的。尽管这里暗指的是一个系统工程，但慈善基础设施更恰当地被描述为几十年来以机会主义方式发展的一系列组织，而不是一个为行业所有组成部分提供基本服务的支持系统。

近年来，基础设施意识得以增强。这部分是由该基础设施成员（如区域协会）做出具体努力的结果，部分原因是构成基础设施的支持型组织的增长速度快于可持续性组织。尽管已经对基础设施组织进行了一些精细的分析，并已为基础设施的思考提供了一个统一的框架，但这些努力的影响并不大。[2] 这种影响的有限是因为组织这项研究的天性：大部分是由构成基础设施的组织完成的。他们的范围已经受到限制，也许是故意排除个人作为成员。因此，他们与

---

[1] 非洲发展基金会，www.adf.gov，用于人力水泵在农业里的适用。
[2] 基金会理事会在 20 世纪 80 年代后期对基础设施组织进行了调查，捐赠人区域协会论坛于 2002 年制作了地图和研究报告，2003 年有效组织的捐赠者正在开展另一项类似工作。关于这个问题的框架和研究，参见艾布拉姆森·艾伦、雷切尔·麦卡锡《基础设施组织》，萨拉蒙《非营利部门》，华盛顿特区：布鲁金斯学院出版社 2002 年版，第 331—354 页；萨拉蒙《可能的使命：加强非营利部门基础设施的 200 种方法》，华盛顿特区：联合研究所，1996 年。

80%的慈善公益事业缺乏相关性,实际上,目前慈善机构的组织成员共同参与其目标市场的比例不到10%。①

鉴于对慈善行业的形态和角色缺乏总体研究的现状,基础设施有局限的观点并不令人意外。即使个别组织合作建设基础设施,他们也是这样做的,合作的前提是对整个行业的福祉都很重要。这导致了基础设施领域一套互相排斥的托勒密愿景,每个组织呈现一个以自身为中心的宇宙地图。

对联合差距的分析很重要,关于如何协同多方力量以满足表2.1中确定的需求进行了认真讨论,但却没有规划出共同的方向,甚至没有关于谁将获得服务的共同协议。这是以现有的核心参与者参加的增效改革,而不是为新行业制定新愿景。虽然这种愿景是困难的,因为与其他行业相比,无论是唱片行业、金融服务业、电影制作业,还是医疗保健业,都可以真正从慈善公益的思考中获益。

当我们考虑慈善公益事业基础设施的必要组成部分,其他行业为我们的想象力提供了养料。我们可以从慈善公益事业之外看到成员协会、州和联邦监管机构、资格认证机构、媒体、独立评级组织、游说者和促销组织的角色。根据我们的理解,可以将这些可能性与慈善公益事业进行比较。然后我们开始想象一个不是从现有部分修补到一起的基础设施框架,尽管很多现有的组织将继续扮演关键的角色,但从未来学视角上看,这是一个重获新生的角色。

换句话来说,我们必须观察现在的行业,而不是以前的行业。目前的基础设施主要围绕组织类型进行管理,然后根据地理位置、

---

① 根据美国58000个基金会的估计数和主要协会非重复成员数的统计。蓝图研究与设计,《慈善概览》,华盛顿特区:资助者区域协会论坛,2002年。

争议或身份进行限定。因此，我们设立了基金会理事会、区域协会和亲和团体（基于身份导向或问题导向）。我们有几个研究机构（非营利和自愿行动研究协会、阿斯彭研究所、大学研究中心）、政策组织（国家应急慈善中心、独立部门）以及高级教育计划、培训机会、标准制定者、游说公司、监管机构和供应商，以及从咨询到专业软件的供应商。

其中一些组织非常重要，但其中很少有组织与该行业的六个关键组成部分（投资资本，公司、市场和消费者/客户，产品与服务，竞争/联盟，监管/公共政策，媒体关注/公共意识）保持一致。行业强大的基础设施将为这些产品的蓬勃发展、集体工作的出现，以及卓越标准的推广提供支持，同时消除欺诈行为。此外，有远见的基础设施将被发现、组织起来、打包和分发给相关的市场和行业研究，分享有用的项目知识，加强和认证从事这项工作的专业资格，并为将慈善资源组织到可行的收入市场奠定基础。其独特的部分将是自我维持的，提供行业参与者愿意支付的那些产品和服务。基础设施应为所有参与行业的人员提供所需的服务、定价和费用，应该支持行业的特性和某些现收、现付服务。

基于这种方式，基础设施开始不是围绕组织类型，而是围绕服务和支持展开。这些服务和支持的关键要素见表6.2，涉及该行业的六个组成部分。

表6.2关于慈善基础设施的观点很令人惊讶。大多数情况下，通常的可疑对象并不是现有的提供者。实际上，被确定为提供商的几个实体不会将自己视为基础设施的一部分，而认为自己是该结构的基石，这样的组织显然是缺失的。表6.2强化了人们普遍认为之前的基础设施与当今的慈善行业不一致的情况。

表 6.2　　　　　　　　　支持慈善公益所需的服务

行业组成	需求	当前提供者（案例）
投资资本	金融资本向新兴慈善家营销以维持资本汇入	金融资本 * 专业顾问 * 社区基金会
	人力资本 人力资本核心 竞争力和标准	人力资本 * 小规模的培训计划，没有行业标准或资格认证的要求
公司、市场和消费者（客户）	参与者及成长机遇的全行业研究	商业公司和社区基金的所有权研究，没有单一的行业资源
产品与服务	创新能够利用不断变化的法规和新市场 知识资源集中，捕获、重新包装和限定有用的信息	商业金融服务公司
竞争/联盟	提高效率的工具来简化联盟的成本，并消除合作伙伴的障碍	美国社区基金会
监管/公共政策	为监管机构提供积极的建议以维护关系，加强、巩固以及慈善产品和参与者的多样化	* 基金会理事会 * 区域协会 * GEO * 私人游说公司
	允许相对分析以及特定部门投资评估的行业指标	* 基金会中心跟踪的有限数据
媒体关注/公共意识	建立选则和成就意识，以及如何有效的参与	* 国家和地方报纸 * 贸易新闻

潜在的杠杆支点

我们在比较基础设施和行业潜力时看到的是重新配置基础设施以推动行业发展的机会。在产品和服务创新，以及联盟建设中可以找到两个最大的机会。

产品联盟

第一个机会有两个特点：产品创新和联盟。目前，金融产品创新是慈善行业中商业实体的职责。这些公司在银行业监管、税务代码审查、产品定价和市场营销以及退休法律方面拥有专业知识和经验，但很少有社区基金会的员工可以研究和尝试的新金融产品。他们缺乏关于捐赠动机、有效捐赠协议、家庭动态以及非营利供应商提供的社区指标的内部专业知识。行业的两端都可以利用对方的分销渠道。由商业和非营利供应商支持的研发产品孵化器将高效地结合这些专业知识，并满足两者的市场需求。

这个想法反映了当今慈善公益事业的产品和服务性质，运用孵化器的概念比复制传统的组织结构（比如基金会）来设计产品和支持整个慈善行业所需的服务更为深入。

这样的研究和开发工作将使整个行业能够迅速构建和对未来的捐赠人建议基金分类。具有讽刺意义的是，这样的努力不会被过去的关系所分流，而是他们的延续，银行已经产生了社区基金会，这带动了捐赠人建议基金，这些资金被金融公司如此大力推动，以至于他们变得看起来已成为社区基金会不可或缺的产品。

效率联盟

同样，该行业的某些子行业正在致力于提高效率，使其能够为慈善家的当地和全球利益服务。美林证券和几个社区基金会已经启动了联合资产管理和咨询服务，该服务将经纪公司的全球影响力与当地社区基金会知识相结合。特许金融分析师已经开始了一项价值数百万美元的技术举措，这将使社区基金会成为共同的后勤部门，以降低捐助者跨地域交易的成本。一项联合方案倡议也正在被讨论，这是社区基金会所需要的模式，比当地的扶轮社更具长远性。

1985年，一个由当地志愿者组织组成的全球网络——扶轮国际社，发起了根除小儿麻痹症的行动。在历时18年投入数亿美元后，全球只有6个国家发现了小儿麻痹症，扶轮社继续为这一全球伙伴关系工作进行当地筹款活动。

拟议的金融研究和发展工作以及特许金融分析师的工作与现有的许多网络和联盟的不同之处，在于对具体目标的关注。目前存在的大多数慈善组织都期望并依靠成员年复一年地参加该协会正进行的活动。所描述的联盟是以一家电影制作公司为模型的，该公司聚集在一起制作一部电影，然后合作伙伴解散了，从事其他项目的工作，偶尔会重组为一个整体。这一策略比许多现有组织结构下的良好市民关系模式更适用于当今的慈善行业。

这样的联盟可以有效地满足表6.2中确定的许多服务需求。除了新的金融产品开发外，还可以通过时间产业联盟，现有参与者的混合伙伴关系或新的商业参与者来构建其他几种产品。这里有如下几个想法：

- 一种高效的知识资源，可减少评估或情况分析中的重复投资
- 捐赠计划和尽职调查服务
- 新慈善家寻找具有类似兴趣同行的机制
- 慈善投资艺术或社区发展的行业分析
- 关于远程学习计划或资助决策的争议
- 慈善投资的独立评级系统

我们再次展望其他行业可以看到这些战略的潜力和风险。近期与纽约总检察长办公室达成的解决办法是对经纪公司的独立结构进行研究。这份广为人知的14亿美元协议要求主要投资银行将分析师薪酬与投资银行业务收入分开，由一组独立提供商签订研究合同，并明确承认信息来源和利益冲突。只有其中一家涉及银行——花旗集团试图剥离新业务部门履行这些职能。在其新近重建的美邦

子公司中,花旗集团将尝试生产和销售独立的、可信的、有价值的研究,以便其自己的零售经纪商优先购买,最终由花旗集团的其他部门,即私人银行、资产管理公司、机构交易商和投资银行购买。①

虽然搅乱投资银行导致这种新结构的利益冲突,与慈善公益事业并没有直接的对应关系,但研究和尽职调查职能与两个行业资产管理职能之间的相似之处却是惊人的。慈善公益的机会是考虑是否有类似的、独立的、可信的方法可以提供更高质量、更低成本的研究产品,以便一次性为许多客户提供慈善资助决策服务。

作为关键传输机制的网络

对于一个新的基础设施来说,最大的机会是连接不同非营利性收入流的各个部分。目前,个人捐赠者和机构慈善家在程序上是通过他们支持的非营利组织进行联系。因此,组织的个人捐赠者可能会阅读捐助者的名单并关注基金会支持者,或者基金会的工作人员可能会在某些筹款活动,或履行其他职能上与个人捐助者会面。个人也可以直接参与基金会活动(例如,作为理事会或家庭成员),但很少拥有这样的强效机制来帮助人们同时担任这两种角色。

这样一个机制已经完成了捐赠循环,尽管结果是无意识的。例如在西雅图,1998年社交投资合作伙伴关系(SVP)的建立侧重于将个人聚集在一起,以社区的形式进行慈善公益思考和行动。这项慈善工作的重点是拓展新捐赠者,并帮助他们与社区中的非营利组织建立联系。几年后,参与这一合作伙伴关系的个人显然也负责其他一些慈善公益事业或有一些慈善机会,

---

① 大卫·莱尼:《萨莉能否拯救花旗,恢复桑迪的声誉,并赢得她3000万美元的薪水?》《财富》2003年6月9日,第68—78页。

并能够迅速将 SVP 的资源（研究、员工、社区关系、尽职调查工具）带给他们的公司或和他们的家人，一起成为独立基金会的一部分。①

换句话说，无意中参与 SVP 的捐赠者使用他们在 SVP 的捐赠和其他慈善公益事业中学到的东西。SVP 资源是技能开发、联系和网络、社区研究和创意产生的中心枢纽。对于这些捐赠者来说，他们的高级副总裁参与担任咨询服务的角色，影响他们从其他几个资金分配的资产分配决策，而不仅仅是他们对 SVP 承诺的决策。

网络的力量不仅体现在直接参与者身上，也体现在更多的分散节点上。在 SVP 的案例中，我们可以追踪通过 SVP 的资产管理工具带来的即时资金，并看到网络咨询和学习元素也影响到其他非 SVP 的资源。重要的不仅仅是当地的影响。通过其蓬勃发展的国际网络，国际 SVP 现在拥有超过 1200 的个人合作伙伴和超过 1400 万美元的捐款。②

网络的力量是任何一个组织或个人都无法比拟的。机构慈善家多年以来一直认识到这一点，而仅有数百个不同的基金会和网络才能证明这一理解。2002 年对慈善网络进行浏览分析发现，有 200 多家慈善机构在地方或地区层面运作。在国家和国际层面还可以确定约有 100 个③，但这些协会中很少有人有意将体制和个人成员联系起来，他们往往围绕着争议、身份或地理位置形成，然后按结构类型（机构或个人）进行细分。去年，一个主要的全国性协会和几个区域性捐赠机构协会已经联系到了个人，但这些努

---

① 肯德尔·格思里、艾伦·普雷斯顿：《改变慈善事业：评估西雅图前五年 SVP》，华盛顿州西雅图：蓝图研究与设计，2003 年。

② 文森特·罗宾逊：《在变革的阵痛中捐赠》，旧金山：社会风险投资伙伴湾区，时事通讯，2003 年 6 月。

③ 蓝图研究与设计，《慈善事业概览》。

力是最近才开始的，以至于几乎没有在相关范围内引起注意。①

连接个人和机构的网络开启了慈善公益的新收入流。很容易看到基金会如何在这些团体内分享他们的研究成果，并帮助鼓励或确定那些更多感兴趣的个人投资者。同样，有望参与的个人可能对专业基金会工作人员，或从未接触过的组织或社区有深入的了解。

除了链接机构和个人的早期和后期资助外，强大的网络使我们能够想象组织和信息流动的全新方式。如果一个关于结束无家可归者的资助策略的网络，涵盖有工作人员的基金会、没有工作人员的基金会、捐赠顾问、慈善捐赠基金提供者、个人捐助者、研究人员和社区组织的基金会，就可以大大简化每个组织的研究和尽职调查，以及个人自己进行这种分析的成本。小组中的专业顾问（方案工作人员、知识干事）可以为自己的组织开展相关工作，并与其他实体分享类似的工作。这样的机会可以提高分析投资回报，降低慈善公益业务成本，并可能降低非营利机构的成本。

这些类型的网络将使单一机构的知识资产更开放，并允许各类金融资产进入。通过提供更多的财政资源，该网络还可以投资更多层次的相关部门和顺应发展趋势和发展机遇的独立研究，以便于更多的组织和捐赠者可以获得这些信息。这些网络不仅为强有力的想法提供了交流机会，并引入了国家或全球视角，还提供了几个合作伙伴承担运营成本的方式。

本质上，社区基金会最有价值的工作可以用"网络"这一概念来表述。社区基金会位于主要参与者——社区组织、个人捐赠者、机构慈善家、专业人员和相关研究的交叉点。一些社区基金会认可他们在该交叉点的黄金地段，并以专门设计的方式运作，以分享从

---

① 例如，基金会理事会和北加州的捐赠者现在邀请每年以超过一定的美元门槛的人作为成员参加。

该处获得的专业知识。例如,明尼阿波利斯基金会为个人、基金会和企业资助者提供咨询服务,使这些客户能够使用社区基金会的专业人员和专业知识。

明尼阿波利斯模型很接近理想模式,但还没有发展到极致的程度。该基金会仍在努力将其作为一个中心枢纽,为众多社区非营利组织和捐赠者提供服务。然而,网络模型的流动性更强,有节点或参与者,但不一定是轮轴和轮辐处。网络模型的价值在于,虽然金融资产不一定是共同的,但知识资产是共同的。这种简单的倒置实际上揭示了我们目前慈善模式面临的最大挑战,几乎所有的模式都以金融资产的管理为中心。虽然知识资产必须是共同的,但金融资产并不一定是共同的。要建立真正强大的慈善家网络,个人、机构及其所有的组合需要一个新的中心。

支持慈善公益事业

最后,除了前面描述的四个新兴要素之外,还可以发现微妙的转变,尽管仍然处于边缘地位,这对于有意识的行业行动已带来很大的希望。笔者称之为"支持慈善公益事业"[①],涉及态度和文化的转变及一系列实践。

在慈善公益中,无论是个人还是机构,将某一问题或某一组织支持者的名声视为做出决定的一个因素,是一种根深蒂固的做法。审查董事会名单、捐赠者名单、咨询委员会——这些都是告诉潜在的新支持者,他们已经参与了这项工作。而且大多数基金会都知道,他们对一个组织的资助可以成为其他基金会的开门人,这是一种信誉的保证。在最基本的层面上,这种

---

① 迈克尔·波特、马克·克莱默:《慈善公益的新议程:创造价值》一书中也使用了这个词,《哈佛商业评论》,1999 年 11 月。

做法的思想是："如果某些人支持它，或者如果 X 基金会资助它，组织必须达到一定的功能和有效性标准。"从非营利角度来看，出版和发布这些清单是传达这一批准信息的一种手段，以表明对新支持者的认可。

然而，大多数基金会对利用其保证金的价值，或帮助非营利组织从基金会工作人员为评估组织的可行性所做的工作中受益非常不感兴趣。他们希望基金会在报告中列出，甚至在某些情况下重点强调，但宣传的重担放在非营利组织。基金会知道他们支持的组织也需要其他人的资金。事实上，许多基金会都要求这种支持作为资金的条件。但很少有基金会帮助非营利组织找到其他融资渠道，更少的公司将这种资源开发看作他们实现自身目标所能带来的关键资产。

但在这组行为中可以看到相关变化。通过专业人员对相关问题进行广泛研究，与非营利组织制定目标，草拟复杂的资助协议和监控工作进展的基金会开始发现，与其他资助者分享这一努力的结果是一种方法，以此为基金会的投资获得更大回报。其中一些基金会，从旧金山的罗伯茨企业发展基金会到圣奥古斯丁卫生系统的慈善姊妹会，及其在俄亥俄州和南卡罗来纳州的四个基金会，都细致追踪其捐赠吸引的金融资源。他们将这些信息作为自己员工的众多绩效指标之一。采用这种方式的基金会也积极分享他们与其他潜在的出资者研发的工具和发表的评论。在涉及组织工作的尽职调查、程序和操作评审，以及案例陈述时，其理念是"一次编写，大幅度提升"。

这些方法节省了基金会资助合作伙伴的时间和行政资源。如果从总体上来看，可以看到许多资助者共享单个项目的专业工作，从而降低了非营利组织资助者和审查流程的成本。这也相当于为非营利组织工作提供了更多的资金支持。在基金会管理预算面临巨大压力的时候，以较低的总体管理成本引导更多的资金应该是一个有吸引力的前景。

支持慈善公益事业也可以通过其他方式。对于泰德基金会（Tides Foundation）这样的组织来说，这是一系列以捐赠人建议基金为主的基金会，专注于渐进的社会问题，他们认可的潜在信息是向新的捐赠者保证被支持的群体是可行的、合法的和有效的。泰德基金会说明与其工作人员合作的捐赠者将获得专业的项目审查服务，并能够找到单个捐赠者可能永远也找不到的，或有时间评估的小型草根网络。这种方法特别有价值，因为一些泰德基金会的捐赠者会面对有挑战性的工作，同样的原则适用于与捐赠者合作的社区基金会。

另一个支持慈善的案例是TouchDC，这是一个由"网络为善"（Network for Good）的在线门户入口，可以让华盛顿地区的非营利组织与个人捐赠者彼此相识。乍一看，这种方法看起来不过是一个可以轻松访问的区域组织数据库，所有这些数据库都链接了明确的"立即捐助"的显示按钮。然而，TouchDC的区别在于其背后合作伙伴的组成，包括地区资助者协会、几个私人基金会、公共资助机构、指南星和志愿者匹配（VolunteerMatch）等技术驱动的行业资源、当地媒体、社区基金会和联邦基金。[1]

在这方面，TouchDC是机构资助者帮助非营利组织得到个人捐赠者资助的一个案例。该网站显示出资者对其影响力的认可，并且他们的支持建立在对个人捐赠者的信任之上。类似的策略体现在马萨诸塞州目录中，这是埃利斯·L.菲利普斯基金会的一项倡议。[2] 该目录创建于1997年，旨在"增加和改善慈善捐赠"，即通过衡量

---

[1] www.TouchDC.org.

[2] www.catalogueforphilanthropy.org/cfp/about/.

慈善捐赠的目标，在所得税报告中明确慷慨指数、平均规模和捐赠率以及捐助的直接归属。[1]

从个人问责制，到基金会员工和理事会的绩效评估，TouchDC的区域化努力可以看到"支持慈善"有很多变化。有些人将其视为一种威胁，有一种特性使基金会捐赠全由你认识的人来捐款。这种基金会知识的费用仅仅证明了其在更广泛意义上的共享。这些方法不仅帮助基金会在审查成本方面获得更大回报，而且还可以满足个人捐赠者观察了解慈善组织可信的、可靠的数据需求，这些洞察超越了财务数据，也扩大到非营利市场和发展领域。

进化的方向

改善慈善行业是一项艰巨的任务。市场力量和监管修订的刺激将推动行业发生重大变化。然而，需要采取有意识的行动来确保这些变化取得进展，目前监管底线已经从从组织结构扩展到产品和服务的混合套件等领域，借助这些工具来发展多样化的慈善公益事业是一个机会。

所描述的其他属性——知识作为一种慈善资源，混合型组织和战略的作用，新的行业基础设施以及在"支持慈善"事业中态度和实践明显的转变，都是一个更强大的慈善公益事业的潜在贡献者。能够推动这些方法进一步发展的人包括主要慈善机构的领导人、混合组织的领导人，以及所有熟悉新兴行业结构的人。该行业的包容性愿景是从边缘引入了这些组成部分，并显著地改变了我们对慈善公益的理解，及其发展方向，同样的包容度是推动慈善公益事业向前发展所必需的。

---

[1] www.catalogueforphilanthropy.org/cfp/about/.

第七章

网络上的新节点

> 在设计一个事物时,一定要将其置于更大的背景中来考虑——房间里的一把椅子,一整套房子里的一个房间,一个环境中的房子,一个城市规划中的环境。[1]
>
> ——埃列尔·萨里宁

更大系统里的压力和张力可能会导致第六章中描述的各种类型的变化,这些压力来自组织化慈善公益事业的内部与外部。一个同样重要的、需要考虑的问题是现有慈善组织能为慈善体系的强化做些什么?

一些愤世嫉俗者对此文章可能会做出难以置信的反应。为什么我会想象那些身处高位的人可能会寻求重大改变呢?这样的问题并非完全不合常理。从薪酬较高的基金会专业人员的角度来看,改变这一制度的动机不足。许多现有的雇用员工的基金会很可能到最后才会改变。正如沃尔德马尔·尼尔森在另一种情况下指出的那样:

> 关于基金会的第一个基本事实是,他们不是从概念、组织结构图或战略规划开始的。基金会是从一个人——捐赠者开始的。那个人,通过他或她的主要慈善行为,是其他一切好的、

---

[1] 埃列尔·萨里宁,被他的儿子埃热引用,《时代》,1977年6月2日。

坏的、中立的行为的源头。①

这不仅适用于基金会，也适用于所有慈善实体，正如我们在慈善捐赠组合中所看到的那样。虽然尼尔森提出了这个老生常谈的问题，是为了提醒人们注意慈善、公益的不一致性，但我相信他对个体决策者的指责可能是尚未创立的慈善机构正面临变革的预兆。

然而，包括基金会在内的许多慈善实体已经有意改变自身——寻求更多有影响力的运营方式，寻找更有意义的方式与同行和下游资助者合作，并建立其社区合作伙伴的知识资产。同样重要的是，慈善体系正围绕着这些现存的组织发生变化。虽然真正的演变规律可能不适用——但"不改变就死亡"这条规律不太可能在慈善公益事业中停止，除非要求普遍的消费政策得以执行。有些古怪的、间断的想法和实践可能会通过前面提到的相同的竞争渠道进行。

第四章介绍了几种联合行动的力量。这些例子显示捐助者和基金会跨组织边界合作的几种不同方式。同样重要的是，或许还有一个更现实的模式，让其他人效仿，是个别组织彻底反思和重新调整其服务的实例。对基金会来说，这基本上意味着审慎地评估这些组织的所有资源，并以相互强化和推进基金会使命的方式进行部署。

为泰德家族组织（Tides Family of Organizations）提供的服务就是一个例子。大多数人都知道，泰德基金会或是泰德中心，泰德基金会或泰德中心实际上是由两个实体组成，还有海啸基金（Tsunami Fund）、Groundspring.org 网站和社区诊所项目。这些实体中的每一个都是在过去 25 年中独立出现的，管理人员正努力建立自然产生的强化元素、设计各实体相互加强以降低总体成本的方法，并以

---

① 沃尔德马尔·A. 尼尔森：《美国慈善事业的内部：捐赠者的戏剧》，诺曼俄克拉荷马州：俄克拉荷马大学出版社 1996 年版，第 10 页。

互补方式推进社会变革进步的总体目标。为此，基金会为捐赠者提供服务和资助，该中心为渐进式非营利组织提供设施和服务，Groundspring.org 是一个致力于帮助草根组织借助互联网筹集资金的网站，海啸基金也为社会变革劝募资金。

　　社区诊所项目目前定位为接受其他服务的测试案例。该项目是一个数百万美元的再资助计划，由加州捐赠基金资助，旨在优化卫生诊所。全体员工都在泰德中心，管理人员多年来一直为泰德基金会工作，并正在寻找将基金会捐赠者和项目纳入计划的方法。参与该项目的诊所可以使用 Groundspring.org 的专业知识和产品。鉴于这些实体的机会主义性质，与泰德家族组织资源链接的努力非常雄心勃勃。然而，在目前的市场中，不同实体的领导者知道他们别无选择。

　　另一个可见的战略联盟的案例是施瓦布基金会对其研究知识、员工、资助项目、召集力和合作伙伴的组织和管理。所有这些活动必须以合理的方式结合在一起，他们都是衡量影响的因素，且理事会通常会管理和配备对任一活动的附加价值负责的工作人员。

　　例如，基金会在防止无家可归这一工作始于一项全面的研究和数据收集工作。主管项目的负责人花费了二十年的时间来建立一个主要的收容所网络，在若干地方和国家委员会担任领导职务，以此来协助基金会明确资金、项目和研究合作伙伴。该研究报告在全国各地的"路演"中被介绍给资助者，以明确是否有可行的策略来降低无家可归现象，揭示基金会资金减少的情况，并在这个问题上建立起资助者的网络。该基金会与当地服务提供商合作，确定综合战略的关键要素。资助的优先顺序从数据管理到帮助项目更好地跟踪他们的工作、预防措施和住房举措，该举措可以提供住所和支持服务去化解无家可归问题的循环。该基金会的项目工作人员和研究人员、通信人员合作，每周将这些问题的最新信息发送给电子邮件列表上的数百个合作伙伴。工作人员对特定的量化结果，以及他们努力帮助解决问题的额外资金额度负责。

在基金会药物滥用项目的一个类似案例中，一项由工作人员进行的集约式研究发现了一个单一的项目，该项目找到了从联邦政府获得数十万美元资助的途径。工作人员在该州召集了所有其他的项目的管理者，第一个项目的负责人向其他人展示了如何获得这些资金的资格，并在整个过程中为他们提供指导。通过研究和会议召集，该基金会帮助这些项目筹集到了比以往更多的公共资金，而且还没有在捐赠方面花一美元！

通常情况下，资助团体正在学习如何调整资源以响应其非营利伙伴的工作。随着非营利组织在直接服务、政策制定、倡导和收入来源之间的关系方面变得更加智能和更具战略性。他们正在向基金会展示协调和沟通的重要性。旧金山 CompuMentor 项目就是这方面的例证。CompuMentor 曾是当地的技术提供商顾问，如今已经发展成为一家提供已折扣的技术产品、行业特定技术咨询和直接咨询服务的国际性供应商。该组织开发了一个"服务金字塔"模型，向其他非营利组织和资助者解释这些服务如何相互作用和相互强化。管理这些互动是 CompuMentor 成长的关键，也是非营利技术提供商在新兴领导角色中的关键。

企业基金会在寻找连接数个资助项目、团体、研究和投资项目的方法时，也进行了类似的工作调整。该基金会努力的核心是发展跨部门分享信息的方式，并找到针对共同目标的具体活动指标。另一个案例是对西雅图社会风险投资伙伴公司的重组，该公司利用独立评估的结果重新设计了捐赠资金、捐赠教育和同行网络化功能之间的互补关系。

组织的影响力

慈善体系的变化对基金会将产生多重意义。本节概述所有基金会现在的业务选择，然后介绍社区基金会和独立基金会的特定选项。虽然慈善公益事业的监管结构可能需要新的报告或管理实践，但近期内要求任何其他外部力量对基金会进行全行业的业务变革的可能性很低。随着时间的推移，较新的慈善形式的生命力、执行的压力以及前面讨论的市场/监管要求将影响现有基金会的做法，但改善结果、降低运营成本和产生影响的动机将全部来自已有组织。

基金会的行为应与商业公司不同。即使基金会专注于他们的个人业务和战略，这样做的方式应该与他们独特的底线——任务的完成相保持一致。一般来说，基金会不会争夺市场份额，其成功与否并不在于是否能击败竞争对手。事实上，实现规定的任务实际上可能需要积极的合作。作为非竞争性的结构，基于市场份额作为主要推动力几乎毫无意义，基金会有机会在新的慈善经济中建立共识的联盟，共同努力有意识地促进社会变革。

现在这个机会变得更加成熟，因为慈善机构的数量和种类正在迅速增加。随着数量的增加，新地区的慈善密度也在日益增加。这种密度为资助者利用同行的技能和资源提供了便利。信息技术工具在改变企业行为方面发挥了如此重要作用，基金会可以利用这些工具分享信息，进行联合研究和资助，并汇聚技能和资源。

慈善公益中变化的工具给捐赠者更多的选择用以系统安排捐赠。今天的慈善家正在有意识地选择多种捐赠工具：私人基金会、风险投资网络、面向问题的公共慈善机构以及捐赠人建议基金。他们这样做试图从每个慈善结构中获得最大的价值，以最大限度地提高他们的捐助水平。考虑到不断扩大的行业和选择机会，这为慈善机构强调其优势并阐明其独特的价值提出了新挑战。

这对基金会意味着什么？基金会可以提供哪些捐赠者不能通过私人银行顾问、慈善捐赠基金、企业慈善公益事业或集合资金完成的服务，过去基金会对相关问题未好好思考过。即使是现在，已建立的基金会在证明其独特价值上也不会感到什么压力。毕竟，他们的经常性捐赠确保了他们的存在。对于个体机构而言，这一选择将一如既往地继续下去。但对于整体的慈善公益事业而言，在某种程度上，基金会有机会领导这个领域并帮助回答"慈善公益是否在萎缩？"——这个其他慈善机构无法回答的问题。基金会实际上可以将关注的焦点放在社会变革的影响上，而不是关注市场驱动型期权可能强调的税收利益和管理费用的差异。

基金会既是独立的，也是相互依存的组织。他们仍然是希望得到其独特贡献认可的个人、家庭或企业的产物。正如瓦尔德马尔·A. 尼尔森在约十年前所指出的那样：

> 现在私人基金会是一个独特的国家现象，数量众多又富有。他们是由民主、平等主义社会所留下的精英机构，涉及几乎所有领域：教育、科学、医学、宗教、艺术和国际事务等领域。他们不受选民、股东或客户的约束——而且只受政府很轻的监督——他们不可能被允许在民主社会中拥有这样的权力和绝对的自由，但他们有。[①]

基金会仍然管理他们各自的投资组合，雇用个人员工，对自己的资助进行（通常是重复性的和多余的）尽职调查，并发布他们自

---

① 沃尔德马尔·A. 尼尔森：《美国慈善事业的内部：捐赠者的戏剧》，诺曼俄克拉荷马州：俄克拉荷马大学出版社1996年版，第6页。

己的报告以了解他们的工作影响。然而，他们越来越多地在松散的社团中运作，类似组织日益密集，也并未失去信心，且频繁谈论资助者网络以及与受资助者的合作关系。

所有基金会的主要运作选择与前面介绍的改善慈善公益事业的组成部分保持一致。这五种属性：多样化的、聚合的、整体的、适时的和坚定的——自然适用于所有慈善机构的运作规则，包括以下内容：

- 组织结构、员工技能以及以伙伴关系为中心的优先事项
- 获取、使用和贡献于独立、可信的特定问题导向的知识
- 对有意义的、可实现结果的、可识别的贡献进行奖励的评估策略

这些广泛的选择对我们熟悉的结构产生不同的影响。对于社区基金会、联邦基金、捐赠人建议基金的提供者和公共捐助慈善机构而言，做出这些选择将有如下要求：

- 从核心产品和服务中获得收入
- 以调整收入结构来奖励联盟

对于独立基金会，这些选项将有如下要求：

- 在更大的网络上组织知识节点
- 建立系统、激励他人合作，使他人的资金产生"杠杆效应"

下一节将讨论这些战略的总体影响，然后为社区基金会、独立基金会和企业慈善明确具体的条件。

建立伙伴关系

建立伙伴关系是基金会经常提到、经常尝试，但也在大多数时候都失败的事情，这是由很多原因导致的。其中一些原因纯粹是结构性的。目前，慈善机构的组织方式使得真正重要的是特定机构的

资产、战略和成果。在这个更广泛的行业取得成功的慈善实体不会像其前辈那样受到同样的运营限制。如果他们自己成为更广泛的慈善经济的一部分，他们将需要建立关注和促进伙伴关系，聚合一体化的结构。

还记得蝙蝠侠和罗宾吗？白天是住在大厦里捉贼的书呆子，晚上却变成了超级英雄。有时候感觉好像基金会的专业人员会学习一些超级英雄的技巧。面对资产衰退、公共赤字增加以及看似无法满足的社会需求，慈善基金会及其员工经历了从好时光到不好时光的鞭策觉醒。通过谨慎使用技术和其他资源、长期规划以及联合行动，蝙蝠侠和罗宾成功地对抗了强大的邪恶力量——他们是一个两人组成的团队，如果事情变得非常糟糕，他们总是可以向蝙蝠女侠和其他朋友求助。

今天美国基金会的事情就变得非常糟糕。尽管已雇用员工的基金会是美国最古老的慈善机构之一，但他们在慈善体系中绝不是主要形式。慈善机构捐赠通常在美国的年度捐赠中占比不到20%，这个比例几十年来一直保持稳定。2001年，报告中基金会捐赠规模的中值下降了10%。仅在2002年的上半年，美国10个最大的基金会中就有9个合计亏损8.3亿美元。这一年的捐款总额下降了2.3%，而新基金会6%的年创造率预计将回落到更典型的2%—3%。①

这一局面的一线希望在哪里？确实很难找到相关希望。将个体的小基金会资产转移到社区基金会的基金提供了一线希望，因为它

---

① 伊恩·威尔汉姆：《基金会资产下陷》，《慈善纪事》，2002年4月4日，第8页；安妮·法雷尔：《赠予的状态》，《西雅图时报》，2002年12月31日，第A30版。捐赠下降的百分比因通货膨胀而调整，并包括所有个人和机构捐赠。在此期间，基金会捐赠上涨约2.5%（调整后）。AAFRC慈善信托：《慈善捐赠达到212亿美元》，新闻稿，2002年6月20日，www. aafrc. org/press3. html。

降低了整体管理成本并促进了资源共享。① 其他的积极因素还有大量财富转移的潜在假设，婴儿潮一代的老龄化和已知的经济周期性。② 商业公司承诺对慈善公益进行大量营销和广告宣传又是另一回事了。多年来关于慈善生态系统的隐喻也浮现在脑海，让我们希望慈善资源的多样性和分散性将引领更健康、耐受力更强的结构。

作为慈善实体：机构和个人——多元化合体，已雇用员工的基金会在系统中的作用变得更加重要。他们为慈善公益事业带来的非财务性资源将他们与其他所有实体区分开来。他们的专业人员、研究能力、设备、合作能力、机构记忆和声誉名望都是宝贵而独特的资源。他们的价值取决于其在更大的系统中如何有效地使用相关资源。个人基金会的捐赠资产降低这一现象不应该被问及："我们现在做什么，我们只是（虚构的我们）高谭市的第 35 大艺术资助者？"对于下一个周期，以及在慈善公益事业中可预见的未来，问题应该是："我们的超级英雄队中还有谁，我们将如何共同取得成功？"

伙伴关系的问题和可能性对基金会来说并不陌生。他们并不简单。在紧张的时期，共享资源一直是个体、社区、国家和产业生存和成功的关键。从进化的角度来说，蓬勃发展的物种是最强的物种，但在成为最强的物种时，它们必须能够改变。③ 近十年来，慈善公益几乎在所有方面都出现了新的"菌株"，就像自然系统中的"突变体"一样，它们不断进化以适应特定的环境。④ 现在是时候

---

① 斯蒂芬妮·斯特罗姆：《新慈善家面临苦差事》，《纽约时报》，2003 年 1 月 12 日，第 A17 版
② 约翰·J. 海文斯、保罗·G. 谢维斯：《为什么 41 万亿美元的财富转移估算仍然有效：回顾挑战和问题》，波士顿学院社会福利研究所，2003 年 1 月 6 日。
③ 贾里德·史密斯：《枪支、细菌和钢铁：人类社会的命运》，纽约：沃顿诺顿公司，1999 年。
④ 约翰·麦克沃特：《巴别塔的力量》，纽约：哈珀·柯林斯出版社 2001 年版，第 12—13 页，关于自然系统的动态变化。

观察哪些生物具有复原力，哪些将变得越来越不相关的时候了。

但是，作为一个不典型的财务回报或选举结果影响的行业，慈善行业的运作对网络、联盟和合资企业来说是一个不寻常的机会。尽管该领域最近日益扩展，为评估和理解相关领域提供了越来越多的经验基础，企业的规模有可能使其基础与其同行积累的学识、知识和创新隔绝开来。新基金会经常发现自己另起炉灶，而已建立的机构可能无法充分利用新创新人员的新想法。如果慈善公益作为一个行业要最大限度地发挥其影响力，就需要制定新的知识分享、沟通和协作的战略和结构。

大学研究和硅谷高增长年代等模型为思考这种情况如何发生提供了可借鉴的先例。绝大多数大学的终身教授，不受经济竞争的影响，就像基金会是通过他们的捐赠永久持续下去的，他们争相提出观点和理论，建立自己的知名度和声誉，不是依靠所有权的发展，而是建立在他们所在领域的贡献上。这种对知识进步的承诺促成了一个系统，其中机构内部和机构之间的思想交流与协作网络的发展是推动集体创新的关键，超越了任何单一组织机构的能力。

同样，工业研究人员认为，共同致力于网络和集体进步是硅谷成功的关键因素。与其他高科技发展地区相比，硅谷的企业更频繁地组建合资企业、交叉授权专利，建立开发公司和员工之间的正式或非正式网络。这种合作确保了技术进步的迅速拓展，并且整个行业成长为个别公司的成功提供了前提。

这两种模式显示了共享研究、组建合资企业以及跨机构许可等想法的力量。复杂科学问题的解决方案通常需要来自许多学术机构的资源，就像为硅芯片创建可行的新市场需要几家公司的产品开发资产一样。

基金会应该关注这个案例。很多基金会的任务是解决复杂的社会问题，他们自己的财政资源虽然很多，但不足以解决社会问题。基金会不受利润动机的约束，有机会开发一种围绕这些问题的新模式来展开合作，可以撬动他们个人金融投资的杠杆效应。基金会能够区分和自我区分，不仅取决于他们捐了多少钱，还取决于他们开发和分享的知识如何有助于实现共同的社会目标。这样做会增加对紧迫的社会问题的行业集体影响力，并帮助确定适当位置、追踪附加值、开发个人基金会的多元身份，以及提高行业内的问责性。

资金的作用

资金对慈善公益至关重要。以伙伴为导向的基金会所要做的是以一种既注重外部合作伙伴又注重内部目标的方式，解决关于资源管理的"现在或以后"的经典难题。当慈善家做出关于基金结构的决定时，他们通常最关注家庭问题、遗产和资产规模。在永久性结构和支出结构之间做出选择，真正指导性的问题应该也提供其他资源来解决问题和问题本身的时间敏感性。

不幸的是，这种情况很少出现，无论是选择初始结构，还是在设定结构时确立投资政策和预算计划。如果组织无限期地存在，则必须保留未来的资产。而如果选择重点为眼前的问题，那么分配捐赠资金的积极支出政策就更为合适。"现在或以后"的问题通常不是非黑即白，现在花费多少，或未来花费多少可能会更好地表达真正的问题。这个问题出现在有关支付利率、支出政策和赠款储备的辩论中。5%的支付率适用于私人基金会，并且是影响他们必须支付的消费税率，已经成为事实上的行业标准，尽管其创建之初仅适用于一种类型的基金会，且作为下限而非上限。①

绘制慈善周期图

除了监管的影响外，基金管理人员还必须关注市场力量及其波动，因为他们管理着组织的财务资源。慈善公益事业的繁荣和萧条取决于较大规模的经济体。但我们并不真正了解经济衰退或市场崩溃后会出现什么样的下跌。由于基金会捐赠预算管理者一般都是有计划的，因此市场下跌对任一单个机构的影响可能都不是立竿见影的。整体上对组织化慈善公益事业的影响也需要一定的时间。

重要的是，行业应该知道慈善捐赠的不同组成部分，及如何应对较大经济体的变化。美国筹款咨询协会的慈善信托主席利奥·阿诺特指出：

> 研究表明，捐赠与经济密切相关。毫无疑问，2001年的捐赠情况符合我们在以前的经济衰退期间看到的模式……1971年以来的8个衰退年份中，有6个在调整通货膨胀率后下降1%—5%。尽管去年秋季担心捐赠可能急剧下降，但事实上，2001年的捐赠变化属于衰退年份的正常范围内。②

图7.1显示了1975—1999年美国基金会的基本持续增长情况。除少数平坦点外，趋势线基本上是直线上升的。经济衰退时期的捐赠通常是平缓的，但很少出现下降。在1980—2000年，这一增长

---

① 保罗·詹森、大卫·卡兹:《对于非营利组织来说，时间就是金钱》,《麦肯锡季刊》2002年第1期。

② AAFRC慈善信托:《慈善捐赠达到212亿美元》,新闻稿,2002年6月20日,www.aafrc.org/press3.html。

尤其显着，当时基金会的数量增加了156%，资产增加了909%，捐赠增加了712%。① 仅有的两次同比下降出现在1983年和1994年。有三个年份，分别是1981年、1989年和1991年增长不到2%。②

粗略地比较经济衰退期和基金会捐赠下降之间的时间关系，显示出经济衰退开始和资助预算扁平化之间存在一定滞后期。这是由于大多数基金会用来设置其捐赠预算是60个月的平均值。

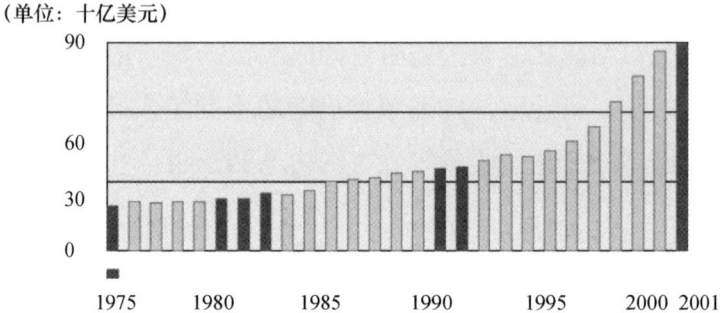

在过去25年间的经济衰退期间，基金会捐赠增长率超过通货膨胀
（单位：十亿美元）

■ 衰退期间的总体捐赠：1975；1980；1981—1982；1990—1991年；2001年（单位：十亿美元）

* 2001年估计数。基于年平均消费者价格指数计算，恒定1975美元不变，所有城市消费者、美国劳工部、劳动统计局的数据，截至2002年3月。

资料来源：2002年基金会年鉴，纽约：基金会中心，2002年。

图7.1　基金会捐赠和通货膨胀

在考虑这种关系时，基金会捐赠应该被视为慈善收入来源的一部分。经济衰退和下跌对个人和公司捐赠的影响并不一定遵循与基金会捐赠相同的时间或模式。了解这些收入流的各个组成部分如何随着时间的推移而运作，并更好地理解如何有效投资于基金会不同

---

① 基金会中心，2001年。基金会数量：1980＝22088　2000＝56582。资产：1980年＝482亿美元，2000年＝4861亿美元。捐赠：1980＝34亿美元，2000＝276亿美元。所有美元是2001年的美元。
② 基金会年鉴，2002年。纽约：基金会中心，2002年。

的领域，将为基金会的高级管理人员提供重要的规划工具。①

如果能够确定较大的经济指标与慈善捐赠之间准确的历史关系，那么基金会工作人员将有几个季度到几年的时间来降低预算计划。当你面对上升趋势时，计划好下降趋势，这不是受人欢迎的任务——以州长和立法机构在制定2004年预算时处理的800亿美元的国家赤字为例。然而，不仅从投资经理或财务办公室的角度，而且从规划的角度上来看，面对这些决定都是非常困难的。

一些基金会已经这样做了。在繁荣时期建立储备基金，可以用来缓和不断下降的赠款预算率，或缓解急剧下降的趋势，这使得一些基金会能够在不动用捐赠资金的情况下维持较高的善款发放率。②这一战略限制了上升时期的预算上限，但在更长的时间内获得稳定的补助资金来源则更容易维持下去。

对于基金会而言，资源管理战略与项目战略的一致性至关重要。如果投资策略失败，几个月内损失数十亿美元，除非要使用储备金、合并资金或本金支出，否则项目战略肯定会失败。③清楚了解不同非营利组织收入来源对经济转变的反应，对社区和整个行业都很重要。

提高所需支付率的要求来自有组织的慈善机构（例如国家捐赠人网络）、外部的机构（例如参议员比尔·布拉德利、麦肯锡公司）及其监管机构。那些呼吁制定新法规的人和那些努力避免这种变化的人都不同意这一趋势。④他们都理解行业范围的变化很可能

---

① 对于市场、经济指标与慈善捐赠之间关系的完整分析已超出了这项调查的范围。主要指标包括个人收入、国内生产总值（GDP）、税前利润和股票市场指数。

② 斯蒂芬妮·斯特罗姆：《尽管经济不景气，麦克阿瑟基金会提供了4200万美元》，《纽约时报》，2003年1月13日，第A11版。

③ 新纽约人汇编，第52343号，2002年7月15日。

④ 比尔·布拉德利、保罗·詹森：《更快的慈善》，《纽约时报》，2002年5月15日，第23页；保健法案，HR 7，美国众议院，2003年。另见 www.ncrp.org 和全国捐赠人网络：《民主运动的百分之一》，www.nng.org。

是监管力量的结果。这是特别不幸的，因为慈善利益的多样性要求各种投资和支付策略。然而，整个系统将从基于外部现实问题来制定这些政策的全行业标准中受益，这一战略将极大地促进公私出资者的伙伴关系建立。

混合菜单

基金会对他们掌握的资源选项单越来越了解。财务资源、召集会议、决策者、研究和信息中介都是其组合的一部分。在增长和回收期间，如何使用菜单选项的决策是战略资助者的下一步。已经发现，不同地区和不同规模的基金会，在经济状况良好时与公共政策制定者建立牢固的关系，将为他们提供机会，并在资源四面楚歌的情况下拥有谈判桌上的一个席位。蝙蝠侠和罗宾一直与市长和警察局长保持着畅通的联系，他们知道什么时候该带头，什么时候该跟进。

在现有各种基金会的类型中，企业资助者在将各种资产应用于他们的社区方面显得特别熟练。资金捐助、志愿者员工、可用的设施、市场营销和专家分配都很适用，管理人员通常在董事会中任职，而且产品和服务可以实物的形式提供。这些资源都具有价值，企业已经找到了将不同资源应用于社区的有趣方式。作为应用各种资源的领导者，企业资助者是整个行业网络的重要组成部分。

亲和团体和区域协会似乎已经充分认识到这些作用，并为成员（以及潜在的其他人）提供了召集思想领袖和决策者的机制，或分发基金会精心筹划的战略研究和白皮书。这种情况已经存在，尽管与基金会的计划周期并不一致，也不一定同步。基金会认为最好的支持型组织是帮助他们实现其组织目标的资源，而不仅仅是贸易团体。毋庸置疑，基金会成员能够根据他们的需求塑造这些协会，但往往将他们视为"睦邻会员"，而不是撬动他们自己资源的工具。

跨基金会的聚会使得同伴之间进行共同规划或分享想法。大多数基金会将其拨款预算作为内部决策的一部分，与同行组织合作，并跟踪相关问题或地域范围的整体收入流也是融入这一进程的有价值的投入。

有案例表明，过度关注从外部视角看问题，会导致内部决策的失败，一次重大的经济衰退导致一个地区的三大基金会减少了未来两年的预期资助预算。在漫长的历史发展阶段中，三个组织都支持环境问题的解决。他们最后都各自分别决定终止他们的环境基金。当地环境领域的一位领导者估计，环境事业的慈善资源减少了将近25%。他们独立决策的累积效应意味着几个长期得到他们支持的项目和组织迅速地、艰难地消亡。三个基金会的一些联合计划、资产测算或收入预测可能减少资金下降的累积规模，并且传播他们的影响力。

理解慈善公益的变化需要长远的、稳定的眼光。像语言一样，慈善公益事业由天生的、个人的人文素质组成，反映了广泛的文化之间的张力，会通过有意或无意的、故意的或无意识的增长和切除而改变，但进度往往是不一致的。

新的评估策略

基金会的资源、运营和结果之间的关系是什么？虽然很多非营利组织需要使其结构与使命保持一致（思考战略性重组、兼并，或者无所不在的非营利组织复制），但对整个基金会业界并没有这样的压力。很多人认为，允许运营费用计入支出计算，实际上是对高效运营的威慑。然而总体来说，再看一看小部分雇用员工的基金会，人们可能会认为捐助者普遍倾向于将运营成本降至最低。①

在某种程度上，每个捐赠者都会对资源、运作和结果之间的关系做出决定。捐赠投资组合中的每个选择都呈现出不同的成本、结构和可能性结果的组合。对于捐赠投资组合中的每个选项，都存在资源、结构以及结果之间的推定关系。

对于涉及员工、空间、顾问、评估和其他运营开支的结构，置于分配资助金额的最低要求之上，我们甚至可以说，在每个组织中，都有其自身隐含的公式：资源+运作=结果②

每个组织需要定义的是上述方程式的组成部分是如何相互依赖的？操作是资源的因变量吗？那么结果呢？为了维持上述方程式的平衡，什么是你首先需要改变的？

这个问题没有一个普遍的答案。由于管理人员考虑到裁员、增加新专家、与其他基金会合作和别的选择，他们必须着眼于对其任务和目标的影响力。在某些情况下，裁员是在全面减少资源、运营和结果的声明之后进行的。在这种情况下的教训是无论进展情况、结果或需求如何，基金会都不再追求某些利益。

其他基金会可能会发现这种直接削减是不可接受的，并且正在寻找等式中的另一个变量。这些决策者选择以下等式：

（资源+运营）fX=结果

数学符号 f 表示资源加运作将作为 X 的函数，其中 X 代表许多选项。例如，X 可能代表使用另一个基金会员工或专家、进程中的

---

① 许多人认为，这种偏好背后是慈善捐赠基金的巨大成功，慈善捐赠基金的行政成本低于大多数其他慈善机构。值得一提的是，这些捐赠基金现在正被用于管理几亿美元以上的基金，这些基金可能以前被组织为有雇用人员的基金会。

② 这是比喻性的。我并不是想暗示管理是公式化的，或者答案只是代数的。

变化，以便更少的人能完成与更多人同样的工作，或者是与中介、非营利组织或公共部门建立伙伴关系，这些机构不重视基金会，但仍可为基金会的工作做出贡献。显然，X 是部分运作和部分策略。分享如何在资源压力下为一个组织寻找 X 的成功秘诀将使该部门极为受益。

或买或租？

这些操作选择代表了商学院教科书式的"购买或租赁"的主张。企业一般通过备份和评估他们的目标、利润率、技能集和长远计划来回答这一问题。基金会（员工）需要拥有哪些专业知识或执行步骤？基金会可以外包什么吗？基金会可以从同行借款或与他人结盟来创建合资企业吗？如果慈善公益真以这种方式处理工作的话，我相信我们会看到与我们所熟悉的、截然不同的组织。基金会任务的冗余性、他们对非营利组织施加的强制要求，以满足理事会的要求，以及他们在资助期限、备案准备和受赠人报告方面为员工设置的"限制"等都是众所周知的。这些情况大都在内部和外部讨论过，但几乎没有改变。常见的申请表格与行业流程的真正精简化紧密相关。

具有讽刺意味的是，众所周知，必须执行这些业务的人有能力改变这些做法。寻求降低成本的理事会应该关注可以简化员工工作量的措施，允许他们运用来之不易的专业知识，并致力于推动实现组织目标的努力，而不是像他们的同伴那样，聘用管理顾问在大街上进行一些类似的分析、不读报告、盲目遵守截止日期等错误的行为。

在彻底改变所有业务的同时，仍需要做出购买或租赁决策，并应该通过一套关于该基金会的、容易理解的、组织上有效的标准来告知他需要什么和可以外包什么。使用承包商、设定任期限制，以及推进基金会员工的职业生涯都是这一设想的组成部分。他们都对"这个工作是什么"这个问题做出了明确的回答。这一工作可能在不同时期以不同方式完成，但这些差异应该更多地取决于需求、机会或资源的外部变化，而不是基于内部关于什么比较重要的矛盾心理。

结果

> 结果是你期待的，那么结果就是你所得到的。
> ——女性家庭杂志，1942 年

结果在慈善公益事业中很重要，尽管它们往往含糊不清、难以寻觅、难于断言，且范围有限。结果往往产生于公共部门的业绩逐渐转向绩效指标的这一变化中，因企业界对投资回报的兴趣而加速，并通过 20 世纪 90 年代中期在全国范围内改变联合方式的战略，将非营利组织带入家庭，因此对结果的强调不再仅仅停留在口头上。在量化措施的影响力方面已经做了大量的工作。从哈佛家庭研究项目到 KidsCount 数据和联合之路社区指标，慈善公益事业独自或合作创造了有意义的评估工具和基准。[①]

慈善资源在医疗保健方面的增长也有助于强调可量化的结果和指标。20 世纪最后 20 年，促进健康事业的慈善公益急剧增加，仅在 1995—2000 年，健康方面的资源翻了一番多。[②] 新的健康基金会的创立以及世界上几个最大的基金会对健康方面的兴趣驱使资源的增

[①] 哈佛家庭研究项目，博物馆和图书馆服务研究所分析；约翰·麦克奈特：《从内而外建立社区》，伊利诺伊州埃文斯顿：政策研究所，1993 年；安妮·E. 凯西基金会的儿童福利项目。

[②] 基金会中心：《健康资助更新升级》，2001 年。

长。健康问题和医疗报告似乎促使人们对健康慈善公益事业的量化、可衡量的结果产生兴趣。医学和公共健康比其他许多人类服务——教育或艺术领域在使用数据进行决策时显得更为重要。虽然循证医学是一个新兴的实践领域,但总的来说,健康是一个以结果为导向、以科学为指导、以数字为基础的领域。不足为奇的是,健康资助者倾向于专注结果,是基金会数据共享工作的开拓者,并帮助推动将数据和成果作为慈善战略规划和真正的评估工具的使用。[1]

对慈善公益事业中成果作用的一个新贡献是对"9·11"悲剧资助回应的后续分析。在看似捐赠创纪录的时间里,至少有三份报告已经广泛公布,分析了慈善机构对这一事件的反应。[2]

尽管如此,这些评估和成果、措施和结果很难被认为是机构慈善公益事业的强项。有些人认为关注的重点是错误的,基金会和慈善家应该相信自己的直觉,而不是错误的社会科学。[3] 考虑到基金会的独立性和作为一个年轻的行业而言,这个论点并不令人感到意外。即使对于大多数强调数据和问责制的医学而言,也并不普遍采用系统的绩效改进方法。其他非常不同的行业(如航空和招待业)因使用比医院更严格的评估结果和提高绩效的系统而闻名。[4]

---

[1] 加利福尼亚州的几个健康基金会一直在使用共享数据系统,多年来通过内部网进行信息交换。(这是健康资助者@工作项目)其他健康基金会(例如罗伯特·伍德·约翰逊)领导该领域在其网站上发布综合评估报告,并公布其数据和结果。

[2] 参见基金会中心关于《"9·11"事件之后的捐赠》两份报告,以及全国应急慈善中心的报告。几个区域协会也发布了报告,建立了跟踪系统,并一直与媒体和研究人员合作,追踪研究所耗费的资金流量和影响力。公共部门和媒体一直关注资金的来源、用途和结果。最近一份报告由总审计局(GAO)审视公共和私人救灾工作之间的关系。参见《更有效的合作可以增强慈善组织在灾害中的贡献》,华盛顿特区:GAO,2002年12月,www.gao.gov。

[3] 威廉·A. 沙布拉:《评估战争》,《慈善公益》,华盛顿特区,慈善圆桌会议,2003年5—6月,第29—32页。

[4] 阿图·葛文德:《并发症:外科医生关于不完美科学的笔记》,纽约:亨利·霍尔特公司,2002年,第47—74页。

我们所知道的是，慈善公益使用了几种常见的工具和指标集：逻辑映射、资产映射、社区指标、投资组合评估和集群评估等，对于那些花时间、精力和金钱来评估他们的工作，或支持他们受赠人的基金会来说都变得越来越普遍。[①] 20 世纪 90 年代，慈善公益对组织效能的兴趣也在迅速增加，有人称这脱胎于大卫和露西尔·帕卡德基金会，并受到 20 世纪 90 年代后期注重成果的慈善热潮的推动。到 2001 年，超过 500 个组织和个人成为有效组织资助者（GEO）的成员，当时这是一个刚成立了 5 年的亲和团体。

当然，最近的这项工作为那些有兴趣跟踪他们工作成果的慈善家提供了很多新工具。但是还没有行业标准，组织外部人员推动取得更大成果或改进报告的杠杆作用也几乎没有发挥出来，很少有影响力来推动更大的结果或改进的报告，对于大多数基金会人员来说，输入、运作和结果之间的显性（或隐性）联系很难绘制出来。

此外，大多数经验丰富的基金会专业人士认识到，捐赠和战略取得预期成果的关键因素是时间。时间跨度在大型基金会中开始拉长——可以找到几个 7—10 年的战略和举措。目前的挑战已成为如何坚持下去、报告有意义的进展、应对经济衰退、聚焦理事会和工作人员的工作重点，并保持响应性和灵活性。奇怪的是，尽管对结果需要很长时间才能有这样的理解，但永久捐赠的基金会通常只使用历史方法和分析来保存机构的记录。

也许需要的是实时报告和进度措施之间的平衡，以及一个基础广泛的、基于分析的证据框架，说明慈善资源随着时间的推移，如何与社会生活、公共利益和公共系统互动并对其产生影响。随着慈

[①] 我们只有粗略估计有多少基金会支持评估，和他们投资多少？使用多个数据代理，最近的计算估计，向基金会中心报告的 10000 个基金会每年花费 1.45 亿美元用于研究、评估和咨询。摘录"慈善 2225"，www.philanthropy.blogspot.com。

善公益事业的规模不断扩大，组织评估的项目数量不断增加，可以回顾并说出一些可信度潜能的增长，"这些类型的慈善战略，在这种境遇中应对这些类型的问题或许会失败。"这种分析将对已建立和正在兴起的慈善家有所帮助。正如修昔底德作为一位历史学家在他的著作中所写的那样，是为那些"希望对过去有确切的了解，以帮助解释未来的人"而设计的。[1]

一些基金会试图通过采用不同的策略、时间表和评估预期对其部分工作进行评估，以此平衡这些紧张关系。所期望的评估分析水平（与可有效实施的评估分析相比）已经从个人拨款转移到项目领域，或整个组织的投资组合。"执行理事会"允许公司首席执行官知道股票价格、损益、生产力、缺陷率和其他关键的统计数据，在任何特定的时间内，都很难为那些在艺术、教育、健康和环境正义等领域运作不同项目的基金会创建这样的基础。

部分的总和

注重伙伴关系的基金会将使用外部标准来制定他们的投资政策、资助策略和员工技能。这些致力于知识共享的基金会将认识到与社区合作伙伴、研究人员、顾问和同行进行互动的必要性——他们都被视为基金会成功的关键资源。这些组织将以新的方式评估他们的结果。有意识地建立自我学习的工作体系、与他人一起学习、每个机构有意义的指标都将是对整体进展贡献的评估，而不是量化具体结果的需要。

对不同的读者来说，这些实践可能显得很小或很大。他们是从

---

[1] 约翰·刘易斯·加迪斯引用修昔底德《历史的景观：历史学家如何绘制过去的历史》，伦敦：牛津大学出版社2002年版，第14页。

具体实践的观察和评估中吸取的，因此对于一些基金会管理人员来说，其意义在于他们已经走上了这条道路。其他基金会仍将自己看作独立的、自给自足的实体，这些业务选择所代表的愿景和实践的变化范围是包罗包象的。

社区基金会

虽然每个基金会都有自己的选择，但社区基金会是最能直接响应行业竞争的基金会。在过去的十年中，他们被证明是迅捷的创新者，能够推广他们的核心优势，并且坚定倡导推行多种形式慈善公益的政策框架。这一组织形式已经得到巩固，在美国有650多个社区基金会，加拿大125个，德国50个（由80个组建），墨西哥20个，俄罗斯15个。全球最新的数据显示全球社区基金会的数量接近1100个。①

即使有组织的结构变得相对普遍了，行业的变化仍给社区基金会带来了新的巨大压力。慈善公益的性质不断变化，特别是产品和服务的迅速多样化，引发了对社区基金会组织结构的质疑。社区理事会成员的典型组合，捐赠基金几乎没有限制，以及吸引捐赠者的额外慈善选择的组合，已经达到了一个令人棘手的平衡状态。

明尼阿波利斯基金会首席执行官埃米特·卡森已经阐述了当前大多数社区基金会产品组合中所固有的，与任务有关的紧张关系。卡森把这种紧张关系归结为以社区为中心的基金会与以捐赠者为中心的社区基金会之间的关系，并将捐赠者的竞争视为紧张局势的根源。② 卡森对紧张局势的分析是正确的，但他们的含义不仅与使命

---

① 2003社区基金会全球状况报告，《全球资助者支持计划——社区基金会》，2003年5月23日，www.wings-cf.org/global_report。

② 埃米特·卡森：《面向十字路口的社区基金会》，《慈善纪事》，2002年5月16日，第37页。

有关，而且涉及社区基金会业务的本质。他们的产品组合可持续吗？社区基金会可以参与竞争吗？

大多数社区基金会的核心价值是永久的。他们最初是为地理意义上的社区建立捐赠基金的一种方式，并且多年来一直在变化，专注各种基于身份的社区。他们有多样化的生产线，在营销方法上也变得更加复杂。

即使他们改变了名称、市场营销模式、咨询委员会、产品组合和地理覆盖范围，社区基金会仍然专注于收入来源，这从根本上限制了他们当前在这一行业的运作能力。社区基金会从捐赠者托付给他们的资金中征收的资产管理费中获得其营业预算，这几乎与产品无关。20世纪90年代的竞争导致了典型的行业格局，即使增加了新的服务，使社区基金会产品比竞争对手所销售的产品更具吸引力，价格战依然压低了费用。2003年该国最大的基金会之一——大亚特兰大社区基金会通过一项研究得出结论，所管理的每个捐赠方基金都损失了大约475美元。[1] 拥有数亿资产的大型基金会从他们的其他费用来补贴这些损失，规模较小的社区基金会将通过这种收入模式慢慢地将自己推销出去。[2]

社区基金会如何在这个市场中生存？关键在于需要评估他们的核心产品和服务，并使他们的收入结构与评估保持一致。与1914年创立第一个社区基金会的机会不同，2003年的产品和服务评估需要在整个慈善行业的背景下进行。捐赠投资组合（见图3.1）在此颇有帮助。由于这些基金会评估了他们可以提供的产品组合，以继续为其社区提供灵活的捐助资源，因此他们应该寻求在该组合中建立联盟和伙伴关系的方法。

---

[1] 玛尼·D.拉罗斯、布拉德·沃尔弗顿：《捐增人建议基金的贡献率下降》，《慈善纪事》，2003年5月15日，第7页。

[2] 在美国的658个社区基金会中，只有100个基金会拥有超过1亿美元的资产。

全国各地的几个社区基金会已开始重新组织自己，直接回应该行业组成部分和讨论过的变化。下一部分将介绍几个基于该行业组成部分的、有组织的变化。

产品与服务

长期以来，社区基金会向其捐赠者客户提供了一系列金融产品，其中包括捐赠人建议基金、利益/兴趣基金、无限制的资金池、支持型组织，甚至是特许家族基金会。此外，可以为众多捐赠者提供各种投资选择，以便将其稳定性与风险性相匹配，以体现其社会价值。在过去的十年中，社区基金会已经开始为任何个人（社区基金捐赠者）提供遗产规划服务，从而巩固其作为慈善公益事业本地推动者的地位。这使他们受到社区非营利组织的青睐，这些非营利组织负担不起高级管理人员的费用，而通过加强与本地财方顾问和房地产顾问的关系，为他们提供一套独特的产品。[①] 社区基金会也利用了20世纪90年代后期捐赠行业快速发展的优势，为几个社会风险投资伙伴组织提供了服务，他们中的一些也开始了自己的业务。所有这些创新都体现了社区基金会提供的慈善资产管理产品的多样性和广泛性。随着遗产税法和退休计划选择的改变，我们应该期望社区基金会也积极开发新型的慈善资产管理产品。

除了这些资产管理产品之外，社区基金会自商业捐赠人建议基金兴起以来一直在不断完善咨询服务。社区基金会和商业基金之间最常见的区别在于基金会所声称的社区知识、本地专业知识或社区关系。慈善公益中的知识管理问题与商业基金的兴起同时出现，并非巧合，因为对于所有基金会而言，这些廉价的、低成本的慈善服务的出现都要求其他的结构考虑其价值问题。在过去的十年中，社

---

① 罗德岛社区基金会、洪堡地区基金会。

区基金会需要履行对社区知识的承诺,导致以下方面的创新性,包括对捐赠者的服务、新网站的功能、捐赠者的教育服务及评估、社区的会议设施、与非营利组织和其他社区基金会的合作关系,以及更为协调的营销策略。

一些社区基金会正尝试为捐赠者和潜在捐赠者试验共享结算室、研究和知识产品,给主要捐赠者提供合同顾问,针对捐赠者开展评估研讨会以及各种其他社区专业知识培训等各类服务。[1] 在所有这些具体的运作中,他们都在寻求利用其经验和社区关系的、切实可行的、价格合理的商品。

全国联盟、社区知识

随着社区基金会更好地利用社区知识开发商品,在社区慈善公益事业中有意义的工作和联盟开始发生变化。虽然一些社区基金会曾经考虑过金融服务公司,但绝不是全部——作为奇特的竞争对手,多年来在社区基金会和金融服务公司之间已经建立起生产联盟。[2] 人们可以合理地将金融服务公司和社区基金会联盟的成立追溯到克利夫兰,当时第一个社区基金会是由当地一家银行创建的。[3] 最近,这些规划在当地局部发展起来,社区银行行长经常在基金会理事会任职,信托官员与基金会项目官员合作,基金会将部分资产留存在当地银行。

随着商业银行业务向越来越大的方向整合发展,社区基金会一直在寻求与现在主导商业银行业务的"超级区域"和国家银行链建

---

[1] 半岛社区基金会的风险货车,慈善公益的新风险。
[2] 威廉·崔、英格丽·米特曼:《商业赞助的捐赠人建议资金的免税问题》,免税组织税收审查,1997年7月;乔·卢马达:《慈善事业、自我实现和社区基金会的领导力》,《从赞助者到领导者》,纽约:约翰·威利父子公司2002年版。
[3] 戴安·泰特:《重建克利夫兰:克利夫兰基金会及其与时俱进的城市战略》,俄亥俄州哥伦布:俄亥俄州立大学出版社1992年版。

立有意义的联系。这些关系被证明有点难管理，因为大型银行有太多决策层要与之抗衡，并正在寻求能够在所有市场为客户服务的合作伙伴，而不仅仅是在一个社区中。自从20世纪90年代末废除《格拉斯—斯蒂格尔法案》以来，商业银行业的变化直接导致了建立"国家后台办公室"以允许与大型银行建立这种联盟关系。这种压力随着商业银行、经纪公司和州际银行法之间的隔阂减少而增强。社区基金会目前正在积极发展与美林证券和美国证券公司等经纪公司的国家合作关系，管理与其市场上超级区域银行的关系，许多非营利组织仍然依赖于当地社区银行的关系。

这些关系中的挑战既包括规模，也包括产品。对于社区基金会而言，以对国家合作伙伴有吸引力的方式识别、包装、使用和销售其社区知识，是一项全新的业务。为此，数十个社区基金会加入组建了美国社区基金会，该基金会帮助与国家合作伙伴进行谈判，并开发共同的营销、技术和评估工具，以便能为各个社区基金会提供一个共同的支柱。

这种关系中较容易的部分是构建其基础设施。社区知识和文化差异很大，基金会几乎没有共同机制用以共享有意义的信息。当然，对捐助者来说，真正有价值的正是他们对社区"接地气"地了解。因此，在许多情况下，结果是共享基础设施，以促进慈善公益事业的交易，强调个人关系仍然是知识服务的基石。

这些关系中的每一个主体都依赖于金融资产和知识资产的不同作用。捐赠者、社区基金会和金融公司之间三种最常见的关系在表7.1中体现，金融和知识资产的管理以斜体标出。这些模式绝不是互相排斥的。相反，越来越多的社区基金会和金融公司同时都在参与管理。

表7.1　　　　　　　　社区基金会和知识

模型 A

捐赠者1→社区基金会→（金融公司）

（金融资产是社区基金会的财产，在金融公司的帮助下进行管理）

捐赠者1←社区基金会

（社区知识资产）

模型 B

捐赠者→社区基金会→（金融公司）

（金融资产是社区基金会的财产，在金融公司的帮助下进行管理）

捐赠者1←社区基金会

（社区知识资产）

捐赠者2→金融财务公司

（金融资产）

没有社区知识

模型 C

捐助者1→社区基金会→（金融公司）

（金融资产是社区基金会的财产，在金融公司的帮助下进行管理）

捐助者1←社区基金会

（社区知识资产）

捐赠者2→金融财务公司

（金融资产）

没有社区知识

捐赠者3 & 财务顾问→金融财务公司/社区基金会合作伙伴

（社区基金会拥有的金融资产，由金融公司进行管理）

捐助者3& 财务顾问←社区基金会

（社区知识资产）

注：对于此处显示的所有关系，最初可能会有一位专业顾问（律师、注册会计师、投资经理）来将捐赠者介绍给社区基金会。

对于模型 A、B 和 C 中的第一、第二和第三位捐赠者，社区基金会需要提供不同级别的服务。他们可能需要为每个捐赠者开发不同层次的知识产品。例如，每个模型中的捐赠者 1 可能会有个人会议和定制的备忘录建议。这不仅是可能的，而且对于现在为社区基金会提供大量捐赠的捐助者来说，可能是一种重要的区别服务水平的方法。捐赠者 2 在服务方面的需求就非常少。

捐赠者 3 和其陪同的财务顾问为社区基金会带来了最新的挑战。社区基金会正在为这些捐助者研发具有成本效益的服务，以及有用的具有成本效益的知识产品的知识产品，如通信、数据库访问、小组会议、教育研讨会等。这种产品开发本身就是一种新型的工作。更重要的是社区基金会尚未回答投资回报的问题。基金会还需要签订新的技能组合或将他们带到内部决策，对于这些知识产品来说，他们将需要一套新的分销渠道，因为他们与捐赠者典型的一对一关系还需要再拓展。

结构和运作选择

所有这些直接导致社区基金会运营的后果正试图建立和维持这些新联盟，或将社区知识作为其独特的因素。多年来社区基金会一直在向捐助者推荐捐赠人建议基金，作为一个有吸引力的、与社区基金会合作的手段。这些捐赠者及其捐赠几乎占社区基金会所有资产的四分之一。[1] 然而，最落后的社区基金会试图将这些捐赠者的新服务移植到他们先前存在的员工结构中。

真正需要的是重新考虑员工的角色和技能。项目负责人刚开始被认可并被组织起来为捐赠者提供服务，捐赠方服务人员刚开始向

---

[1] 詹姆斯·L.乐克、苏珊娜·L.费尔特：《捐赠者日益灵活的服务：捐赠者为社区基金会提供咨询意见》，华盛顿特区：基金会理事会，2002 年，第 2 页。

潜在捐助者提供项目信息的直接链接。除非社区基金会把人力组织集中在他们投资最多的地方，否则他们声称为捐赠者提供比金融公司更高水平的服务将是相当空洞的。

这种实践需求的影响力是巨大的。应该检验社区基金会的每一个组成部分，对满足社区需求、向捐赠者提供信息、并与金融服务伙伴合作的贡献。此外，社区基金会服务的技术基础需要与银行和券商提供的技术基础保持同步。即时可用的、持续不断的最新信息——资金账户、捐赠、投资回报和社区指标将很快成为社区基金会的最低标准。毕竟，这并不比捐赠者现在期望从他的银行、经纪人、供应商和公用事业公司得到的服务水平更好。

能够管理有技术基础的人员，无论是专有系统还是国家社区基础技术平台上的节点，相关人员需求量都很大。将这项专业技术的成本分摊到几个社区基金会是非常关键的，因为美国560个社区基金会中的大多数运营预算都很少。技术专长不是唯一需要的新技能。经验交流、评估支持和获得政策分析或监管审查的机会越来越普遍，社区基金会（包括独立基金会）也越来越普遍。

现在显而易见的是需要重新考虑普通员工结构（和基金会理事会组成），并就每一项资源提出"是购买还是租用"的问题。在许多情况下，与传播、评估、研究或监管专业知识合同相比，在工薪总额上拥有这些资源更为合理。这种服务需求改变了为这些基金会提供服务的基础设施的市场，因为他们是（或应该是）向其成员和潜在成员提供这些服务的主要竞争对手。为解决共同技术基础设施需求而成立的美国社区基金会的演变，表明了这些共享资源获得成功的机会和潜力。

随着社区基金会围绕社区知识资产开展相关工作，定制和大规模生产信息包，制定共同成功指标的机会也在增加。现在摆在业界面前的机会是设想全新的内容提供者/分销渠道/资产管理关系，使每个组织都能最好地服务于市场，同时与其他地方的专家合作。这一转变——从单一的慈善提供者转向联合的产品和服务提供者，将对这个行业产生深远的影响，也将出现新的费用结构和产品。还需要大量基金会进行重大的文化转变，毫无疑问，这一转变将由少数大型基金会引导开始实现。

营销和测量

重新审视社区慈善公益的基础结构和网络将需要采用新的定位、营销和愿景宣言。营销信息包括：传递捐赠者捐赠信息、满足时代需求的联盟，以及资产管理、社区知识和国家网络/地方专业知识之间的互补价值将获得成功。重点必须放在捐赠者、社区，以及这些网络如何最好地服务于这两大群体。此外，我们有机会建立一个可以积极扩大慈善市场的慈善服务基础设施。但迄今为止相关努力成效不明显，因为个人的捐赠数十年来一直在相当狭窄的范围内。衡量一个新的慈善体系是否成功的标准是显著扩大捐赠收入的平均比例，并通过为捐赠方提供服务的复杂资源网络来追踪这些数据。

一个承认自己在捐赠组合中地位的社区基金会，将很快确定其只是一个向其他捐赠者出售资产管理工具的供应商。基金会必须开始了解其捐赠者，了解他们所使用的其他产品。捐赠者如何衡量社区基金会这些产品？咨询服务如何？社区基金会是否有办法向捐赠者提供社区专业知识，而不过问他们的资产管理在何处？如果他们要这样做，社区基金会必须采取的首要步骤就是从其资产中分摊费用。

这个似乎很小的建议实际上是慈善界最大的变化之一。对于慈善行业的所有供应商而言，资产管理费是向捐赠方建立伙伴关系和交叉销售服务的障碍。只要业内不同供应商的独立商业模式取决于资产管理费,其他供应商都是竞争对手,而不是合作伙伴。以此观察所得的必然结果,就是开发替代收入资源的供应商将能够与业内所有其他供应商合作,并交叉提供销售服务。这是社区基金会盼望已久的机会,可以将他们的服务和产品分开,以便于他们可以继续直接为自己的捐赠者服务,同时告知其他慈善家,这是未来构建社区资源的关键。

独立基金会

与社区基金会不同,独立基金会在收费方面不会面临同样的挑战。他们面临着一个不同的挑战,即在一系列运营成本限制内管理他们的工作。这些参数由理事会成员界定,并越来越多地通过立法的方式来决定。这些基金会的机会是自我重组,这样可以与他人合作、汇总和整合他们的资源,随着时间的推移,承诺策略不会产生额外的运营开支。

为网络有意构建节点结构,比那些独立构建结构的成本更低。当今独立基金所面临的最棘手挑战之一,是前面讨论的"是购买还是租用"的问题。如果有几个基金会投资于共享资源,无论是员工、顾问、研究数据库还是投资经理,每个组织的总体成本和组织的平均成本都将会减少。这个原则的一些小微案例已经初见成效。例如,一些致力于提升残疾人学习能力的国家基金会,几年来公司与员工、研究人员、董事会成员共同分享了他们的资助资金,以降低整体运营成本并促进组织之间的学习。在其他情况下,面临支付压力的新兴大型基金会已经尝试将某些项目工作外包给同行基金会,只是将他们的资金增加到现有基金会里去,但使用原基金会的工作人员、捐赠系统和网络关系,以确保资金得到合理地使用。一个更为人所熟知的情况是,私人基金会和社区基金会之间的伙伴关系，使用前者的财务资源和后者的知识一起实现共同目标的历史已经相当悠久。

独立基金会正处于最佳时期，可以将其结构、运营原则、员工技能、资助机制、资源战略和知识来源与其他网络结合起来。正如上述案例所示，有一些小案例涉及两个、三个或四个基金会，他们同时在做着同样的事情。然而，首要的挑战将是建立行业工具和系统，使这个网络能够更快地被新实体所访问，以便于他们能够比现在更快地体验到"连接"所节省的成本。

这是行业内不断变化的基础设施、混合型组织和如今遍布整个行业的真正的伙伴关系的小型集群的潜力。他们可能共同推动该行业转向一个围绕其自身的多样性、聚集性和集成性组件进行工作和奖励的系统。独立基金会是促成这些变化的关键因素，他们构成了机构体系的主体，目前也是最孤立的机构。

改变一个，改变许多

组织层面是最直接影响变革的层面，但不一定是影响变化最大的层面。虽然从这个层面开始，对于整个行业来说将是富有成效的，只要他着眼于加强更广泛的系统。一些建议的战略不能单独完成。例如，共享人力资源聚焦于由一组专家指导的私人基金会资金池，或与公共部门合作确定聚合和融合的项目战略，本质上这都取决于多个组织合作。

其他选择首先在组织层面上有所影响，但最终取决于作为网络中的一部分工作。例如，一个精心选派任命的社区领导人参加理事会，或向基金提供建议的慈善实体本身表现出对知识和伙伴关系的不同承诺，而不是完全由继承人或同事告知。然而，仅仅为一个组织指定社区顾问是不够的。由社区引导的慈善基金会需要使用这些顾问带来的专业知识。公共董事会成员可以帮助找到其他的合作伙伴，确定政府机构和行为，关注与慈善创始人背景不同的居民所关心的问题，并提供访问新的、多样化的网络渠道。

人员决策的配置提供了另一种机会，可以为单个组织所选择，这将扩大或限制其作为网络一分子的成功。愿意与他人合作的组织需要广泛拓展人脉资源，他们在团队中取得成功，可以长时间地参与协同工作，渴望学习并与他人分享。这一些乐于合作的组织或个人所得到奖励，而不止独自的，或孤立主义的行事。

支持基金会员工参与决策的系统可能促成合作伙伴关系战略的成功，也可能打破这种成功，使用其他人的研究成果、酬劳和激励提供知识和信息，帮助影响基金会之外的资金，这些都是网络内部系统节点的组成部分。

当然，最终网络成功的测试不在于每个部分的成功。如果许多独立组织选择新的员工技能或系统要求，他们必须共同努力集体评估其影响力。他们提供的研究和资金必须是更广泛的社区议程部分，并与公共基金和商业基金相结合。他们的目标必须是激励人心的，而且真正的成功必须是共享的。在每个实体的目的中，这项工作不能是外围的或是边缘的，必须是中心的，与核心目标保持一致。

基金会引领新慈善公益的发展取决于网络的质量和社区的利益。目前基金会的运营实践很可能阻碍了对其管理的慈善资产的充分使用，影响了基金会管理人员的才能和技能提升，以及多年来基金会关于社会变迁的大量知识的累积。这种个人主义行为违背了我们现在所看到的经济真正转型的要素：信息的评估和应用、网络社区的利益和金融资产的杠杆效应。

第八章

构建社会公益新体系

未来和过去一样,是现在的一种状态。

——弗里德里希·尼采[①]

美国慈善公益正处于其历史的关键时刻。市场、法规和公共利益等强大的力量正在拉动慈善公益发展——构成这个行业的"三脚凳"。紧张的局势联合将会给不同行业中的参与者带来不同的感受,并且可能需要几年才能感受到全部的压力影响。随着市场的继续分化、新产品的上线、监管争论向实践行动的转变,所有这些部分都适用于行业的重大变化。

我们已经看到慈善公益在我们眼前变成了两种产品系统:资产管理工具和咨询服务。合作基金会、网络、联盟、合作关系和投资组合建议为基金会和个人提供了一种将知识作为联系纽带的方式。一些志同道合的慈善家,不论机构参加与否——可以找到彼此,一起整合他们的资源,并朝着共同的目标努力,我们已经确定了实施的可能性,这是新的慈善资本市场的潜力。

当我们试图预测未来时,可以根据目前驱动因素的变化和其他行业的经验,来推断出多种选择。

---

① 尼采在《查拉图斯特拉如是说:一本无所不读的书》所写的一个片段(未发表),沃尔特·考夫曼(翻译),纽约:现代图书馆,1995年。

监管结构的变化是最难预测的。联邦层面的新税法、地方税务评估、关于基金支付率的新规定，以及鼓励个人捐赠的税收激励都已到位。鉴于联邦立法者对于变革的兴趣，以及州和地方官员的预算压力，重大修订（废除遗产税）的可能性依然很高。如果慈善公益事业像1948年的电影业，1975年的经纪行业或2000年的唱片业那样遵循新的法规，我们可以期待看到新的联盟来加强一些大型机构的存在，并将其他的机构也归入在内。[①] 例如，由商业部门领导的快速创新，新产品开发将遵循新的税法或银行业法规。关于信息披露和加强治理监管，则由媒体披露的丑闻引起，例如2002年安然公司、安德森咨询公司和萨班斯—奥克斯利法案。

　　如果慈善公益面临资本可用性长期下降的困境，我们可能会看到类似于石油或钢铁行业对库存挑战的典型反应，也就是说由主要的行业领导者推动着保护主义监管。届时，我们可能会看到替代方法的蓬勃兴起，并最终导致新产品和旧供应商的流失，正如我们现在看到的，传统的石油行业中坚力量——壳牌石油和英国石油公司所出售的太阳能咨询和家用电力系统。

　　如果慈善公益以音乐产业的方式回应技术创新，我们将看到诉讼、保持市场主导地位的努力和捐赠者的抵制。相反，如果采用新技术，我们可能会看到纳普斯特的慈善公益事业，通过对等知识交换取代协会成员。我们可能会看到慈善分析师的独立公司的发展，为各种资产管理供应商提供订阅基础上的研究和建议。在这种情况下，项目负责人将不复存在，至少现在他们只能为一个组织服务。

　　如果机遇继续催化新的供应商进入慈善市场，我们将看到迅猛的产品创新、大规模的营销活动以及慈善媒体的兴衰，类似于繁荣

---

① 约翰·卡多尔、查尔斯·沙沃博：《一家公司如何击败华尔街并重塑经纪行业》，纽约：约翰·威利父子出版公司2002年版。

时期的行业标准，商业2.0、红鲱鱼以及C/Net电视。我们可能会看到一个由社区基金会组成的财团接管主要金融服务公司的捐赠人建议基金，并用私人产品标签来合并后勤供应商以管理慈善资产。

如果公共预算继续萎缩，决策权转移到县级或市级，我们将看到新的政治联盟和新的公私合作伙伴关系的权力动态。公益将由居民和社区来界定，其中一些将拥有所有必要的资源，而另一些则将受益于公共和私人金融资产。联合生产的基础服务——从邻里守护到可回收，再到医疗保健和养老服务，将会变得司空见惯。对于为个人或组织提供捐赠的501（c）（3）税收优惠资格的新条例是非常必要的，因为社会服务可能完全由商业供应商来提供。这一演进预示着对全球捐赠产生不利的效果，因为社区可能会被迫去关注自己。同时，这对维持社区资源可能是个好兆头，自然资源与财富之间的全球化地理位移可能会减少。

显然有很多因素影响着那些我们无法控制的行业。尽管这些变化将对慈善公益产生巨大的影响，不过没有任何慈善行为会改变人口趋势。通过关注一个多元化、聚合的、完整的、适时的、坚定的新慈善市场的愿景，我们可以开始选择我们所需要转移的资源、认同我们确实有影响力的"杠杆"，并形成一个更实际、更高效、更强大的行业。

我们选择的未来

有很多可能的未来，真实的情况无疑会包含我们今天所熟悉的一些事物，以前绘制的一些场景，以及一些在今天看不到的元素。认识到工作中的力量及其对慈善行业可能产生的影响非常重要，但确定谁可以引导这些力量，如何用其预示一个可选择的未来，以及什么是最需要避免的，这些都是同等重要的。

该行业有一个积极的未来,包括三个基本的组成部分。这些组成部分是新慈善资本市场的基石。他们是指新的收入体系、行业领导力和有序的多样化。以下各节将讨论这三个特征中的每一种,以及他们与这一行业积极的、共同的未来之间的关系。

新的收入体系

慈善公益市场的变化揭示了对非营利组织成功构成的挑战。20世纪90年代后期知识空间中存在多种重要的辩论,其中分支之一就是关于慈善公益领域的影响力投资(风险慈善)问题,关注的是非营利组织财务运作前后矛盾的损毁机制。由于他们年复一年地重新成功包装,并吹捧自己的创新能力,所以非营利组织的资金一直处于不足的状态。他们需要筹集资金而并非专注于服务或产品交付。正如杰德·埃默森和其他人已经明确指出的那样,非营利市场中的金融工具太少,且过于简单,无法实现该组织的目标。埃默森等人提出了多种策略,从捐赠投资到复杂的金融产品,都带来了更多的资源组合。

在非营利组织可用的金融工具的问题上,以及他们长期缺乏资金的背后,不同的收入来源之间存在根本的混淆和不合理的关系。非营利组织活动的收入来源包括个人捐款、政府合同、服务费和其他慈善机构的支持。这些非营利收入来源是不对等、不协调、重复的、不可靠的。

这不是个新问题,也不是任何非营利组织问题的一种揭示。然而,无论是机构还是个人,资助者都对整个新进的融资体系感兴趣。这种变化将是未来选择的关键组成部分。成功的可持续性对行业中几乎所有的行为者都很重要。现在是时候认识到:慈善交易中的个人参与者可以共同合作,以有利于所有各方的形式来修正资本市场。为了促进个人投资者和非营利组织之间的直接联系，已经开发了一些在线交流平台——全球社会投资交易所、虚拟基金会和全球捐赠网，都是由基金会和企业支持的团队承保的。在社会企业家和国际援助的特定领域内运作，这是改变非营利融资动态的两个前期阶段性努力。

由不同类型机构的融资伙伴一起合作的案例很多。卡尔弗特捐赠投资组合模拟了共同基金的金融服务公司与多家非营利组织、资助者之间的新型合作关系。洪堡地区基金会和第七代基金正在共同努力解决加州北部四个州的美国原住民问题。捐赠圈、联合资助，和一些慈善组织为资助者提供了与其他伙伴合作的工具。一些大型基金会试图从一开始就将持续的筹资战略纳入其工作中，盖茨基金会在重新打开药品销往国外的新局面方面取得了一些成功，而帕卡德基金会的加州保护倡议引发了大量额外的慈善投资，并通过了国家土地保护的措施。

然而，真正需要的是全面地重新审视系统的工作方式。慈善部门的假设是，公共财政将继续尝试为成功的慈善提供资金，但自20世纪60年代以来就没有出现过。即使这种模式终于开始在基金会的集体心态中消亡，也没有出现明确的替代方案。公共决策和资金将继续下放给各个州和市，下一个十年的公共部门预算可能会是赤字。重新思考为金融市场和系统创新的新方法和基本服务提供慈善性融资至关重要。融资渠道中哪些参与者最适合担任哪些角色？谁应该专攻研发？是谁让初创公司达到稳定水平？谁使小型项目的规模扩大？随着慈善领域的参与者开始审视这些问题，整个行业真正变革的可能性也在不断增加。

行业领导力

想象一下：你是坐拥数十亿美元资产的领导者，经历了数年前所未有的增长。但在最近两年的过程中，媒体已经抓住每一次机会揭露你团队中的丑闻，增长速度明显放缓，监管机构和立法机构正在提供机遇：促成这个行业的真正改变，新的竞争对手正从四面八方涌现。虽然新进者比当前的行业领导者要弱小得多，但他们中的很多人都是由拥有大量研发能力和雄厚实力的庞大机构资助的。

听起来像高科技或音乐行业？再试一次。这是今天的慈善公益事业。关于这一景象，唯一能够让过去几年一直关注的人感到惊讶的是，该行业对这些变化的反应如此温和。而且所做的任何事情都是作为一种反应而完成的。各类型组织的领导力显著低下，几乎没有积极的建议来培育这些伦理的、可信的、有数十亿美元价值的领导力应用项目。没有联盟可以提出替代解决方案，或引导工业界进行自我管理，或媒体支持，或拟议监管的变革，以此来推动行业投资。

对这个行业来说，一个非常大的挑战就是找出他的领导者。他们是谁？他们应该是谁？为什么在这么多年之后，这些问题很难回答？

慈善公益事业的大多数参与者都很弱小，是一个大多由夫妻组合的庞大行业。他们很难在拥挤的环境中找到彼此一起合作的工作伙伴。个人捐赠者和大多数基金会都是如此，个人基金会的方法和不断变化的市场竞争加剧了行业的分化。正如联合建立联盟和合资企业的时机如此清晰，行业增长中的力量正在脱离相关制度的约束。

杰出的基金会——这些基金会的资产规模最常被业界认可，在这个行业中是非常有特权的参与者，很少代表其利益行事。在目前的情况下，这些组织不仅受益于其持久性，还受益于其经验、稳定性、专业知识，及对该行业其他组织的独特见解。与少数其他行业参与者不同，他们关注趋势、市场研究和行业范围的挑战和机会，这些大型基金会并非寻求从市场中获利。相反，他们真诚地表现出关心行业的福祉。

这些基金会在发挥领导作用方面主要面临两个问题。首先，他们几乎没有实际合作和代表行业发言的经验。这体现在雇用说客使其反对2003年"关爱法案"的相关条款。尽管其他行业仍然保留此类援助项目，并且随时准备发出动员通知，但慈善公益事业的组织化发展如此缓慢，以至于当他们最终聘请前国会议员制定他们的方案时，这已经是一项发布了的国家新闻了。[①]

其次，尽管这些差异的重要性在明显下降，基金会还是花费了大量努力，试图与行业中的其他参与者区分开来。公共、私人和独立部门之间的界线已经模糊了，自从美洲殖民地初步形成以来，可能并不显见。X代、Y代以及以后的世代习惯于商业运营的公立学校，以教会为基础的普世汤厨房（church-based ecumenical soup kitchens）和雇主提供的非营利性质的健康福利和依赖私人保险公司的公立医院，以及由酒店承接的体育赛事到艺术展览等各种活动。这几代人不受联邦特工、当地警察和私人承包商的影响，可以在机场检查行李。在这些对政府和企业角色期望转变的背景下，非营利组织和慈善家的独特作用更难以阐明。而行业试图把重点放在慈善公益行业的独特性上，而不是在与其他行业的伙伴关系模式上做出的贡献，因此，所提出的问题比能回答的要多。

---

① 斯蒂芬妮·斯特罗姆：《基金会雇用前立法者到大厅反对议院法案》，《纽约时报》，2003年5月28日，第A19版。

新世纪不仅带来了慈善公益事业中资本问题的新焦点，而且更大的市场也促使重新定义整个行业的活动。正如一位观察家所指出的那样，商业、独立部门和政府活动之间可能存在模糊的界限，"在资本主义中，可以被私有化的东西，将会被私有化"。这对公共服务意味着什么，以及慈善公益事业意味着什么，还都有待观察。

非营利组织等慈善机构必须确定其与商业和政府职能转移的价值。私营公司已经进入教育、儿童保健和其他社会服务领域。医疗保健和艺术一直是商业、公共部门和独立部门的活动范围。联邦政府继续将政策和预算决定的权力下放给各个州。人们担心私营部门是否能更好地提供服务，政府则将继续通过政府购买服务，而非直接提供服务，使独立部门这一社会上最无权无势的部门承担更大的责任。这是一个问题，因为即使慈善资产增加，致力于社会正义的投入比例也没有跟上。慈善部门取代政府来提供公共服务的能力和意愿至今仍是值得怀疑的。

此外，非营利组织和慈善组织理所当然地担心被视为太过于接近政府部门，尤其当他们对曾经提供的公共服务负有越来越大的责任的时候。由于公众对政府的信任程度低，大多数非营利组织都不愿意借助政府来背书。此外，许多基金会和非营利组织认为他们的工作在政治范围之外，与更为核心的政府活动形成鲜明对比。

在这种背景下，制定明确的慈善基金和知识储备规划，如何与美国的私营部门和公共生活领域相互作用，已经成为重要的战略问题。为此，慈善公益事业需要站稳脚跟，传达其价值观。捐赠慈善的兴起是这种变化的一个积极的指标。公共部门和商业实体不应掩盖慈善公益事业的重要性，鼓励他们去提倡变革，推动改革，推广可选择的前景，或尝试新战略。

随着努力评估的工作激增，以及新的捐赠者为社会变革工作带来了以商业为导向的指标，许多人担心慈善公益事业的灵魂会丧失。相反，失去的是慈善公益的独立声音、表达自己承诺的意愿，以及对自身的信心。作为一个不断发展和多样化的行业，其目标不应该是将所有行动都减少到最低标准。相反，该行业必须鼓励辩论，认识其业内明显的裂缝，并明确表示他代表什么，在一起合作或分开的立足点是什么。如果管理得当，行业的不同动机、政治愿望、社会理论和商业结构将会蓬勃发展，并为捐赠者和社区提供强大的解决方案。如果管理不善，并以一致的名义掩盖，这些裂痕将会使整体变得无能为力，只有那些可以进行市场谈判和监管的组织才能生存下去。

慈善公益也需要将自己积极推动成为一个行业。对公众而言，这相当于多样化的营销活动，诸如由牛油果、牛奶，甚至纽约州的其他行业一样。① 对于公共监督者来说，这意味着要努力整合资金，并分享成功的经验，以保持与全美50个州和国家一级监管机构的一致关系。这个行业近期和长期都可能会经历更严格的监管。正如安然公司、安德森和泰科的丑闻导致美国企业的新治理结构一样，网络捐赠的丑闻、专用基金的滥用，以及媒体关于慈善监督的负面报道泛滥，为持续监管慈善公益事业的法规修订创造了条件。

多名业内观察人士近几年来一直在说，对于慈善行业，"只要有一个丑闻，就肯定会发生一系列坏的结果"。2003年6月，随着来自海湾地区联合之路的非营利组织分支之一——皮耶文公司使用了慈善捐款来支付自己的运营开支，糟糕的结果就似乎要发生了。虽然这一案件仍在审理中，但重要的是要注意丑闻的舆情是如何改变的，从2001年开始，红十字会也因滥用资金被提出了类

---

① 加利福尼亚牛油果协会、牛奶委员会的"得到牛奶"运动；纽约州的"我爱纽约"运动。

似的指控。当时，被指控的组织首先为其行为进行辩护，声称其从未承诺在"9.11"事件之后只把捐赠用于缓解这场悲剧。随后公众哗然，红十字会主任被解雇，仅在损失失控后才公开道歉。在皮耶文公司的案件中，所涉及的组织以自己的名义呼吁审计人员，尽快将所有材料交给总检察长，立即公开声明表示忏悔，并专注于弥补损失的资金。[①] 现在就知道犯了什么错，或犯了什么罪还为时过早，但公共舆情的差异是很显著的。

这个行业是否吸取了与媒体合作的经验教训，或真正转向与监管机构保持互动，还有待进一步观察。皮耶文公司的案件对慈善公益的信誉来说，可能产生不好的影响。这也可能是该行业的一个转折点，一个腐烂的苹果会很快蔓延开来，但也会推动其他创新者朝着正确的方向前进。

慈善公益事业中的一小部分组织可能更倾向于通过监管来受益。小型基金会和农村基金会（特别是农村社区基金会）与当地和州的代表保持密切联系。据小型基金会协会报道，大多数成员认识他们的议会代表。该协会鼓励其成员结识当地的政府官员。农村社区基金会的管理人员还报告了与当地和州政府官员的高度合作关系——"每个人都认识每个人"。例如，密歇根州基金会理事会，有一个向州和当地代表介绍基金管理人的计划，相信这种关系对于传播慈善公益的价值，和监管决策者保持联系很重要。

然而，大多数情况下，基金会与公共决策者保持距离，直到出现行业危机才可能改变这种局面。虽然国家贸易协会和会员组织，如基金会和独立部门理事会可能会跟踪政策变化，向成员传达政策

---

① 斯蒂芬妮·斯特罗姆：《加利福尼亚州慈善事务所倒闭，让一些客户不知所措》，《纽约时报》，2003年6月4日，第A22版；斯蒂芬妮·斯特罗姆：《地方慈善行政长官表示：审计显示收入不足》，《纽约时报》，2003年6月5日，第A27版；托德·瓦莱克：《慈善资助之谜》，《旧金山纪事》，2003年6月4日，第1页；托德·瓦莱克：《非营利机构承认花费慈善资金》，《旧金山纪事》，2003年6月5日，第1页。

并激发其回应，但州一级的基础设施显然更加多样化，并且没有准备好应对的政策。目前，50 个州中，只有 10 个州拥有位于州首府的专业协会，并将监管审查和公共政策作为其任务的一部分。①

慈善公益事业有机会作为一个行业汇聚在一起，促进一种鼓励捐赠、激发伙伴关系，并能支持行业发展和多元化努力的监管结构。行业内的竞争压力，很有可能会有利于那些组织主动了解监管方法，并有能力推广这种方法的组织，从而推动监管事业的发展。

当我们寻求改善慈善体系时，我们必须始终如一地追求更大的共同利益。慈善公益本身的功能有限，用途也有限。慈善公益事业必须鼓励多元化、聚合和融合监管的发展，因其关系网需要整合进更大的体系。这不仅是独立部门的问题，也是与选举办公室和商业资源共享的不稳定的平衡关系建构的。我们从历史中知道，公共部门和私营部门都不能代表所有的观点，实现所有的愿景，支持所有的政治信仰，培养所有的美育，完全确保自己的正义感。慈善公益和独立部门负责鼓励和支持少数人的观点，测试无利可图的想法，突破知识的边界，并代表有需要的人进行宣传。这个更大的共同利益就是为什么慈善公益事业至关重要。这些巨大的责任落在了慈善公益事业和独立部门身上，也是为什么不断追求改进如此重要。

有序的多样化

当代美国基金会的一个重要的神话就是："社区基金会和金融服务公司之间的伟大战役。"这个神话主要基于一个社区基金会的行为——加州社区基金会，这是一个非常大的社区基金会。神话建

---

① 露西·伯恩赫兹、肯达尔·古特日：《慈善联系：绘制美国资助者网络的景观》，华盛顿特区：资助者区域协会论坛，2003 年。

构的核心是 20 世纪 90 年代商业捐赠人建议基金的诞生，立即遭到了所有社区基金会普遍的不信任和敌意。这会让我们相信，美国的所有社区基金会都聚集在一起，并极力游说把商业资金宣布为非法。十年过去了，社区基金会开始与各种金融公司开展合作——首先以小区域的方式，并最终通过与美林公司的全国联盟进行合作——由此显示了早期方式的错误。

问题是上述更早的方式从未发生过。1992 年，社区基金会无力组织和对抗富达投资或任何其他公司。几个社区基金会的确通过法律建议，也的确要求国家税务局复审相关的"捐赠人建议基金"。但这些基金会既不代表整个社区基金会，也不代表行业发声。

这场不存在的伟大战役的真正教训是促成行业一致行动的力量。自 1992 年以来，社区基金会在现有行业协会的支持下，在基金会理事会中发展了一个由社区基金会领导的团队。他们还创建了一个独立的贸易小组，专注于该领域的研究和开发，即美国社区基金会。此外，几个州和一些较小区域的社区基金会现在通过正式的联盟和非正式协会中聚集，他们共同开发产品和开展营销活动，并且以美林合作伙伴为代表，正在形成正式的商业联盟。

商业捐赠基金的出现对社区基金会和所有慈善公益事业产生了深远的影响。他们代表了几年来首次在慈善公益中进行大规模、独立的产品创新。自 1992 年以来，慈善供应商已经推出并销售私人基金会的一些行政产品、支持型组织、特许家族基金会和图尔基私人基金会（turnkey private foundation）等新慈善公益形式。

慈善公益事业的供应商，无论是商业机构还是非营利机构，都越来越努力界定其增值的、独特的定位和核心贡献。价格战引发了供应商的不满，对结果的需求促成了新测量、新监控工具的发展，以及专注于评估和有效性的新协会。商业和非营利供应商之间一度明确的界限逐渐变得模糊，因为已经在从资产管理到成果衡量检测的混合组织和策略里开始进行改变。

正如我们所知道的那样，1992年引入的商业捐赠基金并没有像我们所认识的那样终结慈善公益事业，而是促成了慈善历史上最具创新性、最具活力和最高能的发展期。慈善产品的新多样性吸引了新的参与者进入市场，并推动形成更加稳固的产品和服务创新机制。新的、更广泛范围内的捐赠已在市场上展示出他们的价值，并为建立联盟的人施加了更大的压力。正如生态系统中生物多样性很重要，市场中的产品创新性也很重要。慈善捐赠的多样性强化了个人捐赠选择、所涉及的社区，乃至整个行业。

即使产品线多样化，作为一个行业的慈善公益在精心追求多样性方面，还有很长的路要走。从大多数基金会的种族构成，到行业跟踪的慈善活动的类型和机制，每一件事都需要扩大。如果基金会不接受种族和民族的多样性，就不能为美国社区服务。出售的产品和服务需要推进慈善公益事业的文化多元化的传统。这些范围从禁止债务的穆斯林社区自助，到墨西哥家庭的跨国汇款制度，每年都超过3亿美元，比美国传统的南部邻国的经济投资还要大。[①] 该行业需要以与基金会相同的方式跟踪捐赠人建议基金，需要鼓励研究和开发行业的举措，需要积极促进和鼓励创新性和多样性。

回顾与展望

再过25年或50年，慈善公益历史上的这一时段才能被充分理解。无论时间如何紧迫，我们如何改变，或变化得如此迅速，经时间验证的视角，永远是一个有价值的分析工具。因此，让我们想象

---

① 《加利福尼亚报告》的全文文本，在国家公共广播电台的早间版上播出，2003年6月9日。

一下，在2050年之后，我们可以回顾21世纪之初的美国慈善公益事业。根据本书提出的建议，和从其他行业汲取的经验教训，我们可以积极创造出一个符合以下特征的行业：

·用于提供资源和管理慈善资产的金融产品的多样性和复杂性得到加强。与此同时，这些资产的管理者会投资，并依靠共同的、可靠的指标来界定问题，评估其进展并衡量成功与否。

·依托慈善公益事业的众多文化传统，将所有这些活动视为行业的一部分。慈善实体在所有社区里蓬勃发展，慈善资源可以很容易地识别、通告和汇总，不管他们是在私人基金会、捐赠人建议基金，还是宗教信仰的组织中。

·慈善资助的研究成果和知识可供任何和所有想要获得他们的人所共享，基金会大力投入使用和应用该行业的研究成果。基金会和慈善个人对这些知识库的贡献和使用会有一个更广泛的排名，而不仅仅是捐赠或投资组合的多寡。

·公共问题的解决是这个领域的一个方面，所有利益相关方都被邀请来帮助提供资源分配方面的建议。慈善家包含社区成员、影响居民设计和实施提议举措的人。

·公共信托存在依托于慈善决策的技术，因此专家和经验丰富的决策者可以帮助引导很多个人和机构的慈善资源，而不是一次只有一个。

·慈善资产问题会定期汇总，并根据共同目标公示。慈善公益事业的职业挑战是如何吸引别人的资金去解决问题，并运用各种联合资源来改变现状。

·经验丰富的慈善家积极参与指导慈善公益事业的监管机构，他们与州和联邦一级的监督机构合作开展工作。监管的目的是鼓励捐赠和支持慈善商业知识的使用和研究。

·具有国际性的、成功的慈善公益战略是通过公共投资和私人投资来推动慈善基础设施的研究和发展。

　　慈善公益行业是一个体现多样性、聚合、融合、及时性和承诺的、正在增长的领域,其影响力和重要性已被公众和监管机构所了解。新的参与者和外部人员知道在哪里可以找到相关行业研究、资源和工具,如果他们需要这些的话,其形式的多样性,以及他们之间的明确联系可以使整个行业蓬勃发展,即使存在不可避免的丑闻会波及知名的慈善组织,或新的法规和公共预算的挑战打开了新产品和服务的大门。

　　自从殖民地独立以来,美国的慈善公益事业发生了巨大的变化,创立了第一批大型的机构。随着人口结构、市场节点和监管修订而变化,随着公共部门角色的变化,或对企业关系的态度变化而变化。因其不同组成部分的适应性,成为一个不断增长的行业。上述这些特征绝不能衰弱,因为行业变化的消亡将会导致慈善公益的消亡。慈善公益事业的未来是建立在大量不同人之间互相联系的基础上,和认识到大多数人对少数人的影响力的基础上。

参考文献

阿尔斯戴德·泰德、米歇尔·林德：《激进中心：美国政治的未来》，纽约：Doubleday，2001。

阿尔文·托夫勒：《未来的冲击》，纽约：兰登书屋1970年版。

艾布拉姆森·艾伦、雷切尔·麦卡锡：《基础设施组织》，萨拉蒙《非营利部门》，华盛顿特区：布鲁金斯学院出版社2002年版。

奥戴尔·卡尔拉、C.雅克森·格瑞森，Jr.：《如果我们只知道我们所知道的》，纽约：自由出版社1998年版。

奥姆·威廉：《世界人口老龄化速度的研究》，《旧金山纪事》，2002年3月1日，第A16版。

奥尼尔·杰拉德·K.：《2081：对人类未来充满希望的看法》，纽约：西蒙与舒斯特出版社1981年版。

巴尔曼·埃米丽·A.：《明确区别：非营利组织对竞争战略的回应》，《社会力量》，2002年6月，第80卷第4期，第1191—1222页。

巴克尔·卡尔：《美国慈善机构：对数十亿美元慈善行业的调查》，纽约：时代书籍，1979年。

巴拉巴西·阿尔伯特·拉兹洛：《链接：网络新科学》，纽约：珀尔修斯出版社2002年版。

班克·大卫：《拯救世界的人》，《华尔街日报》，2002年3月14日。

鲍威尔·沃尔特·W.:《非营利部门：研究手册》，康涅狄格州：纽黑文耶鲁大学出版社 1987 年版。

贝尔·丹尼尔:《后工业社会的到来：社会预测中的冒险》纽约：基本书局 1973 年版。

比列特日·托马斯:《让资金流动起来》，《慈善纪事》，2002 年 4 月 20 日；布劳、安德鲁：《不止是玩家：信息技术将如何改变非营利组织和基金会在信息时代的工作和发展方式》，2001 年 5 月向苏尔纳基金会提交的报告，www.surdnar.org。

彼得·德鲁克:《非营利组织管理：原则和实践》，纽约：HarperCollins，1990 年。

彼得·德鲁克:《明天的里程碑》，纽约：哈珀兄弟出版社 1957 年版。

彼得·德鲁克:《下一个社会》，致《经济学人》编辑的信，2001 年 11 月 3 日。

彼得·弗兰坎:《非营利组织：概念和政策入门》，剑桥，MA：哈佛大学出版社 2002 年版。

博斯图尔·罗伯特·A.、勒劳德·H. 梅耶:《权衡私人基金会的选择》，《免税组织税务期刊》，2000 年第 11 卷第 6 期，第 257—263 页。

布克维兹·温迪·R.、茹特·L. 威廉姆斯:《知识管理领域》，爱丁伯格：皮尔逊教育有限公司 1999 年版。

布拉德利·爱尔安努·L.:《私人慈善和公众调查：申报人和彼得森委员会》，布卢明顿：印第安纳大学出版社 2000 年版。

布拉德利·比尔、保罗·詹森:《更快的慈善》，《纽约时报》，2002 年 5 月 15 日。

布朗·约翰西利、保罗·杜吉德:《信息社会生活》，波士顿：哈佛商学院出版社 2000 年版。

参考文献 / 243

布鲁克·康妮:《垄断者》,《新纽约人》,2003年4月21日/28日,第136—155页。

《慈善举措更新升级》,世界经济论坛,明日全球领导者,2003年,www.salesforcefoundation.org。

《慈善捐赠基金的资产管理排名》,投资新闻数据手册,2002年12月23日,第14页。

崔·威廉、英格丽·米特曼:《商业赞助的捐赠人建议基金的免税地位》,《免税组织税收评论》,1997年7月;乔·卢马达:《慈善事业、自我实现和社区基金会的领导力》,《从资助者到领导者》,纽约:约翰·威利父子出版公司2002年版。

达文波特·托马斯、劳伦斯·普鲁萨克:《工作知识:组织如何管理他们所知道的知识》,波士顿:哈佛商学院出版社1998年版。

德博诺·爱德华:《积极的未来》,伦敦:莫里斯坦布史密斯,1979年。

德姆科·保罗:《为小人物做些什么》,城市页面,2003年5月28日,第1页。

德姆塞茨·哈罗德:《重新审视企业理论》,奥利弗·E.威廉姆森、西德尼·G.温特主编:《企业的本质:起源、演化和发展》,纽约:牛津大学出版社1991年版,第159—178页。

《非营利年鉴:独立部门的维度》,旧金山:周西贝斯图书出版公司1996年版;《联邦的真实状况》,《大西洋月刊》,2003年1—2月。

菲利普斯·凯文:《财富与民主:美国富人的政治史》,纽约:百老汇书局2002年版。

弗里德曼·劳伦斯·J.、马克·D.麦加维:《美国历史上的慈善、公益和文明》,纽约:剑桥大学出版社2003年版。

福克斯·凯勒、伊夫林:《感受有机体:巴巴拉·麦克林托克的生活和工作》，旧金山：弗里曼，1983年。

盖斯勒·埃利泽：《知识驱动型公司的经验价值》，商业眼界（business Horizon），1999年5—6月，第18—25页。

盖斯特·查尔斯·R.：《华尔街历史》，纽约：牛津大学出版社1997年版。

《高科技期待契合现实》，《慈善纪事》，2001年6月14日，第1页，第8—23页。

戈登伊思·奥瑞特、斯科特·奥里维特：《执行力构想》，参见弗兰斯·海瑟柏林、马赫萨尔·戈登斯密斯、理查德·贝克海德主编《未来的组织》，纽约：彼得·F.杜克非营利管理基金会，1997年，第53—64页。

格拉德威尔·马尔科姆：《引爆点：小事情可以产生巨大的差异》，纽约：小布朗公司，2000年。

格雷厄姆·卡罗尔：《公共产品私营市场：提高经济改革的筹码》，华盛顿特区：布鲁金斯学会出版社1998年版。

格林赫斯·琳达：《法官裁决慈善机构或将被控欺诈》，《纽约时报》，2003年3月6日，第A1版。

格曼·肯特：《慈善节拍：报纸更多地关注慈善事业》，《美国新闻评论》，2000年9月，www.ajr.newslink.org/ajrkentsept00.html。

古尔德·史蒂芬·杰伊：《马德维尔的胜利和悲剧》，纽约：诺顿出版社2003年版。

哈蒙德·艾伦：《哪个世界？21世纪的情景》，华盛顿特区：岛屿出版社1998年版。

哈瑞尔德·J.布鲁斯：《建设更智慧，更快捷的组织》，东泰普斯科特《数字经济蓝图：在新业务时代创造财富》，纽约：麦格劳·希尔，1998年，第60—76页。

哈文斯·约翰·J.、保罗·G.舍尔维什：《为什么41亿美元的财富转移估算仍然有效：对挑战和问题的回顾》，波士顿：波士顿学院社会福利研究所，2003年1月6日。

哈文斯·约翰、保罗·G. 舍尔维什、玛丽·A. 奥赫利：《2003年计划性捐赠工具调查》，波士顿，波士顿学院社会福利研究所，2003年6月。

哈耶斯·萨穆埃尔 III 主编：《华尔街监管》，马萨诸塞州剑桥：哈佛商学院出版社1987年版。

海赛尔伯恩·弗兰斯·海瑟柏林、马赫萨尔·戈登斯密斯、理查德·贝克海德主编：《未来的组织》，纽约：彼得·F. 杜克非营利管理基金会，1997年。

汉森·默顿、尼丁·诺日亚、托马斯·提耶尼：《管理知识的策略是什么？》，《哈佛商业评论》，1999年3—4月，第106—116页。

汉维·克里斯、特里菲尔波特：《暖心的慈善：志愿组织的角色和运作》，伦敦：劳特利奇出版社1997年版。

黄宽泽、杨文利、理查德·王：《信息质量和知识》，恩格尔伍德悬崖，新泽西州：普伦蒂斯霍尔，1999年。

霍尔·彼得多布金：《非营利部门的发明和其他有关慈善的论文》，巴尔的摩：约翰霍普金斯大学出版社1992年版。

《基金会增长和捐赠估算》，《2002年预览》，纽约：基金会中心，2003年。

加迪斯·约翰·刘易斯：《历史的景观：历史学家如何绘制过去的历史》，牛津：牛津大学出版社2002年版。

加利福尼亚基金会：《印象》，洛杉矶：加州大学慈善与公共政策中心，2000年。

贾里德·史密斯：《枪支、细菌和钢铁：人类社会的命运》，纽约：沃顿诺顿公司，1999年。

卡多尔·约翰：《查尔斯·施瓦布：一家公司如何击败华尔街并重

塑经纪行业》，纽约：约翰·威立父子出版公司2002年版。

卡恩·德怀特·B.：《银行放松管制的影响》，华盛顿特区：城市储备银行家协会，1983年。

卡尔安博·卡特·H.：《商业银行和拉斯－斯蒂格尔法案》，华盛顿特区：美国银行家协会，1982年。

卡尔·斯塔乌波尔：《使命驱动的慈善事业：我们想要完成什么，我们该如何做?》，《非营利和志愿部门季刊》，2001年第30卷第2期，第393—399页。

卡普兰·罗伯特·D.：《2005年的世界》，《大西洋月刊》，2002年3月，第76—118页。

卡森·埃米特：《面向十字路口的社区基金会》，《慈善纪事》，2002年5月16日。

卡文·大卫·A.：《在行动中学习：让学习型组织发挥作用的指南》，波士顿：哈佛商学院出版社2000年版。

凯瑟琳·富尔顿、安德鲁·布劳：《21世纪慈善事业的趋势》，工作文件，加州埃默里维尔：全球商业网络，2003年6月。

坎普·罗杰·L.：《21世纪的城市：变革的力量》，《系列：国家政府日志》，2001年夏季第74卷第3期，第25页。

科恩·亚当：《太老而不能工作》，《纽约时报》，2003年3月2日。

《可能的使命：加强非营利部门基础设施的200种方法》，华盛顿特区：联合研究所，1996年。

克塔达·詹姆斯·W.：《信息技术的最佳实践》，新泽西州：普伦蒂斯霍尔出版社1998年版。

克塔西·艾米：《新问责制：追踪社会成本》，《纽约时报》，2002年3月24日，第C4版。

肯·威尔福德·伊莎贝拉：《慈善事业的趋势：美国典型城市的研究》，纽约：国家经济研究局，1928年。

拉卡·詹姆斯·I.、苏珊娜·L. 费尔特：《对捐赠者日益灵活的服务：社区基金会的捐赠人建议基金》，华盛顿特区：基金会理事会，2002 年。

拉罗斯·玛尼·D.、布拉德·沃尔弗顿：《捐增人建议基金的贡献率下降》，《慈善纪事》，2003 年 5 月 15 日，第 7 页。

莱尼·大卫：《萨莉能否拯救花旗，恢复桑迪的声誉，并赢得她 3000 万美元的薪水？》，《财富》，2003 年 6 月 9 日，第 68—78 页。

莱斯特·托比：《哦，上帝！》，《大西洋月刊》，2002 年 2 月，第 30—38 页。

莱维特·西奥多：《近视营销》，《哈佛商业评论》，1960 年 7—8 月，第 38 卷第 4 期。

莱因哈特·艾丽卡：《停止并开始扭转疟疾……和其他重大疾病的发病率》，《联合国纪事》，2002 年 12 月至 2003 年 2 月，第 39 卷第 4 期，第 42—44 页。

兰德·艾因：《新智识》，纽约：兰登书屋 1961 年版。

劳埃德·汤姆：《慈善事业：新慈善家》，伦敦：约翰·默里有限公司 1993 年版。

利特曼·杰西卡：《数字版权》，阿默斯特，纽约：普罗米修斯书籍出版社 2001 年版。

马瑞克·福储斯：《尖塔之下的经济困难期》，《纽约时报》，2003 年 3 月 29 日，第 A10 版。

玛莎·范斯沃斯·里奇：《2000 年人口普查结果对环境的影响》，为苏尔丹基金会准备的文件，2001 年 6 月，www. surdna. org。

迈克尔·波特：《竞争策略》，纽约：自由出版社 1980 年版。

迈克尔·波特、马克·克莱默：《慈善公益的新议程：创造价值》，《哈佛商业评论》，1999 年 11 月。

麦克米兰·约翰：《重塑市场：市场的自然历史》，纽约：诺顿出版社 2002 年版。

麦克唐纳·威廉、迈克尔·布朗加特：《从摇篮到摇篮：重塑我们做事的方式》，纽约：北角出版社 2002 年版。

麦克沃特·约翰：《巴别塔的力量》，纽约：哈珀·柯林斯出版社 2001 年版。

梅朵·导纳拉：《杠杆点：地方系统干预》，哈特兰，VT：可持续性研究所，1999 年。

纳尔德·埃瑞克：《非营利组织的 CEO 奖励》，《圣荷西信使报》，2003 年 4 月 27 日，第 A1 版。

奈斯比特·约翰、帕特里夏·艾柏登：《2000 年大趋势：1990 年代的十个新方向》，纽约：威廉·莫罗公司，1990 年。

尼尔森·沃尔德迈赫·A.：《黄金捐赠者：伟大基金会的新解剖》，纽约：EP 杜顿书籍出版社 1985 年版。

尼尔森·沃尔德迈赫·A.：《美国慈善事业的内部：捐赠者的戏剧》，诺曼：俄克拉荷马大学出版社 1996 年版。

欧文·马赫库斯·S.：《基金会理事会备忘录：关于私人基金会适格分配的历史和法律治理分析》，华盛顿特区：卡普林和戴斯代尔，2001 年 11 月 30 日。

帕哈拉德·C. K.、温克坦姆·让马斯沃米：《选择合作客户的能力》，《哈佛商业评论》，2000 年 1—2 月，第 79—87 页。

平克·丹尼尔：《自由代理国家：美国新独立工人如何改变我们的生活方式》，纽约：华纳图书出版社 2001 年版。

普费弗·杰弗里：《未来的组织会重蹈覆辙吗？》，参见弗兰斯·海瑟柏林、马赫萨尔·戈登斯密斯、理查德·贝克海德主编《未来的组织》，纽约：彼得·F. 杜克非营利管理基金会，1997 年，第 43—51 页。

赛令特·杰拉尔德:《2000趋势》,纽约:华纳书籍,1997年。

斯科特·杰森:《建立慈善市场:障碍和机遇》,www.allavida.org。

斯特罗姆·斯蒂芬妮:《地方慈善行政长官表示:审计显示收入不足》,《纽约时报》,2003年6月5日,第A27版。

斯特罗姆·斯蒂芬妮:《加利福尼亚州慈善事务所倒闭,让一些客户不知所措》,《纽约时报》,2003年6月4日,第A22版。

斯特罗姆·斯蒂芬妮:《捐赠者监督慈善机构的作用》,《纽约时报》,2003年3月29日,第A8版。

塔普斯科特·唐:《数字经济的蓝图:在新业务时代创造财富》,纽约:麦格劳-希尔,1998年。

泰特·戴安:《重建克利夫兰:克利夫兰基金会及其与时俱进的城市战略》,俄亥俄州哥伦布:俄亥俄州立大学出版社1992年版。

特埃斯·大卫·J:《从知识资产中捕捉价值:新经济、专有技术市场和无形资产》,《加州管理评论》,1998年春季,第55—79页。

托德·瓦莱克:《慈善资助之谜》,《旧金山纪事》,2003年6月4日,第A1页。

托德·瓦莱克:《非营利机构承认花费慈善资金》,《旧金山纪事》,2003年6月5日,第1页。

瓦格纳·艾蒂安、威廉斯·奈德:《社区实践:组织前沿》,《哈佛商业评论》,2000年1—2月,第139—145页。

威廉A.沙布拉:《评估战争》,《慈善公益》,2003年5—6月。

威廉·弗雷、比尔·阿布列施:《新州人口统计划分》,系列:《州政府杂志》,2002年夏第75卷第3期,第18—22页。

威廉姆森·奥利弗·E.、西德尼·G.温特主编:《企业的本质:起源、演化和发展》,纽约:牛津大学出版社1993年版。

维克多·理查德·H. K.:《金融市场的监管界定——金融服务的碎片化与融合》,塞缪尔L.海斯III主编:《华尔街监管》,剑桥:

哈佛商学院出版社1987年版，第7—62页。

沃腾伯·格本：《毕竟这将是一个小世界》，《纽约时报》，2003年3月8日，第A29页。

希尔诺·罗恩：《巨人：约翰D. 洛克菲勒的生活》，纽约：兰登书屋1998年版。

雅克琳娜·杜格瑞、卡洛琳娜·汉姆：《信息时代的到来》，里士满，弗吉尼亚州：皮尤伙伴关系的市民变化，里士满大学，2000年。

亚博依·肯南·P.：《知识管理作为经济发展战略》，华盛顿特区：美国经济发展联盟，2001年，www. athenaalliance. org。

英格·沃尔特主编：《商业银行在投资银行业务中的日益增多：格拉斯—斯蒂格尔法案：辩论和当前编年史》，纽约：纽约大学。商业和金融论文，所罗门兄弟中心，1989年第9期。

《有效性指标》，波士顿：有效慈善中心，2002年；《知识银行》，《知识管理》，2001年6月，第24—26页。

约翰逊·史蒂文：《涌现：蚂蚁、大脑、城市和软件的互联生活》，2001年。

《在正确的地方提供帮助》，《经济学人》，2002年3月15日，第73—74页。

詹森·保罗、大卫·卡茨：《对于非营利组织来说，时间就是金钱》，《麦肯锡季刊》2002年第1期。

2002年《美国慈善捐赠报告》，华盛顿特区：AAFRC慈善信托，2002年；《变灰的全球》，《纽约时报》，2002年4月12日；《伟大的期望》，美国人口统计学，2003年5月。

《2003年全球社区基金会报告》，全球资助者支持计划——社区基金会，www. wings-cf. org/global_report。于2003年5月23日访问。

后　　记

在中西方词源学演进过程中，慈善公益都有共性的本义"爱"，在人类历史上发挥出扶贫济困、帮扶弱势群体的重要作用，以善心、爱心、道德律和志愿奉献精神构建了民间互助、自发调节贫富差距的社会机制。我国自2016年《中华人民共和国慈善法》颁布实施以来，国家日益重视慈善公益的积极作用。党的十九届四中全会强调："重视发挥第三次分配作用，发展慈善等社会公益事业"。2021年中央财经委员会会议再次提出："要坚持以人民为中心的发展思想，在高质量发展中促进共同富裕，正确处理效率和公平的关系，构建初次分配、再分配、三次分配协调配套的基础性制度安排"，进一步肯定了第三次分配的基础性重要作用。党的二十大报告指出"中国式现代化是全体人民共同富裕的现代化"，要"完善分配制度，规范财富积累机制"，"扎实推进共同富裕"。分配制度是促进共同富裕的基础性制度，慈善公益作为第三次分配的重要组成部分，亟需在新时代进一步激活，发挥出慈善组织、爱心企业、高净值人群和社会公众的捐赠热情，自动、自发、自愿的参与贫富分化格局的调整。

近年来慈善事业的市场化、商业化和资本化趋势越来越明显，全球范围内慈善超市、公益创投、社会影响力投资、慈善信托、社会企业、捐赠人建议基金（DAF）等公益金融方式逐渐兴起，萨拉蒙称之为"慈善新前沿"，王振耀称之为"善经济"。如何全面了解慈善经济的发展趋势，顺势发挥出其能同时实现社会价值和经济回报的积极作用，及时发现其风险隐患，做好相关公益金融的风险防控工作。我们需要了解西方慈善资本化的发展情况，学习优良的经验，并汲取相关教训。露西·伯恩霍兹的《创造慈善资本市场：审慎进化》一书，以一个体系化的视野对慈善行业进行界定，研究了慈善商业化时代的未来可能性，以及这种变革力量所带来的社会结构、人口趋势、社区发展等各个领域的变化，聚焦在慈善市场的金融服务创新领域，分析了慈善产品、慈善联盟和资源聚合的发展创新，并从社会公众的选择与公众监督等视角阐析了慈善的行业进化与新评估策略，不断改进和应对这个过程中出现的种种挑战，以期共同构建一个社会公益的新体系。除了有宏观的慈善创新趋势与慈善市场竞争的抽象分析外，还有一些具体案例和未来畅想佐证，富有可读性和借鉴性。

此书本是上海社会科学院社会学研究所原所长杨雄研究员承接的上海研究院现代慈善研究中心"慈善名著译丛"项目，为了培养和鼓励青年慈善公益研究者的成长，现由苑莉莉、李娜、沙钟灵、吴东珩等一起参与翻译和校对，历经数次校对完善得以成稿。在此感谢上海研究院第一副院长李友梅、常务副院长赵克斌，现代慈善研究中心主任郑秉文、副主任谢玲丽、副秘书长徐静和中国社会科学出版社的张林编辑等悉心指导和支持，译著才得以顺利出版。他山之石，可以攻玉，希望这本译著能为我国慈善事业的发展提供有价值的参考。